文化創意

——產業、就業與創業

張耀文 主編

李秉儒　張智琦　張榕茜 編著

U0072952

全華圖書股份有限公司

作者序 —

文化創意美化生活 產業發展引領就業與創業

　　文化創意產業為世界各國視為展現軟實力的產業政策之一，亦為近些年受到關注的重要議題，透過政府各項政策推動、文策院成立、公民營文創園區的經營、文化藝術與設計工作者投入，開創民眾參與的生活美學經濟。

　　從全球許多成功的文化創意產業案例證據，證明「文化」與「創意」確實可以為企業或國家帶來龐大驚人的經濟產值。舉凡如：美國迪士尼動畫電影（包括漫威英雄電影）、日本三麗鷗 Hello Kitty 商品、英國作家 J‧K‧羅琳的兒童奇幻文學系列小說《哈利波特》及韓劇《來自星星的你》等真實案例，讓人不得不敬畏文化創意產業所引爆的驚人威力。

　　本書編著團隊成員因長期投入文化創意產業的相關教學，以及就業和創業輔導工作，有鑑於坊間文化創意產業教科書的資料過於老舊或內容生硬不易閱讀。因此，投入大量時間編著本書，期許能為文化創意產業後進提供具參考價值內容。

　　本書「文化創意：產業、就業與創業」一書共包括 14 個章節，內容有「文化創意產業概論」、「文化創意產業鏈與趨勢」、「文化創意產品開發」、「文化創意品牌經營」、「創意生活產業」、「工藝產業與產品設計產業」、「流行時尚產業」、「表演藝術與視覺藝術產業」、「文化傳播產業」、「動漫產業與數位內容產業」、「會展產業」、「智財法律與藝術授權」、「文創產業資源整合運用」與「地方創生與社會設計」等內容。希冀能讓讀者從認識文化創意產業發展現況、法規政策，深入探討文創商品開發、品牌經營、行銷企劃、藝術授權、地方創生，以及相關次產業等重要議題，並透過章末的企業個案研究討論和書末的練習題，加深讀者更入了解文化創意產業及相關次產業的發展。

此外，本書也著重探討文化創業產業相關工作的就業和創業議題，該部分也是許多教科書較少著墨之內容，希冀可以提供有意從事文化創意產業相關工作人員之學習參考。

　　很高興能將多年來所累積的理論與實務經驗編撰成冊，它是我們共同的心血結晶，衷心期盼本書能成為具參考價值並受到喜歡的優質文化創意產業教科書。謝謝在出版過程中協助我們的許多貴人，也謝謝多位社會賢達共同列名推薦。

　　本書雖再三校稿修正，然有疏漏之處，敬請各界先進不吝指正。

李秉儒、張智琦

謹識

2021年5月

目錄 一

第 1 章

文化創意產業概論

文創產業的核心就是設計。
——已故建築大師漢寶德教授

發展文化創意產業被世界各國視為重要的產業政策之一，亦為近年來新興的研究領域。臺灣透過文化部各項政策的推動，如：成立 TAICCA 文化內容策進院、經營公民營文化創意園區，再加上文化藝術與設計工作者的投入，使文化創意得以透過產業的型態發揚光大。

本章希冀讀者能從認識「文化」、「創意」與「產業」的意涵開始，建立起文化創意產業的概念，並透過章末個案的討論與練習，來驗證「文化創意產業概論」之學習成效。

1-1 文化相關概念

從全球許多的成功案例來看，證明「文化」與「創意」確實可以為企業或國家帶來龐大的經濟產值。舉凡：美國迪士尼動畫電影（包括漫威英雄電影）、日本三麗鷗的 Hello Kitty 商品、英國作家 J・K・羅琳的奇幻文學系列小說《哈利波特》及韓劇《來自星星的你》等案例，讓人不得不敬畏文化創意產業所引爆的驚人威力。

案例

《魔戒》創造紐西蘭觀光的巨大效益

《魔戒》（The Lord of the Rings）於 2001 年首映以來，把紐西蘭電影工業帶上世界的舞臺，也就是旅遊業所稱的「佛羅多經濟」（Frodo Economy）。其中《魔戒三部曲：王者再臨》是繼 1997 年的《鐵達尼號》電影後，第二部票房突破 10 億美元的電影，共贏得 11 座奧斯卡金像獎，《魔戒》三部曲共賣得超過 29 億美元票房（圖 1-1）。

圖 1-1　紐西蘭唯一被保存的魔戒電影場景哈比村 Hobbiton，為當地帶來龐大的旅遊收益。

一、文化的意涵

文化創意產業不同於科技產業，乃是以文化底蘊為基礎，因此，欲窺探文化創意產業的奧妙與範疇，便得先從文化（culture）談起。

文化一詞的起源，最早出自拉丁文「cultura animi」的字義，指對於動物及植物的培育，從自然的生產活動中累積出相關知識與經驗。所以，在某種意義上，文化一詞代表著教育訓練的過程。

英國學者威廉斯（Raymond Williams,1921~1988）提出廣義的文化包括文字、語言、建築、飲食、工具、技能、技術、知識、習俗、藝術等。

聯合國教科文組織（United Nations Education Scientific and Cultural Organization, UNESCO）對「文化」所下的定義為：「用來區別社會或群體特有的精神、物質、知識層面的一組特徵，包括：藝術、文字創作、生活風格、基本人權、價值體系，以及傳統和信仰。」

張繼〈楓橋夜泊〉

寒山寺，建寺距今超過一千五百年。據傳在唐貞觀年間，當時的名僧寒山和拾得從天台山來此作住持，遂改名寒山寺。寒山寺位於蘇州閭門外楓橋鎮，因唐詩人張繼途經楓橋，寫下了名聞中外的唐詩〈楓橋夜泊〉：「月落烏啼霜滿天，江楓漁火對愁眠，姑蘇城外寒山寺，夜半鐘聲到客船。」一首佳作造就了每年數百萬人前往中國蘇州古城寒山寺旅遊，這就是文化所帶來的巨大力量（圖1-2）。

圖1-2　蘇州寒山寺照片（張耀文拍攝）

許多文化起源於日常生活之中，但後來卻轉向變成在市場上被消費的商品，主要原因是受到資本主義及市場商業流行的影響。因為整體大環境處在資本主義的發展基礎上，任何事物都可以「被商品化」。另一方面，文化也帶來流行的力量，如同人誌文化、嬉皮文化、宅文化、黑人嘻哈文化（HIP-HOP）等各種次文化，一旦受到重視或產生同好，便逐漸形成一種獨特風格，而這些次文化也可藉由傳播的力量，進而影響主流文化。

隨著科技發展，全球化的趨勢也帶來了文化衝擊，如麥當勞的進駐衝擊了華人的米食文化，星巴克的普及則衝擊了華人喝茶的傳統習慣。部分地區深怕自身的文化會因此式微，更掀起了在地文化保衛戰。另一方面，站在文化產業發展的立論觀點，我們並不需要去區分不同社會階級或族群內的文化地位高低，在全球化下「只有文化差異，沒有文化高低」，不同的文化為我們帶來不同的體驗，任何文化都應該被尊重與包容。

二、文化與自然資產

發展文化產業或文化創意產業的重要因素之一，便是要擁有文化與自然資產，文化資產是先民經驗智慧的結晶，自然資產更是上天的恩典，透過文化與自然資產作為基礎，結合創意、創新的智慧資本與市場推波的力量便可形成產業。

（一）文化與自然資產的分類

文化與自然資產大致可以分為四大類：

1. 歷史文化資產

包含：地方神話（如希臘神話）、民間傳說（如嘉慶君遊臺灣）、寺廟文化節慶（如媽祖繞境）、地方習俗（如中元普渡）、事件遺跡（如霧社事件）及地方方言（如閩南話、客語及原住民方言）文化等。

2. 人文文化資產

包含：特殊的工藝、技藝（如鶯歌陶藝、三義木雕、埔里手工紙等）、傳統生產製造（如木作王船、臺南鹽產業）、名人故居（如《西遊記》作者吳承恩故居（圖1-3）、〈望春風〉歌曲創作者李臨秋故居）、傳統表演藝術（如明華園歌仔戲）等。

圖1-3　《西遊記》作者—吳承恩的故居

3. **地理文化資產**

   包含：瀑布（如尼加拉瓜大瀑布）、火山（如印尼火山、臺北大屯山）、沙漠（如沙哈拉沙漠、敦煌戈壁）、奇石（如中國雲南石林、野柳地質公園女王頭）（圖1-4）、溫泉（如日本有馬溫泉、關子嶺溫泉）、綠洲（如新疆吐魯番窪地）、森林（如阿里山森林）及濕地（如新竹香山濕地）等地理風貌。

圖1-4　野柳女王頭

4. **自然文化資產**

   包含：自然氣候所形成的日出（如阿里山日出）、夕陽（如淡水夕陽）、月圓（如每月農曆十五月圓）、雲霧（如霧臺鄉自然人文生態景觀區）等自然氣候的資本。

我國為保存及活用文化資產，於民國71年公布了「文化資產保存法」，本法所稱文化資產，指具有歷史、藝術、科學等文化價值，並經指定或登錄之下列有形及無形文化資產：

1. **有形文化資產**

   古蹟、歷史建築、紀念建築、聚落建築群、考古遺址、史蹟、文化景觀、古物、自然地景與自然紀念物等九大類。

2. **無形文化資產**

   傳統表演藝術、傳統工藝、口述傳統、民俗及傳統知識與實踐等五大類。

此外，政府也有明定「水下文化資產保存法」，以保存、保護及管理水下文化資產，建構國民與歷史之聯繫，發揚海洋國家之特質，並尊重聯合國保護水下文化資產公約與國際相關協議之精神。依該法第一章第3條之定義，水下文化資產係指：「以全部或一部且週期性或連續性位於水下，具有歷史、文化、考古、藝術或科學等價值，並與人類生活有關」之資產。

如欲深入的了解文化資產定義，可參考文化部文化資產局「國家文化資產網」，網址 https://nchdb.boch.gov.tw/。

世界遺產

聯合國教科文組織（UNESCO）鑒於世界各地的文化和自然遺產受到各種自然與人為破壞的威脅，於 1972 年 11 月 16 日通過《保護世界文化和自然遺產公約》(Convention Concerning the Protection of the World Cultural and Natural Heritage，簡稱世界遺產公約)，將世界上具有傑出普世價值（Outstanding Universal Value）的自然或文化資產登錄於世界遺產名單，向世界各國呼籲其重要性，進而推動國際合作保護世界遺產（圖 1-5）。許多國家非常熱衷於爭取將特色歷史文化古蹟或自然景觀列入聯合國世界遺產名單之中，希望透過世界遺產登錄帶來龐大的國際觀光效益並藉此保護國內文化資產等。

1. 聯合國教科文組織將世界遺產分為：自然遺產、文化遺產和複合遺產三大類。根據世界遺產官網上清單（網址 https://whc.unesco.org/en/list/），目前世界遺產總數：1,121 項（截至 2020/07/31 止）。

    (1) 文化遺產數：869 項（如中國長城、柬埔寨吳哥古蹟、美國自由女神像）。

    (2) 自然遺產數：213 項（如澳洲大堡礁、中國四川九寨溝風景名勝區、越南下龍灣）。

    (3) 複合（文化與自然）遺產數：39 項（如中國泰山、黃山）。

2. 目前最多世界遺產的國家：中國、義大利，各 55 個。

3. 唯一未完工便被列入的世界遺產：聖家堂（西班牙高第的建築作品的一部份，2005 年列入，預計 2026 年完成）。

圖 1-5　世界遺產標誌

圖 1-6 水金九代表著新北市瑞芳區三個美麗的小城鎮──水湳洞、金瓜石與九份。水金九就是臺灣礦業的縮影，充滿歷史與人文風情。圖為水湳洞媲美「龐貝古城」的十三層選礦場。

（二）臺灣世界遺產潛力點

「臺灣世界遺產潛力點」是指由文化部評選出的具備登錄世界遺產條件的潛力點，它們分別位於臺灣本島、金門、馬祖與澎湖境內。目前臺灣世界遺產潛力點業務由文化部「文化資產局」（Bureau of Cultural Heritage）負責，初步選出臺灣十八處景點列為世界遺產潛力點，例如：阿里山森林鐵路、馬祖戰地文化與水金九礦業遺址等（圖 1-6、1-7）。

三、文化產業資源調查

文化產業具有高度的「地方」特性，許多城市、城鎮、村落等長期累積了豐富且獨特的文化，如何藉由地方文化產業化或透過地方觀光旅遊的「體驗經濟」（Experience Economy）來帶動文化產業發展，將是活絡文化經濟的重要課題。因此，我們必須先盤點地方文化資源，然後有系統的建置地方文化資本，使之成為發展地方文化產業的珍貴資產。

在進行文化資源調查前，應先擬定「資源調查計畫書」，內容包括：計畫緣起與目標、調查地點和範圍、人力經費規劃分配以及時程規劃。計畫推動可與地方文化局、藝文中心、博物館、其他政府機關及相關公協會組織進行合作，採用定期調查、不定期調查或專案合作調查的方式進行均可。

進行資料蒐集時，可先蒐集國家或地方政府相關統計的次級資料、地籍與建物資料，也可透過影像記錄、文字記錄乃至專家訪談的方式來蒐集。

臺灣世界遺產18個潛力點

圖 1-7　臺灣世界遺產 18 個潛力點。

1-2 創意與創意經濟

　　要順利推展文化創意產業，除了「文化」外，得靠「創意」來發揚光大。然而光有創意是不夠的，必須由這些創造力、技能和天分中獲取發展動力，以及透過對知識產權的開發，創造潛在財富和就業機會等「經濟」價值。下面進一步說明創意和創意經濟的意義與內涵。

一、創意

　　蘋果電腦創辦人賈伯斯（Steve Jobs），本身連大學文憑都沒有，但他卻能以「創意」開啟機會大門，創辦了兩家世界級的偉大公司——蘋果電腦（Apple Computer）和皮克斯動畫工作室（Pixar Animation Studios）（圖1-8）。其背後最重要的核心便是「無限的想像與創意」。

圖1-8　蘋果電腦和皮克斯動畫工作室的 logo。

　　創意（Creative）是什麼？簡單來說，創意是要超越界限，跳離現有框架，重新定義事物和事物之間的關係。也就是找出事物之間的相關性，或是相反的特質，將既有的元素打破、拆解、增刪，再重新組合，以呈現新的風貌、功能或是意義。例如：生活中常見的燈泡，長久以來便常被用來表示「一個人突然想出什麼點子」，經過轉化後的燈泡，搖身一變為一種世界通用的創意象徵。由此可見，好的創意是很容易跨越文化、語言、宗教和種族的歧異。

好創意的商業價值有多大？根據平面媒體報導，根據加州大學和雪城大學三位教授合寫的《捕捉蘋果全球供應網路利潤》中分析（圖1-9），2010年蘋果每賣出一台iPhone，就獨佔58.5％的利潤，雖然iPhone的零組件和組裝主要還是靠臺商，但臺灣享有的利潤只有0.5％。由此可見，好的創意發明將可為企業帶來更多的利潤，而勞力密集的代工只能賺取微薄的代工費用。然而，若你光有好創意卻無法將它實踐並轉化成商業價值，創意將變成一文不值。

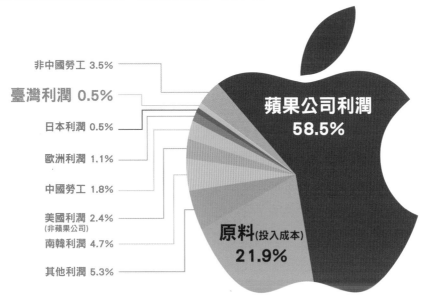

圖1-9　蘋果iPhone手機利潤結構分析。

創意可以天馬行空，但創意也必須是有效的創意。例如：四方形或三角形的輪子或許具有創意，但現實生活中並無法使車子向前行駛。又如戴眼鏡的人在吃碗熱騰騰的牛肉麵時，有眼鏡鏡面起霧的困擾，若是在眼鏡上裝自動雨刷，或許是很合理的創意，但應該沒有人會買這項產品吧？因此，要使創意發明走向商業化，必須要使創意轉化為有效的點子。

全球公認文化產業產值最高的美國與英國，憑藉的就是無窮的「創意」和完整的文化產業生態系統。相較於文化歷史悠久的英國，從英國獨立建國不到三百年的美國，憑藉著多年來所吸引的全球優秀創新人才和透過跨領域的合作，激發出無限的創意，成為文化的大熔爐，讓他們即使沒有深厚悠久的文化歷史，也能稱霸全球創意經濟市場。

二、創意經濟

有創意經濟（Creative Economy）之父美譽的英國學者—約翰・霍金斯（John Howkins）在2007年來臺訪問時表示，1990年代創意經濟的成長，是服務業的2倍，是製造業的4倍。2007年全球創意經濟的年產值，約為3兆美元，若以7%的年成長率進行保守估算，到2020年可達到8兆美元。

創意經濟是一種以文化消費為基礎的經濟型態，民眾需要有文化消費的素養與欣賞能力，城市需要朝向創意城市發展，才能像紐約、倫敦、東京及首爾（圖1-10）等城市得以吸引優秀的創意人才進駐，透過營造良好的生活氛圍與經濟循環，讓城市及國家經濟得以蓬勃發展，強化整體競爭力。

創意經濟時代的到來正在改變整個世界的社會和文化價值觀。每個人在某些方面都可以是一個「創意者」，並都具備個人的創意潛能，只要發揮得當，這些創意就會產出巨大的價值。如果我們能透過創意、創新形成智慧財產權，藉由創新文化發展，提升人們的文化素養及教育品質，營造具有豐富創造力的環境，將可形成龐大的創新資本。

圖1-10　東大門設計廣場（DDP）是首爾的主要城市地標。DDP由舉世聞名的Zaha Hadid設計，具有鮮明的新未來主義建築風格。從2014年開始實施的《東大門節》也成為了促進地方經濟的活動之一，為吸引遊客做出了極大貢獻。

1-3 文化工業與文化產業

　　德國學者阿多諾（Theodor Adorno）和霍克海默（Max Horkheimer）在合著的《啟蒙的辯證法》一書中，首先提出「文化工業」（Culture Industry）一詞。我們可以發現，「文化」開始使用工業化生產、重視與科學技術的緊密結合，當然也受到過度將文化商品化與標準化生產，換來扼殺創造力的社會輿論批評。其實原本「文化工業」是具有政治功能及目的的，作為上層階級用來宰制下層階級的工具，因而充滿被操弄和虛構的神話。但在「文化產業」（Cultural Industries）的概念下，逐漸轉變成為具有文化經濟功能的重要價值，社會大眾透過對文化商品的消費來維繫社會關係，並豐富日常生活，某種程度上，文化商品穩定了社會整體發展，並進一步迎合個人客製化的需求。

　　當文化被視為「產業」來經營，許多不同類型的文化產業便需要經理人協助從事藝術授權、文化仲介、藝術代理等工作，文化內容也將可以大量複製，並在市場上進行銷售。文化產業強調跨業整合的重要性，如能跨越不同產業領域，將創造出新的產品市場，並進一步形成多元整合的產業鏈及差異化市場，逐漸形成文化創意產業生態系統。然而要形成文化產業最重要的仍是消費者先有文化認同，才有文化消費，而保障智慧財產的創作環境是文化產業健全發展的重要基礎。如表 1-1 所示。

表 1-1、文化工業與文化產業之比較

概念	文化工業 （Culture Industry）	文化產業 （Cultural Industries）
功能目的	強調文化的政治功能	重視文化的經濟功能
生產消費	1. 作為宰制下層級的手段 2. 產生上對下的社會控制 3. 充滿許多虛假消費需求	1. 是社會情感聯繫的內容 2. 資本主義中以文化產品來豐富生活、改善人際關係
客製化程度	虛假個人化	重視客製化
文本內容	過多被虛構且含有意識形態的神話內容	塑造可被消費的故事性題材內容

資料來源：作者研究整理

1-4 文化創意產業的興起

一、文化創意產業定義

回顧世界各國的文化創意產業發展史，其中，英國是最早將「文化」當作一種「產業」來發展，且產業架構最完整、績效評價最好的國家。其發展史可追溯到前英國首相布萊爾（Anthony Charles Lynton Blair）在 1997 年代表工黨參選首相時所提出的「創意產業」（Creative Industries）概念，並在 1998 年和 2001 年提出「創意產業盤點報告」（Creative Industries Mapping Document），自始創意產業便有了較清楚的定義和方向。

聯合國教科文組織（UNESCO）給文化產業（Cultural industries）的定義是「結合創作、生產與商業的內容，同時這內容在本質上，是具有無形資產與文化概念的特性，並獲得智慧財產權的保護，而以產品或服務的形式來呈現」。基於立法背景、文化資源、時空環境、以及知識產權出發的角度不同等因素，在實質內容及界定產業範圍的寬窄上仍有些許差異。如英國的「創意產業」（Creative Industries）、美國的「版權產業」（Copyright Industries）、韓國的「內容產業」（Content Industries）、德國的「文化產業」（Culture Industries）與我國的「文化創意產業」（Cultural and Creative Industries）等。

臺灣文化創意產業的發展始於 2002 年，行政院正式將文化創意產業列入「挑戰 2008：國家重點發展計畫」中，有別於聯合國或其他國家以文化產業（Cultural Industries）或創意產業（Creative Industries）來界定這項產業，特別結合「文化」與「創意」，並於 2010 年 1 月在立法院三讀通過劃時代意義的《文化創意產業發展法》，回應了藝文界長久以來的關切與期待。

目前推動文化創意產業較著名的國家有：美國、英國、法國、德國、比利時、丹麥、瑞典、荷蘭、芬蘭、義大利、韓國、日本、澳大利亞、紐西蘭等。以下列舉各國 / 組織在文化創意產業的定義，如表 1-2。

第 1 章

第 2 章

第 3 章

第 4 章

第 5 章

第 6 章

第 7 章

第 8 章

第 9 章

第 10 章

第 11 章

第 12 章

第 13 章

第 14 章

表 1-2、各國／組織對文化創意產業的定義

序號	國家／組織	文創定義
1	聯合國教科文組織（UNESCO）	結合創作、生產與商業內容，是具有無形資產與文化概念的特性，並獲得智慧財產權的保護，而以產品或服務的形式來呈現。
2	臺灣	源自創意或文化累積，透過智慧財產的形成與運用，具有創造財富與就業機會潛力，並促進整體生活環境提升的產業。（文化創意產業）
3	英國	結合個體創意、技術及天賦的產業，透過智慧財產權的生成與利用，以創造財富和就業機會的產業。（創意產業）
4	芬蘭	「基於意義內容的生產活動」。它強調內容生產，包括建築、藝術、書報刊、廣電、攝影、音像製作分銷、遊戲及康樂服務等行業門類。此外，芬蘭將文化產業與創意產業分開構成。文化產業包括：電影、視覺藝術、音樂和大眾傳媒；創意產業包括：設計、廣告、軟體服務和創意知識。文化產業更注重傳統文化產業門類的傳承與創新，而創意產業則更強調創意設計、數位產業等現代技術與傳統工業門類的結合與突破。（內容產業）
5	韓國	文化內容產業包括各種經濟活動，如創作、生產、製造、流通等，而其活動內容源自於任何知識、資訊及文化相關之基礎資源。（內容產業）
6	美國	指生產經營有版權屬性的作品（產品）並依靠版權法及相關法律保護而生存發展的產業。美國把版權產業作為國民經濟中一個單獨的產業來看待。按美國國際知識產權聯盟的說法，屬於版權產業的行業分為以下四類：核心版權產業、部分版權產業、發行產業、版權關聯產業。（版權產業）
7	中國	為社會公眾提供文化、娛樂產品和服務的活動，以及與這些有關聯的活動的集合。（文化產業）

資料來源：作者研究整理

　　由上可知，文化創意產業並非新創產業名稱，它只是將「文化」、「創意」與「產業」三要素結合，是一種新的整合及跨領域的方式，目的在培養具有整合能力的人才，建立一個機制或平臺，讓創作者有更多機會被看見，有更好的創作獲利空間。

二、臺灣文創產業發展現況

　　根據《世界中的文化：首份全球文創產業經濟概況報告》指出，近年來全球文化創意產業蓬勃發展，總產值已逾 2 兆 2,250 億美元，而臺灣的文創產業也正急起直追，相信不久年產值將可逼近一兆元新臺幣。

　　根據臺灣《文化創意產業發展法》，文化創意產業的相關次產業包含：視覺藝術產業、音樂及表演藝術產業、文化資產應用及展演設施產業、工藝產業、電影產業、廣播電視產業、出版產業、廣告產業、產品設計產業、視覺傳達設計產業、設計品牌時尚產業、建築設計產業、數位內容產業、創意生活產業、流行音樂、文化內容產業及其他經中央主管機關指定之產業。根據《2019 年臺灣文化創意產業發展年報》，臺灣文化創意產業發展的重要數據如下：

1. 登記總家數為 64,401 家

2. 營業額為新臺幣 8,798.2 億元

3. 資本規模在新臺幣 500 萬以下之文創廠商家數占比 84.78%，顯示文創產業以微型企業為主

4. 新設文創廠商家數（一年以下）占比約 7.02%、未滿五年之文創廠商家數占比 30.08%

5. 營業額主要來自於內銷收入，占總營業額的 90%，外銷力道仍待加強

6. 總營業額占名目國內生產毛額之比重為 4.8%

7. 總就業人數占全臺就業人數比重為 2.27%

　　此外，目前國內上櫃企業中，文創類股公司已有 26 家，相關說明如表 1-3 所示：

表 1-3、臺灣文化創意產業股票上櫃企業統計

編號	股票代號	名稱	編號	股票代號	名稱	編號	股票代號	名稱
1	2926	誠品生活	11	5263	智崴	21	6596	寬宏藝術
2	3064	泰偉	12	5478	智冠	22	8446	華研
3	3083	網龍	13	6101	寬魚國際	23	8450	霹靂
4	3086	華義	14	6111	大宇資	24	8489	三貝德
5	3293	鈊象	15	6144	得利影	25	8923	時報
6	3546	宇峻	16	6169	昱泉	26	9949	琉園
7	3629	地心引力	17	6180	橘子			
8	4803	VHQ-KY	18	6294	智基			
9	4806	昇華	19	6482	弘煜科			
10	4946	辣椒	20	6542	隆中			

資料來源：作者研究整理

三、文化內容策進院

　　臺灣的文化創意產業雖然蓬勃發展，自 2010 年頒布《文化創意產業發展法》至今已逾十年，也面臨了必須與時俱進、力謀創新的突破時刻。因此，於 2019 年 11 月 8 日在臺北華山文創園區，正式揭牌成立行政法人「文化內容策進院（簡稱文策院、TAICCA）」，由文化部監督，以支持影視、流行音樂、圖文出版、數位出版、ACG、時尚設計、藝術支援及文化科技應用等文化內容產業的產製、傳播及國際化發展為目標。

　　扣除幕僚單位，文策院轄下主要設有：內容促進處、文化金融處、策略研究處與全球市場處（圖 1-11）等四個處，架構出跨部會、跨領域、跨平臺的協力合作機制，整合文化、科技及經濟的能量，催生臺灣文化內容產業生態系，帶動產業投資與創新的動能，形塑國家文化品牌。讓臺灣豐富的在地文化，以各種多元的形式向世界傳遞，讓國際的文化版圖，因為有了臺灣的加入而變得更加豐富精彩。其主要使命如下：

1. **建構產業專業支持體系**

   秉持中介組織專業治理角色，與政府、民間協力合作，完備文化內容產業專業支持體系的目標，達成扶植產業的公共任務。

2. **以文化內容驅動產業創新升級**

   參酌國際趨勢，引導文化內容透過符號、文字、圖像、色彩、聲音、形象與影像等資料或資訊，整合運用之技術、產品或服務，產生創作與累積價值所形成之 IP，促使內容產業跨界跨域，並得以創新升級，帶動周邊產業之發展。

3. **形塑國家品牌進行國際布局**

   發揮文化內容產業共同平臺的功能，秉持國家隊精神，整合政府及民間資源與力量，形塑國家文化品牌，協助業者進軍國際市場、拓展海外商機，加快國際布局，以文化軟實力走向世界。

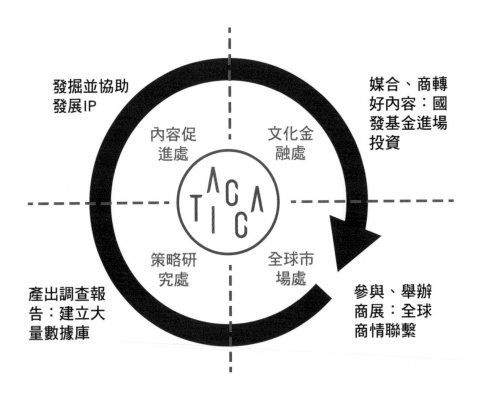

圖 1-11　文化內容策進院組織分工圖。

第 1 章
第 2 章
第 3 章
第 4 章
第 5 章
第 6 章
第 7 章
第 8 章
第 9 章
第 10 章
第 11 章
第 12 章
第 13 章
第 14 章

1-5 練習與討論

打造東方迪士尼—霹靂國際多媒體股份有限公司

公司名稱：霹靂國際多媒體股份有限公司

成立日期：1996 年 7 月 2 日

公司網址：https://www.pili.com.tw/

布袋戲，又稱布袋木偶戲、掌中戲，起源於 17 世紀的中國福建泉州。根據演出場所的不同，分為室外演出的野臺戲與在劇院演出的內臺戲，野臺戲又演變成了以迎神謝神祝壽為目的的表演。1960 年代之後，電視布袋戲興起，此種將戲臺架設於電視攝影棚，於棚內演出的布袋戲戲種，不但於戰後盛行於臺灣，造成轟動，重視聲光效果的金光戲也開始在中南部各地的野臺戲中發展。1970 年，黃俊雄率領的「真五洲劇團」將本來在戲院上映的內臺戲「雲洲大儒俠」首度於臺灣的無線電視臺演出。因音樂新穎，口白典雅，加上劇情緊湊與聲光效果，創下驚人的高收視率。時至今日，談起布袋戲，仍是許多人共同的童年回憶。（參考資料來源：維基百科 / 布袋戲）

在眾多臺灣布袋戲公司或劇團之中，霹靂布袋戲可算是臺灣最成功的文創產業代表案例之一。霹靂公司創辦人黃強華（本名黃文章）、黃文擇兄弟繼承父親黃俊雄在「雲洲大儒俠史艷文」的基礎上，從 1980 年代後半期開創「霹靂系列」劇集。隨著事業不斷成長，於 1992 年共同創立「大霹靂節目錄製有限公司」進入錄影帶市場。1993 年，成立首家以布袋戲播放為核心的獨立電視臺「霹靂衛星電視臺」。霹靂布袋戲無論在錄影帶市場或是第四臺播映，均獲得各界好評，旗下的戲偶代表人物，包括素還真、葉小釵、一頁書、亂世狂刀等更是家喻戶曉。到如今，傳統布袋戲雖已沒落，但相對的，提升製片水準與品質的電視布袋戲卻能藉由各種新興科技不斷增加觀眾。

「大霹靂節目錄製有限公司」配合公司業務發展於 2000 年改名為「霹靂國際多媒體 (股) 有限公司」（Pili International Multimedia Co., Ltd.），並於 2013 年成為國內首家上櫃的文創業者代表，集團關係企業包括（圖 1-12）：

圖 1-12　霹靂國際集團關係企業。

營收比重：劇集 44.91%、商品銷售 24.35%、系統及廣告 12.96%、授權 10.39%、其他 7.39% (2020 年)。

霹靂公司除了代理霹靂衛星臺電視廣播節目之業務，還成立了霹靂官方網站。主要以偶動漫劇集發行、週邊商品、授權收入以及頻道系統收入等。「劇本」是霹靂公司所有創作的核心，經由多元化的發展累積龐大智慧財產而成，創造專屬於語文、攝影、視聽、表演、美術與音樂著作。回顧霹靂的內容創作之路，相信對許多文創業者在發展 IP 事業，都具有參考價值，公司的「一源多用、跨界創新、角色經濟、粉絲經濟」的新概念與做法，亦是受到各界推崇與效法。

2019 年 10 月 9 日，霹靂公司正式對外宣布由第五代接班人黃亮勛擔任總經理，並確立未來事業三大營運方向，分別是數位化、國際化及 IP 多元化。近期霹靂國際多媒體公司更與國立臺北科技大學攜手開設通識課程，希望透過創新與傳統的激盪，為經典布袋戲偶注入新生命，讓更多年輕學子認識與愛上布袋戲文化，從中培育發掘具有潛力的人才。目前霹靂公司主要市場與業務仍以亞洲地區的日本與中國大陸為主，要從東方市場跨進西方世界，仍有一段漫長的路要走，端看西方人士對布袋戲的接受度。希望有一天霹靂公司能笑盡天下英雄好漢，成為東方迪士尼！

延伸思考

1. 霹靂布袋戲如何邁向國際，增加歐美人士的接受度？霹靂布袋戲如何邁向國際，增加歐美人士的接受度？
2. 試討論霹靂國際的創新之道為何？

腦力激盪

1. 臺灣偶像劇如何外銷吸引亞洲國家收視族群？

2. 借鏡韓國，臺灣國片如何突破創新，如何能在亞太地區立足？

第1章
第2章
第3章
第4章
第5章
第6章
第7章
第8章
第9章
第10章
第11章
第12章
第13章
第14章

第 **2** 章

文化創意產業鏈與趨勢

文創不在產值，而在感動。

——知名音樂人李宗盛

　　對於文化創意產業範疇，各國對於產業分類也有所不同，本章將簡介各國的文化創意產業分類、次產業鏈及發展趨勢，並透過章節末個案的討論與練習，來驗證「文化創意產業鏈與趨勢」之學習成效。

2-1 各國文化創意產業分類

　　每一個國家對於文化創業產業定義有些不同，如臺灣稱為「文化創意產業」（Cultural and Creative Industries）、英國稱作「創意產業」（Creative Industries）、美國稱作「版權產業」（Copyright Industries）、韓國稱作「內容產業」（Content Industries）與德國稱作「文化產業」（Culture Industries），以下將說明各國文創產業分類及臺灣文化創意產業鏈之內容。

一、各國文化創意產業分類

　　文化創意產業發達的國家之中，在產業的分類上，有些國家有明確立法，使得產業輪廓相對較清晰，但也有為數不少的國家無清楚的產業定義，以下列舉幾個國家相近的文創產業分類說明，詳見表 2-1：

表 2-1、各國 / 組織對文化創意產業的分類

序號	國家 / 組織	產業分類
1	聯合國教科文組織（UNESCO）	文化產品、文化服務與智慧財產權三項。
2	臺灣	(1) 視覺藝術產業、(2) 音樂及表演藝術產業、(3) 文化資產應用及展演設施產業、(4) 工藝產業、(5) 電影產業、(6) 廣播電視產業、(7) 出版產業、(8) 廣告產業、(9) 產品設計產業、(10) 視覺傳達設計產業、(11) 設計品牌時尚產業、(12) 建築設計產業、(13) 數位內容產業、(14) 創意生活產業、(15) 流行音樂及文化內容產業、(16) 其他經中央主管機關指定之產業。
3	英國	(1) 內容產業（電視、出版、互動遊戲等）；(2) 設計；(3) 文化資產（博物館及觀光等）；(4) 表演藝術（出一般軟硬體藝術外，在英國本項含電腦、程式軟體、電影及錄影帶等數位科技）。

序號	國家 / 組織	產業分類
3	中國	(1) 新聞服務；(2) 出版發行和版權服務；(3) 廣播、電視、電影服務；(4) 文化藝術服務；(5) 網絡文化服務；(6) 文化休閒娛樂服務；(7) 其他文化服務；(8) 文化用品、設備及相關文化產品的生產與銷售。
4	美國	採用「北美產業分類體系（NAICS）」，主要有三個大類：(1) 娛樂與電子傳媒業：電影、電視劇、光碟、有線電視、廣播；(2) 印刷與出版業：報紙，雜誌，書籍的出版印刷，以及其他商業品的印刷；(3) 旅行與旅遊產業：包括 30 個和旅行與旅遊有關的部門，如住宿等。
5	日本	(1) 內容產業（網路、電視、多媒體、數字影像處理、訊號傳輸、錄影及錄音、書籍、新聞及導航等）；(2) 休閒產業（學習、鑑賞、運動、競技、旅遊、電子遊戲、音樂伴唱等）；(3) 時尚產業（設計、化妝等）。
6	韓國	(1) 影視產業；(2) 電玩產業；(3) 動漫產業；(4) 人物產業。
7	泰國	(1) 文化資產：手工藝、文化觀光、傳統泰國草藥和泰國美食；(2) 藝術：表演和視覺藝術；(3) 媒體：電影、出版、廣播和音樂；(4)Functional Creation：設計、時尚、建築、廣告和軟體（software）產業。

資料來源：作者研究整理

　　近年來，在亞洲國家的文創產業發展中，成長最受矚目的當屬泰國，文創產業的產值已突破每年 700 億美金。泰國的文創產業發展緣起於 2002 年塔克辛政府，為使在 1997 年受到亞洲金融風暴重創的泰國經濟能快速復甦，政府決定接受國際競爭力大師 Michael Porter 的建議，選出五大競爭力的產業：觀光業、時尚業、食品業、電腦動畫業、汽車業來作為經濟復甦的發展重心。

　　十多年來，利用優質平價的觀光美食吸引各國遊客前往觀光，推動曼谷時尚城市（Bangkok Fashion City）計畫、居家時尚設計、文創市集（如恰圖恰市集、碼頭夜市、火車鐵道夜市）、泰國創意設計中心計畫（Thailand Creative and Design Center，TCDC，直接隸屬總理辦公室指揮）（如圖 2-1）、泰國世界廚房中心（Center for Thailand's Kitchen of the World，CTKW）計畫、無數支感人的創意廣告影視作品和發展汽車工業，成功透過文創產業走出經濟危機。如今泰國的軟實力全球有目共睹，文創產業已成為泰國具高度競爭力的產業，占泰國 GDP 比重約 20%。

圖 2-1　泰國創意設計中心（TCDC）。

二、臺灣文化創意產業範圍與內容

根據臺灣「文化創意產業發展法」第 3 條條文明定，文化創意產業分為：(1) 視覺藝術產業、(2) 音樂及表演藝術產業、(3) 文化資產應用及展演設施產業、(4) 工藝產業、(5) 電影產業、(6) 廣播電視產業、(7) 出版產業、(8) 廣告產業、(9) 產品設計產業、(10) 視覺傳達設計產業、(11) 設計品牌時尚產業、(12) 建築設計產業、(13) 數位內容產業、(14) 創意生活產業、(15) 流行音樂及文化內容產業、(16) 其他經中央主管機關指定之產業。

隨著文化創意產業的發展，與之配合的次產業也隨之興起，其範圍及內容如下表 2-2。我國的文化創意產業主要以創意為核心，以文化循環概念，再結合相關支援產業，發展出文化創意產業鏈，如圖 2-2 所示。相關次產業營業額及所占比重如表 2-3 所示。

表 2-2、臺灣文化創意產業內容及範圍

產業類別	主管機關	範圍及內容
(1) 視覺藝術產業	文化部	指從事繪畫、雕塑、其他藝術品創作、藝術品拍賣零售、畫廊、藝術品展覽、藝術經紀代理、藝術品公證鑑價、藝術品修復等行業。
(2) 音樂及表演藝術產業	文化部	指從事音樂、戲劇、舞蹈之創作、訓練、表演等相關業務、表演藝術軟硬體（舞臺、燈光、音響、道具、服裝、造型等）設計服務、經紀、藝術節經營等行業。

產業類別	主管機關	範圍及內容
(3) 文化資產應用及展演設施產業	文化部	指從事文化資產利用、展演設施(如劇院、音樂廳、露天廣場、美術館、博物館、藝術(村)、演藝廳等)經營管理之行業。
(4) 工藝產業	文化部	指從事工藝創作、工藝設計、模具製作、材料製作、工藝品生產、工藝品展售流通、工藝品鑑定等行業。
(5) 電影產業	文化部	指從事電影片製作、電影片發行、電影片映演及提供器材、設施、技術以完成電影片製作等行業。
(6) 廣播電視產業	文化部	凡從事無線電、有線電、衛星廣播、電視經營及節目製作、供應之行業均屬之。
(7) 出版產業	文化部	指從事新聞、雜誌(期刊)、圖書等紙本或以數位方式創作、企劃編輯、發行流通等之行業。
(8) 流行音樂及文化內容產業	文化部	指從事具有大眾普遍接受特色之音樂及文化之創作、出版、發行、展演、經紀及其周邊產製技術服務等之行業。
(9) 廣告產業	經濟部	指從事各種媒體宣傳物之設計、繪製、攝影、模型、製作及裝置、獨立經營分送廣告、招攬廣告、廣告設計等行業。
(10) 產品設計產業	經濟部	指從事產品設計調查、設計企劃、外觀設計、機構設計、人機介面設計、原型與模型製作、包裝設計、設計諮詢顧問等行業。
(11) 視覺傳達設計產業	經濟部	指從事企業 別系統設計(CIS)、品牌形象設計、平面視覺設計、網頁多媒體設計、商業包裝設計等行業。
(12) 設計品牌時尚產業	經濟部	指從事以設計師為品牌或由其協助成立品牌之設計、顧問、製造、流通等行業。
(13) 建築設計產業	內政部	指從事建築物設計、室內裝修設計等行業。
(14) 數位內容產業	經濟部	指從事提供將圖像、文字、影像或語音等資料,運用資訊科技加以數位化,並整合運用之技術、產品或服務之行業。
(15) 創意生活產業	經濟部	指從事以創意整合生活產業之核心知識,提供具有深度體驗及高質美感之行業,如飲食文化體驗、生活教育體驗、自然生態體驗、流行時尚體驗、特定文物體驗、工藝文化體驗等行業。

資料來源:文化部

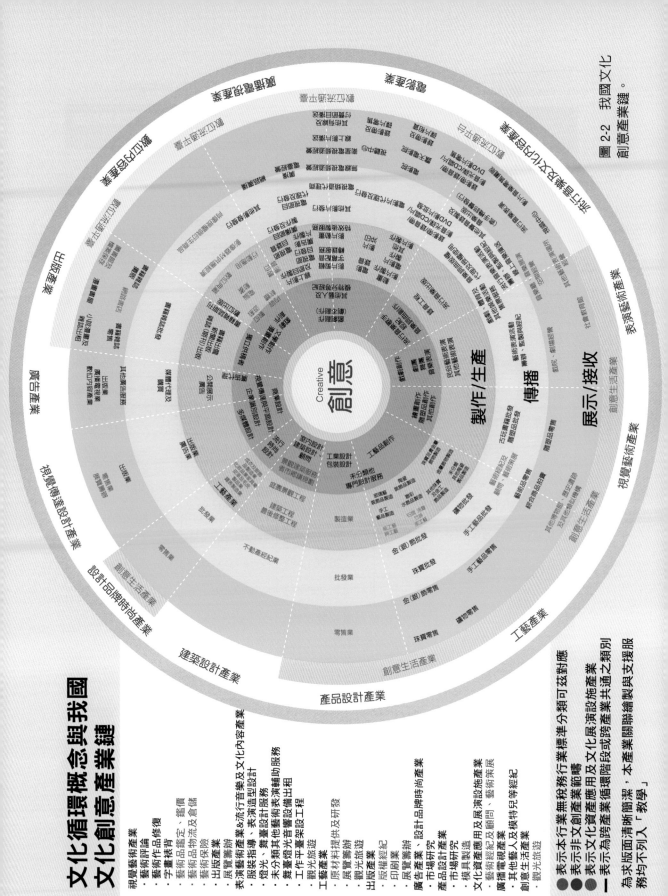

文化循環概念與我國
文化創意產業鏈

視覺藝術產業
· 藝術評論
· 藝術作品修復
· 字畫裱背
· 藝術品鑑定、鑑價
· 藝術品物流及倉儲
· 藝術保險
· 出版產業
· 展覽籌辦

表演藝術產業&流行音樂及文化內容產業
· 服裝指導、表演造型設計
· 燈光、舞臺設計服務
· 未分類其他藝術表演輔助服務
· 舞臺燈光音響設備出租
· 工作平臺架設工程
· 觀光旅遊

工藝產業
· 原材料提供及研發
· 展覽籌辦
· 觀光旅遊

出版產業
· 版權經紀
· 印刷業
· 展覽籌辦

廣告產業、設計品牌時尚產業
· 產品設計產業
· 市場研究
· 模具製造

文化資產應用及展演設施產業
· 藝術經紀及顧問、藝術策展

廣播電視產業
· 其他博人及模特兒等經紀

創意生活產業
· 觀光旅遊

— 表示本行業無稅務行業標準分類可茲對應
● 表示非文創產業範疇
● 表示文化資產應用及文化民演設施產業
● 表示為跨產業循環階段或跨產業共通之類別
為求版面清爽簡潔，本產業關聯繪製與支援服務均不列入「教學」

圖 2-2 我國文化
創意產業鏈。

表 2-3、臺灣文化創意產業次產業營業額及營業占比（單位：千元）

產業類別	2017 營業額	2018 營業額	2018 營業額整體佔比 (%)
(1) 視覺藝術產業	5,632,910	6,397,365	0.73%
(2) 音樂及表演藝術產業	23,186,828	23,241,520	2.64%
(3) 文化資產應用及展演設施產業	4,665,249	6,422,681	0.73%
(4) 工藝產業	77,289,767	78,371,565	8.91%
(5) 電影產業	29,285,065	30,307,401	3.44%
(6) 廣播電視產業	169,921,043	182,561,861	20.75%
(7) 出版產業	100,203,435	100,986,054	11.48%
(8) 流行音樂及文化內容產業	31,065,564	32,923,712	3.75%
(9) 廣告產業	151,203,474	161,609,774	18.37%
(10) 產品設計產業	45,899,223	44,488,419	5.06%
(11) 視覺傳達設計產業	3,296,724	4,326,947	0.49%
(12) 設計品牌時尚產業	50,534,903	54,302,553	6.17%
(13) 建築設計產業	33,231,230	37,437,923	4.26%
(14) 數位內容產業	84,229,406	89,036,611	10.12%
(15) 創意生活產業	26,561,624	27,341,881	3.11%
整體	836,206,447	879,816,268	100%

資料來源：文化部「2019 年文化創意產業發展年報」

2-2 各國文化創意產業發展現況

　　由於文化創意產業的附加價值高，越來越受到各國所重視，已成為世界經濟增長的新動力，引領全球未來經濟的發展。每一個國家在文化創意產業發展上的歷史

和文化基礎都有些許不同，加上各國政府對產業支持的力道及方向不同，造就了不同文化創意產業經濟成果。目前全球文化創意產業發展主要集中在以美國為核心的北美地區，以英國為核心的歐洲地區和以中國大陸、日本、韓國為核心的亞洲地區。以下介紹幾個代表性國家如美國、英國、日本及韓國的文化創意產業的發展現況。

一、美國

美國是多元種族混合的國家，憑藉眾多創意人才與前瞻科技實力，成為全球文創意產業經濟產值最高的國家。其文化創意產業主要分布在加州（洛杉磯）、紐約州、德州、佛羅里達州等四個州。紐約大都會博物館（Metropolitan Museum of Art）更是被譽為「世界三大藝術殿堂」之一。

西岸的西雅圖位處電腦科技之城、全美創造力第一的矽谷（Silicon Valley）。洛杉磯則是好萊鎢（Hollywood）電影公司總部所在地，電影工業發展更是全球知名。東岸紐約除了大都會博物館外，還匯集了 SOHO 現代文化藝術及百老匯（Broadway）文化創意園區。底特律為美國汽車設計搖籃，發展出許多汽車產業的次文化，德州的達拉斯較為有名的則是達拉斯藝術區；佛羅里達作為旅遊度假勝地，則發展出全球旅遊主題公園。美國文化創意產業地理分布圖，如圖 2-3 所示。

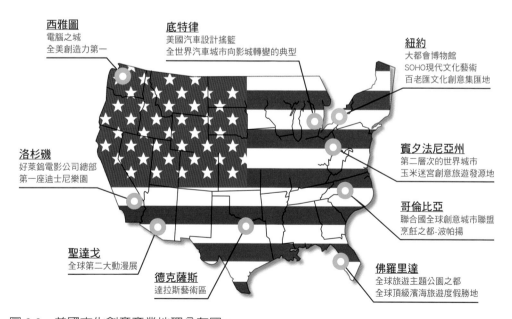

圖 2-3　美國文化創意產業地理分布圖。

二、英國

　　英國作為全球創意產業的發源地，其文化創意產業產值更是高居世界第二。英國擁有悠久的歷史文化，首都倫敦作為全球金融中心之一，匯集了世界各地的優秀人才，兩相結合，為其文化創意產業發展提供了良好的基礎。

　　北邊的愛丁堡是英國重點文化旅遊城市；格拉斯哥和利物浦在 1990 年及 2008 年分別當選了歐洲文化之都；德里於 2010 年當選為第一個英國文化之城；曼徹斯特則在媒體產業頗具國際競爭力，將工業革命時期的老城區改建成了多個創意文化產業園區，成為了歐洲第二個創意中心；雪菲爾為英國創意產業發源地；伯明罕則致力於會展產業，國際會議中心吸引全球眾多知名藝術團；倫敦則為歐洲第一大創意中心及世界第三大電腦攝製中心。英國文化創意產業地理分布圖，如圖 2-4 所示。

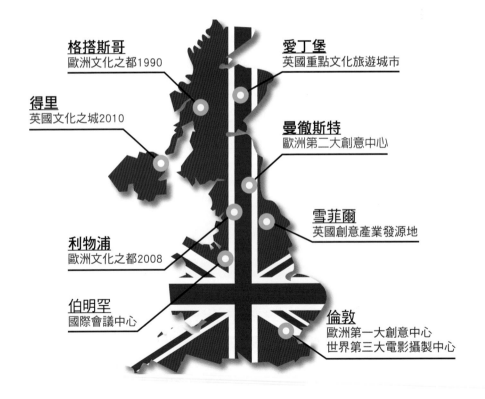

圖 2-4　英國文化創意產業地理分布圖。

三、日本

　　日本是非常重視文化創意產業的國家，遊戲產業幾乎是占有全世界 50% 以上的市場，至今日本仍然是世界最大的動漫製作和輸出國，目前在全球播放的動漫作品有 60% 是來自於日本。動漫產業主要集中在東京都和大阪府。東京都的 400 多個動漫工作室基本都聚集於練馬區，秋葉原是動漫愛好者的旅遊必選之地，名古屋則曾被譽為世界設計之都之一。日本文化創意產業地理分布圖，如圖 2-5 所示。

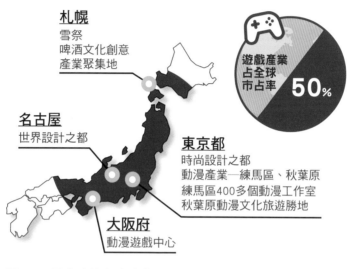

圖 2-5　日本文化創意產業地理分布圖。

四、韓國

　　近些年，韓國憑藉著韓流席捲亞洲地區，一部一部的韓劇，圈粉無數。韓國和日本一樣，都是由政府來主導文化創意產業，主要聚焦在電子遊戲、電視劇與電影發展，並以文化創意產業國際化戰略來拓展國際市場。韓國的文化創意產業是以首爾為產業中心，附近集聚了遊戲產業園區、觀光旅遊園區、影視文化園區、出版產業園區和藝術產業園區（圖 2-6）。

圖 2-6　首爾仁寺洞文創產業聚落。

圖 2-7　釜山甘川洞文化村（Gamcheon Culture Village）。

　　HEYRI 藝術村為韓國最大規模的藝
術產業中心；坡州是韓國出版圖書文化
產業的大本營；釜山則致力於發展影視
產業（如舉辦多年的釜山電影節）和會
展產業；此外，韓國也靠著多處韓國民
俗村，如甘川洞文化村（圖 2-7）及北村
韓屋村（圖 2-8），吸引全球各地遊客前
來體驗朝鮮半島文化。韓國文化創意產
業地理分布圖，如圖 2-9 所示。

圖 2-8　首爾北村韓屋村。

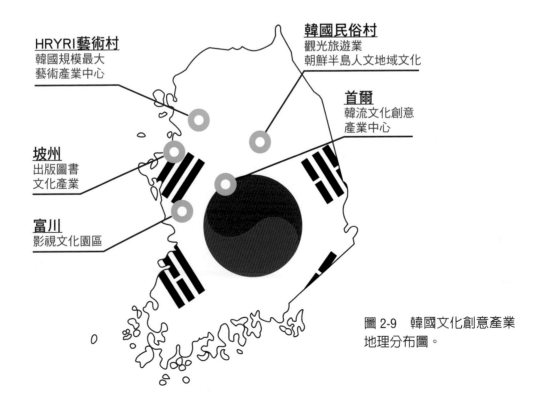

HRYRI藝術村
韓國規模最大
藝術產業中心

韓國民俗村
觀光旅遊業
朝鮮半島人文地域文化

首爾
韓流文化創意
產業中心

坡州
出版圖書
文化產業

富川
影視文化園區

圖 2-9　韓國文化創意產業
地理分布圖。

2-3 文化創意產業發展趨勢

隨著數位經濟時代的來臨，新興文化創意產業的發展也受到科技數位化的影響，而政府也更加重視在地文化保存和生活體驗，以及文創產業國際化的輸出。此外，國際之間受到新冠肺炎疫情和詭譎多變的政治情勢影響，使得文化創意產業發展產生了變化。以下提出對當前文化創意產業的十項發展趨勢看法，提供給有意參與及瞭解文創的人士做為參考：

1. **「文化體驗教育」與藝文體驗不斷推陳出新**

    為落實臺灣文化美學向下扎根，政府及民間機構等單位更加重視孩子在文化體驗教育的發展，希望透過有趣的藝文體驗，讓藝文活動成為生活的一部分，並培養未來的藝文消費者，也為健全文創產業發展奠定良好基礎。

2. **青年返鄉參與「地方創生與文資保存」**

    隨著政府積極推動地方創生與區域振興，間接也喚起許多年輕人對故鄉及土地的情懷，選擇返鄉參與社會創新，並透過文史資料的蒐集與數位典藏，從中找出地方創生發展的 DNA，希望透過年輕人擅長的創意與行銷能力來協助地方創生。

3. **國際政治情勢影響「全球藝術板塊移動」**

    受到中美貿易大戰、香港反送中等政治因素、歐盟反洗錢及全球肺炎疫情，使得藝術文化交流和藝術品拍賣受到了影響，而文化創意產業工作者也受到各國獎勵政策的吸引，從而選擇更適合自己的創作環境，造成全球藝術板塊的移動。

4. **「藝術發展線上策展」及積極經營線上社群**

    受到科技發達如 5G 通訊的快速便利及新冠肺炎影響，民眾降低前往藝廊或博物館等展場看展的頻率，因此，藝文活動經營業者改採提供文化消費者在線上的藝術看展服務，也更加重視線上文化社群的經營與互動。

5. 文化與科技並呈的「數位化導覽與互動體驗」

由於科技發達日新月異，科技藝術格外受到重視，民眾可以透過 AR、VR、MR 及 AI 等技術進行觀看及互動。許多視覺藝術、表演藝術、遊戲、影視及流行音樂等文化內容透過科技技術整合運用創作，有系統的 IP 化，並搭配良好體驗環境，有助於數位內容的國際化輸出。

6. 重燃「動手實作」的「工藝教育」意識

因應臺灣「國民基本教育課程課綱」推動，特別重視「生活科技」方面的素養，將臺灣傳統工藝、職人探訪及科技應用納入課程，強化學生「動手做」與獨立思考能力的養成，並鼓勵教師發展文化資產修復教材和培育學生成為優秀的創客（Maker）等。

7. 「OTT 平臺衝擊」，翻轉「影視產業」商業模式

在數位影音串流服務 OTT（Over-The-Top）的帶動下，捨棄過去傳統媒體通路（有線電視和無線電視），改直接以網路媒介（行動網路和寬頻網路）傳送影音內容到用戶所持有的終端裝置中。由於影視題材變得更多元，使得競爭更加劇烈，必須用複合式經營等方式，以吸引消費者利用有限時間來觀看節目。

8. IP 改編多元運用，邁向「IP 內容授權經濟」

IP 改編跨領域的運用是目前內容產業重要的發展趨勢，事實上，我國也發展出不少的原創、原生作品，未來可以透過文化部成立的行政法人「文策院」來將好的原創內容 IP 予以授權輸出，發展成如日本和美國等國家的文創產業，擁有龐大的 IP 授權經濟。

9. 「戶外體驗」成為創意生活產業的重要一環

由於高度都市化和數位科技化，許多人的休閒娛樂活動多在室內進行，其中不少人選擇以電子產品來打發時間，兒童也少了接觸大自然的機會。因此，戶外體驗受到了各界的重視，服務需求也逐漸增加，提供遊客多元戶外活動的五種感官體驗也將成為創意生活產業發展的重要趨勢。

10. 納入跨領域與「循環經濟」的智慧設計思維

由於產業之間不斷透過異業合作尋求突破創新，讓原來靜態的文化資產活潑生動了起來，也使得行業之間的隔閡越加不存在，而是努力共同打造文創生態系。在產品設計上也因應全球循環經濟發展趨勢，將更重視環保永續的設計，設計上也將更加強調智慧化且符合人性需求。

2-4　練習與討論

Fantasy 生活 從用心感受出發─范特喜微創文化

公司名稱：范特喜微創文化股份有限公司

成立日期：2011 年 5 月

公司網址：https://fantasystory.com.tw

范特喜 Fantasy Story │微創·文化│

范特喜微創文化股份有限公司（以下簡稱范特喜公司）是一間位於臺中市綠園道巷弄的文創都更服務公司，成立於 2011 年。該公司致力於老屋改造、街區改善、文史保溫、地方創生、創業基地與育成陪伴等業務發展，期許打造有溫度的永續生活聚落。目前公司主要的營收來自外部委託案、物業管理收入、合作投資及自創品牌收益。成立滿十年的范特喜公司，可謂十年有成，在多年戮力經營下獲得產官學及媒體報導肯定，期間更榮獲文化部「文創精品獎─創新服務獎」、臺中市政府「第三屆都市空間設計大獎」及經濟部中小企業處「破殼而出」等官方獎賞。

創辦人鍾俊彥總經理（圖 2-10）在訪談中特別提到：「一個城市的進步，不在於豪宅蓋了多少，而是生活在這裡的人能不能時時感受到幸福的小氛圍。」因此，范特喜公司選擇在老舊巷弄中，努力用「人的故事」延續一個城市的軌跡，努力發覺生活中令人感動的元素。透過空間的分享，讓更多努力創作庶民生活藝術的人，循著記憶將這些文化延續下去。

展望未來，范特喜公司並未停下腳步，除了透過招商聚落經營、創業陪伴與育成、餐桌計畫、玩劇島、空間規劃設計及多元豐富的策展活動外，范特喜公司近年來也特別重視產學合作與人才養成，其中「大學生實習工作坊—候鳥計畫」方案，讓生活重新思考，開啟與社區共生的期待，期能產地人合一，攜手地方創生（表2-4）。還有群眾募資平臺、手機購物、職人旅館、喜磚等計畫，期許未來，美麗的生活聚落能在各地的每個角落誕生，將這塊土地的故事與文化不斷地傳遞下去。

表 2-4、范特喜微創文化股份有限公司創業發展年表

年度	發展
2011	臺中市「范特喜一號店」開幕。
2012	素人烘培實驗室「甜點森林」、社區閱讀概念「新手書店」、「綠光計畫」—改造「臺灣自來水公司」十三棟老宿舍完成文創產業聚落。
2014	以民藝概念型塑「模範社區」。
2015	成立展場空間「綠光原創育成中心」、進駐新竹縣關西鎮「石店子老街」。
2016	在臺中市精明商圈成立「玩劇島」、在雲林縣斗六市經營「雲中街文化聚落」。
2017	改造屏東縣美濃鎮「第一戲院」，並執行「經濟部推動地方創生轉型輔導計畫」、「文化部輔導藝文產業創新育成輔導計畫」及「東勢客家文化園區」改造。
2018	改造修復「楊梅故事園區」。
2021	推動數位轉型 O2O 生活服務聚合及結合區塊鏈技術的喜磚 2.0 交換平臺。

資料來源：范特喜微創文化股份有限公司

聽聽范特喜
怎麼說

圖 2-10　范特喜微創文化公司鍾俊彥總經理 (左一) 與張耀文主任合影。

● 延伸思考

1. 民間企業所經營的文化創意產業聚落，如何能透過經營創新與社區參與，創造對地方更深的影響力？

2. 試列舉出其他國家或地方的民間文創聚落經營業者，其經營的商業模式是否有差異？

腦力激盪

1. 根據臺灣文化創意產業統計數據，您覺得哪一類別產業最具發展潛力或優勢？

2. 現今各國均非常重視創作內容 IP 的智財產出與授權等，公司應如何做好 IP 管理？

第 1 章
第 2 章
第 3 章
第 4 章
第 5 章
第 6 章
第 7 章
第 8 章
第 9 章
第 10 章
第 11 章
第 12 章
第 13 章
第 14 章

第**3**章

文化創意產品開發

設計是從人的需求開始的，應該為「少數弱勢族群或殘疾者」服務。

——巴巴納克（美國設計師）

　　要帶動文化創意產業發展或讓地方創生看到希望，文化創意產品的開發是常見的操作手法。文化創意商品對地方或產業發展具有一定程度的貢獻，但若過於著重在產品層面，並不利於整體產業的發展。本章透過消費者行為、文化創意產品開發和風險，以及群眾募資等議題來探討「文化創意產品開發」，並透過章節末的個案討論與練習來驗證學習成效。

3-1 消費者行為

　　進行商品開發或銷售，很重要的是必須先了解消費者行為（Consumer Behavior）。廣義的消費者行為是指消費者在日常生活中進行交換活動時，所產生的情感與認知、行為與環境事件之動態性互動。而狹義的消費者行為則是指消費者在評估、取得、使用與處置產品與服務時，所投入的決策過程與形體活動。

　　消費者行為會受到許多因素影響，例如：人口結構、心理變數（生活方式）、動機（如馬斯洛的需求層級）、知識、態度、宗教信仰、情感、經驗、收入水平、價格、年齡和職業等。購買亦會受到品牌知名度、廣告、意見領袖及消費者體驗意見回饋等因素影響。

　　整體購買決策（Purchase Behavior）程序包括購買之前的發現問題、搜尋資訊、決策評估、選擇產品/服務；購買中的服務接觸與消費者參與；購買之後的產品/服務使用後結果等程序。如圖 3-1 所示研究和瞭解消費者的需要及其購買過程，是商品或服務行銷成功的基礎。

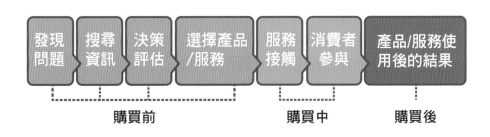

圖 3-1　購買決策制定過程。

3-2 文化創意產品

　　談起文化創意產品的開發，必須先了解其與一般高科技商品或是流行時尚產品有何差異？文化創意產品是以特色「文化」為基礎，活用「創意」為手法，外顯「產品」為形式。任何商品都需要以創新和產品形式來展現，而文化創意產品更重視文化底蘊，可以談歷史典故、文化由來等，充滿溫情暖意。善用地理空間、旅遊觀光、節慶藝文活動等，取得文化認同，採用跨產業結盟等方式，帶動整體產業或地方發展，以增加就業機會與在地居民收入。此外，別過於著重在「產品」層面，此不利整體產業的發展，因為無法形成相互帶動的產業鏈，產品的成功是許多層面的交互作用及整體配合的結果。

一、文化創意產品的定義

　　文化創意產品是以「文化」為「意涵底蘊」；「創意」為「應用方法」；「產品」為各種「外顯形式」。文化創意產品可以採用「商品」、「活動」、「空間」等不同層次或方式，做為對外展示。文化創意產品需滿足目標市場對象，在產品開發生產之前，需先鎖定預定的消費族群，聆聽消費者心聲，以降低產品開發風險。文化創意產品可分為「有形」和「無形」的文化創意產品，有形的文化創意產品屬於「物質」的文創產品，是看得見的文創產品；無形的文化創意產品屬於「非物質」的文創產品，主要是相關的文創藝文活動或國寶級人物等。而文化創意產品其產品結構層次由核心向外擴散可以區分為：核心層次、基礎層次、期望層次、附加層次到潛在層次。

二、文化創意產品開發策略

　　任何商品開發都需要做好設計規劃，有策略的推動新產品開發，文化創意產品的開發亦是如此，以下將說明新產品開發流程、產品組合定義、開發風險及對地方的影響：

（一）新產品開發流程

據美國新產品開發管理協會（PDMA）的定義：所謂新產品流程指的是一系列有紀律且定義清楚的任務和步驟，描述公司由初期構想產生到達可銷售的產品或服務，所須使用的標準程序。PDMA 將新產品開發流程流程的範疇分成「探索」、「開發」、「上市」三大主要階段。其他著名的新產品開發流程理論，如 1980 年代由庫柏（Robert G. Cooper, 1990）提出的階段關卡法（Stage-Gate）受到廣大企業推崇。庫柏不僅定義出產品開發流程中每個階段該進行的任務，並增加了審核的關卡作為評選產品是否可以往下一個階段開發的機制。

2007 年 Allen Ward 出版了《Lean Product and Process Development》，更使得精實產品開發流程（Lean Product Development, LPD）日臻完善。LPD 是開發新產品的強大系統，在不同行業的大小公司中證明是有效的。不僅僅是一個開發單一產品的策略，它使您能夠創建一個可持續的系統，持續提供偉大的產品和盈利的價值流，運用在您的整個企業之中。

近些年，全球知名設計顧問公司 IDEO 的 CEO Tim Brown 提出的設計思考（Design Thinking）方法日漸受到關注。設計思考是一個以人為本的解決問題方法論，透過從人的需求出發，為各種議題尋求創新解決方案，並創造更多的可能性。IDEO 設計公司總裁提姆•布朗曾在《哈佛商業評論》定義：「設計思考是以人為本的設計精神與方法，考慮人的需求、行為，也考量科技或商業的可行性。」

由於對於創新的需求隨著商業模式的變革以及設計意識抬頭而增加，設計思考於是開始被企業及組織大量應用於解決商業與社會問題，例如：因環保意識抬頭及永續發展的考量，在產品開發設計上納入循環經濟（Circular Economy）的新產品開發思維，以期能與所處的環境資源共生。

總的來說，新產品開發流程大致包含五個階段（圖 3-2）：

1. **機會的辨識和選擇（Opportunity Identification）**：對主要機會或創意擬定初步的策略陳述，以導引後續新產品開發工作。

2. **概念的產生（Product Concepts）**：選擇一個較具高潛力機會及納入目標顧客的需求等概念構想進行討論。

3. **概念／專案評估（Pre-technical and Project Evaluation）**：將技術、行銷和財務等標準納入評估，以確定可行性專案。

4. **產品開發（Product Development）**：包含完成實體產品成形（原型產品）和無形服務的過程，並對全面營運進行分析（如量產計畫評估和財務計畫評估）。

5. **正式上市（Lunch）**：進行商品化的市場測試、銷售計畫、上市後的產品管理等。

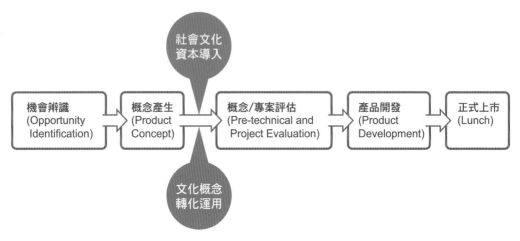

圖 3-2　文化創意產品開發流程。

　　然而，文化創意產品開發是有別於一般新產品開發，更重要的是在概念構想和設計開發階段時就應納入「社會文化資本投入」及「文化概念轉化運用」等考量，再透過創新手法予以呈現。文創產品設計的出發點，不是文化藝術品創作，而是市場需求，必須在消費者重視的價格和質量及創作者重視的藝術和文化性之間取得平衡點。文創產品要能產生經濟價值必須在生產、製作、銷售上走向產業化、市場化。此外，民間不缺創意，但是缺少參與管道和平臺。若能使民眾參與開放式創新，參與產品開發提案，或許也能創造多贏局面。

（二）產品組合

　　產品組合是指賣方提供給買方的所有產品項目的集合，又稱為產品搭配，大致可以從廣度、長度、深度和一致性等構面進行探討。

1. **產品線的廣度**

   指將提供多少種不同的產品生產線，例如：不同的產品，每一個產品就會有一個生產線。

2. **產品線的長度**

   指同樣的產品種類要針對不同的價格提出多少的類型，例如：雲林百年大同醬油工廠所銷售的各種價位醬油（圖 3-3）及結合地方特產的水果風味醬油（圖 3-4）。

3. **產品線的深度**

   指同樣一個產品，但多少有一點差異的類型，例如：同一種產品但是推出多款可供消費者選擇的不同顏色。

4. **產品線的一致性**

   各條產品線在通路、生產設備使用等方面關係密切之程度或關聯。通常是產品組合寬度較小、產品組合深度較淺，其產品組合一致性較高。

此外，文化創意產品開發上也有不同類型規劃，如朝向「單一性」產品、「系列性」產品、「多元性」產品及「奢侈性」產品方向進行設計開發。文創商品不僅要有創意，還須具有很強的實用性，才容易一上市就受到熱捧。

圖 3-3　百年大同醬油「四季賞味」（於 2010 年榮獲德國 iF 設計大賞）。

圖 3-4　百年大同醬油結合雲林特產水果推出斗六柚子和古坑柳丁風味醬油。

（三）文創產品開發風險

文化創意產品在開發上同時會面臨許多風險，包括文化面風險、材料面風險、市場面風險及技術面風險。

1. 文化面風險

包括文化差異風險、故事認同風險和文化詮釋風險。因為文創產品表現出來的文化價值和符號意義是否能被顧客所認同和喜愛，以及詮釋的作品能否讓人感動而引起共鳴（圖3-5）。

圖 3-5　由義大利品牌 ALESSI 與臺北故宮合作的清宮清先生蛋杯，以中華文化為底蘊，尋求消費者的情感認同。

2. 材料面風險

包括材料供給和品質的不穩定。某些地方文化產業其實會受到季節和氣候不穩定的影響，造成材料供給問題。另外，原物料品質的不穩定，會使做出來的產品良率受到影響，品質不佳也會間接影響消費者購買意願。

3. 市場面風險

包括消費者接受度風險、市場競爭風險和仿冒抄襲風險。有時市面上的產品多是生產者或創作者因個人喜好興趣而做，沒有花心力去深度了解市場需求，導致消費者接受度不高。市場上熱銷的商品也容易引起競爭對手利用龐大資源投入競爭而失去市場，另外就是不肖業者仿冒抄襲，間接的使公司的商譽受損。

4. 技術面風險

包括技術不成熟風險和技術門檻不高風險。例如許多工藝產品技藝不純熟或是專業人才訓練費時，使得產品無法量產複製，整體發展受限。而若所開發的產品技術門檻不高，很容易引起仿冒抄襲而形成風險。

（四）文創產品與地方發展

地方發展暢銷的文化創意產品，對於地方振興具有很大的貢獻，不僅可以促進當地就業和創業機會，也可增加居民的收入，可透過文創平臺進行推廣（圖3-6）。其他好處如下：透過旅客的文化消費、保存及傳承延續地方文化、帶動地方整體經濟發展、減少人口外流及城鄉差距、提升居民文化素養及改善生活美學、促進當地居民對地方文化認同並凝聚向心力、增加地方文化品牌形象及知名度。總之，若能善用文化創意產品開發，做好產品規劃和風險控管，透過好的商業模式來經營，相信有助於地方繁榮。

圖3-6　圖為民國101年中由文化部輔導成立的臺南市文創產業實體與網路平臺。除了協助業者了解政府法規、計畫及經費申請程序，提供包括財務、法律、稅務、行銷、智慧財產權等經營管理方面的專業諮詢協助，並將組成顧問團，作為從人才需求、創業資金、市場商機，及異業合作縱向及橫向的整合平臺。

3-3 群眾募資

群眾募資（Crowd Funding）又稱群眾集資、公眾集資、群募、公眾籌款或眾籌，是指個人或小企業透過網際網路向廣大群眾募資的一種集資方式。群眾募資主要透過網際網路展示宣傳計畫內容、原生設計與創意作品，並與大眾解釋通過募集資金讓此作品量產或實現的計劃。支持、參與的群眾，則可藉由「購買」或「贊助」的方式，投入資金以實現該計劃。在一定的時限內，達到事先設定募資的金額目標後即為募資成功，開始使用募得的金錢進行計劃。

群眾募資具有協助個人或創業團隊測試出產品本身具有多少市場需求和可能潛在用戶，對於文創產品開發更是一大助手。國外知名的募資平臺如 Kickstarter、Indiegogo、CAMPFIRE 和 READYFOR。臺灣則有 FlyingV、ZecZec 嘖嘖和群募貝果為較知名之募資平臺 (表 3-1)。

表 3-1、國內外知名募資平臺

國家地區	募資平臺名稱	網址
美國	Kickstarter	http://www.kickstarter.com/
	Indiegogo	http://www.indigogo.com/
	Kiva（微型貸款）	http://www.kiva.org/
日本	CAMPFIRE	http://camp-fire.jp/
	READYFOR	http://readyfor.jp/
	Makuake	https://www.makuake.com
中國	眾籌網（先鋒集團）	http://www.ucfgroup.com/list/50-1.html
	點名時間	http://www.demohour.com/
	淘寶眾籌	http://www.tmeng.cn/
	京東眾籌	http://z.jd.com/sceneIndex.html
	騰訊公益	http://gongyi.qq.com/succor/index.htm

第 1 章
第 2 章
第 3 章
第 4 章
第 5 章
第 6 章
第 7 章
第 8 章
第 9 章
第 10 章
第 11 章
第 12 章
第 13 章
第 14 章

表 3-1、國內外知名募資平臺（續）

國家地區	募資平臺名稱	網址
臺灣	FlyingV	http://www.flyingv.cc/
	一起夢想公益協會	http://510.org.tw/index.php
	ZecZec 嘖嘖	http://www.zeczec.com/
	群募貝果	http://www.webackers.com
	創夢市集	http://www.ditstartup.com/

資料來源：本研究整理

如何才能成功讓群眾募資專案達成目標？以下有幾點小建議：

1. 分享募資者的故事，讓潛在贊助者知道您的產品理念。

2. 提供超值的回饋，讓贊助者因預期獲得超值回報而支持募資專案。

3. 宣傳群眾募資影片，要增加募資影片的曝光度。

4. 向資助者隨時更新專案進度，如遭遇困難也要誠實告知。

5. 若已達募資資金目標，募資專案仍未結束，務必履行承諾交遞產品或服務。

6. 根據回饋進行設計變更，持續善待消費者和支持者，才能將專案做到極致。

　　此外，為協助解決「文化內容產業」缺乏初始開發資金的斷鏈點，文策院鎖定文化內容產業的早期資金，與業界知名的群眾募資顧問公司「貝殼放大」聯手，於 2019 年共同投資以文化內容產業投資及顧問服務的公司「天使放大」。天使放大公司將可協助創作者分擔投資的早期風險，以保障創作自由為前提，提供創作者財務稽核、法律諮詢等專業服務，投資者也能夠及早進場，加速文化內容產業開發進程，以活絡整體文化內容產業鏈。天使放大公司則透過單項專案分潤式的投資模式，並以作品發行後的權利金收益抽成作為投資報酬。

3-4 練習與討論

從臺灣原創桌上遊戲，進入世界 IP 授權 – 華創文化

公司名稱：華創文化有限公司

成立日期：2012 年 8 月

公司官網：https://www.facioclub.com

華創文化有限公司（以下簡稱華創公司）是一家位於國立臺灣師範大學附近的臺灣原創桌上遊戲開發公司，成立於 2012 年，創辦人劉玉玫總經理從小受到日本次文化薰陶，在日本留學畢業後即進入出版社工作，在工作過程發現臺灣市場多是購賣日本動漫創作或遊戲商品，長期觀察下發現臺灣擁有許多創作上的優秀人才，為發展臺灣原創商品故創立公司。創業初期主要業務是線上遊戲 UNLIGHT 的周邊出版、與日本合作發行臺灣的 VOCALOID 虛擬偶像心華、網路歌手演唱會之協辦等業務。公司經過多年努力及市場測試、海外參展後，商業模式逐漸成形，目前主要的業務有四大服務功能：

1. 文創投資：桌遊研發、臺灣師範大學及實踐大學等大學的推廣課程、IP 可愛吉祥物研發。

2. 授權與仲介：桌遊海外授權、「東京、上海、臺北」三地的活動與合作仲介。

3. 貿易與網路事業：與日本的「2020 年 11 月啟動網站計畫」合作案。

4. 個人服務：擔任「臺灣角色授權協會」在文策院的日文專員。

劉總經理特別強調公司所研發的是「臺灣原創桌上遊戲」，希望能達成「經歷桌上遊戲成功授權後，進入世界的角色 IP 授權領域」的企業願景。目前公司在桌遊開發上面已成功研發 16 款品項、授權 8 個國家及銷售到 14 個國家，並榮獲美國

兒童創意遊戲獎及獲得日本電視臺採訪報導。目前持續研發 IP 可愛吉祥物（如飽島動物、貓的小宇宙），並每日在 Facebook、推特及 IG 等社群平臺累積創作。題材也多採用臺灣特色文化如珍珠奶茶、原住民部落等相結合，並透過授權飲料店主題裝潢及兒童樂園合作，增加產品授權曝光。

談及關於臺灣產業在推動「IP 授權經濟」做法和日本的做法之不同，及政府應該要如何扶持臺灣文創公司發展「IP 授權經濟」，劉總經理也分享了她的經驗和看法：

「IP 授權」的領域有很多種，大致可以分成公部門（如授權地方政府與觀光局）及企業領域。日本在將 IP 推廣至國外之前，會在國內積極的合作與提案，進而取得授權金，並在日本各地曝光以得到曝光率與實質利益。另外，也會以委員會形式廣邀如廣告商、生產製造工廠及音樂唱片公司等加入、藉由異業結合，帶動整體授權產業發展。

臺灣則因為人口紅利少，產業利潤結構不夠大到成為一個產業鏈。目前看到坊間大多鼓勵年輕人創業，但沒配套作法，在耗費經費預算後，仍找不到足以支撐好的創意點子的獲利模式，最終多成了無疾而終的失敗案例。此外，臺灣在提供活動場地或販售地點給文創公司上也缺乏長遠的規劃，政府應扮演整合角色，提供資金整合企業間合作，讓原創內容在國內廣被使用、進而達到曝光與站穩市場之目標。

未來建議聚焦在「異業整合、創造話題、獲利模式」這三大重點，政府應將預算效益運用到極大化，積極推動地方特色產業在地化與角色結合的地域性活動。以月為單位讓優秀的原創內容輪流在國內被廣泛使用。目前常看到的做法為縣市地方各自創造角色，在行銷上難以聚焦與得到討論度。

臺灣可以思考將如 319 鄉鎮地方文化特色商品及服務開發，運用在推動地方創生發展上，讓一般人也能看到臺灣原創的角色人物，在不同的地方有不同的表情與創意的發揮。取鏡日本以角色人物帶入對地方特色的深入了解，發展出地方限定版商品或服務來吸引文化觀光。透過政府之宣導吸引國內外觀光客，讓地方產業活絡與經營業者共創雙贏。

展望未來，目前華創公司除積極在各國做原創角色授權及國內大學開設推廣課程外，未來將配合政府「108 課綱」鼓勵「玩中學」教學，開發更多好玩的教育類桌上遊戲，和日本合作的貿易與網路事業於 2020 年 11 月啟動網站計畫。期望能透過更多臺灣原創桌遊商品的 IP 授權及文化部和文策院的大力推動，讓世界看見臺灣的文創軟實力（圖 3-7）。

聽聽華創怎麼說

圖 3-7　華創文化有限公司劉玉玫總經理（左一）及中華大學創新創業中心張耀文主任（右一）合影。

延伸思考

1. 試比較臺灣與日本等其他國家的 IP 授權機制與做法之不同？
2. 如何透過發掘地方文化特色，開發地方限定的相關文化創意商品及深度旅遊體驗服務？

腦力激盪

1. 試學習草擬文創桌遊角色的授權契約？

2. 試探討一項好的文化創意商品或服務，成功或失敗的因素有那些？

第1章
第2章
第3章
第4章
第5章
第6章
第7章
第8章
第9章
第10章
第11章
第12章
第13章
第14章

第**4**章

文化創意品牌經營

一個具有銷售力的創意，基本上從未改變
過，必須有吸引力與相關性。
——廣告大師李奧貝納 Leo Burnett

　　品牌是一種識別標誌、精神象徵、價值理念，也是品質優異
的核心體現。文創商品若能透過良好的品牌經營，勢必能帶來更
高的經濟價值。本章透過品牌概念、品牌符號學、文化創意行銷
等「文化創意品牌經營」相關議題探討，最後經由分組討論與練
習來驗證學習成效。

4-1 品牌概念

企業想要長久經營就一定要有「品牌」觀念，為什麼像知名運動商品 adidas 或精品 LOUIS VUITTON（LV）可以賣比較高的價格？靠的就是品牌。臺北市政府舉辦牛肉麵節和苗栗縣政府舉辦桐花節，也是打算藉由地方特色來形塑品牌。

一、品牌的起源、內涵及其構成

根據美國行銷學會（American Marketing Association）對品牌的定義為：「品牌是一個名稱、名詞、標記、符號、設計或以上各項的總合，以試圖辨認競爭者之間的產品或服務，進而與競爭者商品具有差異化。」品牌的功能不僅在於產品區隔競爭者而已，如消費者的印象、心智、品牌與消費者的關係等，其最終目的在提升消費者的認知與促進消費購買，因此品牌經由差異化所擁有的附加價值就形成了品牌權益（Brand Equity) 或品牌價值（Brand Value）。

「品牌價值」是品牌管理要素中最為核心的部分，也是區別品牌與同類競爭品牌的重要標誌。2020 年 6 月 30 日，全球最大的傳播集團 WPP 及其旗下品牌諮詢機構凱度在英國倫敦發布了「2020 年 BrandZ 全球品牌價值 100 強」排名，前十強如表 4-1 所示。

另外，依據消費者生活型態研究顧問 EOL 東方線上消費者研究集團、日經 BP 顧問公司（Nikkei BP Consulting），以及《經理人月刊》發布「Brand Asia 亞洲影響力品牌調查」，前 Top20 名如圖 4-1 所示。根據勞動價值理論：品牌價值是品牌客戶、通路成員和母公司等方面採取的一系列聯合行動，能使該品牌產品獲得比未取得品牌名稱時更大的銷量和更多的利益，還能使該品牌在競爭中獲得一個更強勁、更穩定、更特殊的優勢（凱文•凱勒．2003），即創造更高價格、更大規模及品牌延伸的效果。

表 4-1、2020 年 BrandZ 全球品牌價值 100 強前十名

2020 年排名	品牌	行業類別	2020 年品牌價值（億美元）	品牌價值同比變化	2019 年排名
1	亞馬遜	零售	4158.55	32%	1
2	蘋果	科技	3522.06	14%	2
3	微軟	科技	3265.44	30%	4
4	谷歌	科技	3236.01	5%	3
5	Visa	支付	1868.09	5%	5
6	阿里巴巴	零售	1525.25	16%	7
7	騰訊	科技	1509.78	15%	8
8	Facebook	科技	1471.90	-7%	6
9	麥當勞	快餐	1293.21	-1%	9
10	萬事達卡	支付	1081.29	18%	12

資料來源：經理人雜誌

（一）品牌的起源

　　品牌的起源一種說法是美國西部的牧場，因為採取自由放牧，為了區別牛群歸屬，於是以燒紅的鐵在牛隻的臀部上烙印簡單的辨識標誌。另一種說法是來自於古斯堪的那維亞語「brandr」，翻譯為「燃燒」，是指生產者燃燒印章，然後將其烙印到產品上，形成產品標誌的過程。

　　印度在吠陀時期（9,000~10,000 年前）將品牌稱之為「Chyawanprash」。義大利最早將品牌浮水印印於紙上，可見義大利重視品牌的作用。西元 19 世紀，工業化進程加速，許多商品進行規模化生產，工廠生產後以標誌或徽章等形式進行明確規定，形成了初期「品牌」的商標價值，從此，品牌得到正式使用，並大規模、大批量推廣。工業革命時期許多製造廠建立，大批量的商品運輸到市場，客戶對當地產品具有較為熟悉、更有信任、更有品質保證的產品印象。

　　為了獲得客戶更加熟悉的印象，許多企業反覆提示人們要認準其產品標誌，由

全世界第一家領有政府保護的註冊商標─ Bass Pale Ale

英國巴斯 (BASS) 公司是 19 世紀啤酒釀造產業的霸主，其啤酒廠 Bass Pale Ale 的三角形商標（圖 4-1），在 1876 年成為英國歷史上第一個註冊的商標，也是全世界第一家領有政府保護的註冊商標，從 1876 年 1 月 1 日登錄生效，至今仍在使用。過去巴斯的 Pale Ale 賣遍全世紀，不過時至今日已經被更大的啤酒公司收購了。

圖 4-1 Bass Pale Ale 的三角形商標。

此強調產品的創新性，從而建立了自身的品牌地位。如康寶濃湯、可口可樂、箭牌口香糖、桂格燕麥等在當時建立了品牌，成為重要的名牌產品。企業家認識到商品的品牌價值及其可能帶來的顧客忠誠度和認可，努力建立和打造產品的品牌，形成特色和個性文化。

從品牌的起源可以看出，品牌作為一種可以保值、增值的重要無形資產，具有獨特的影響力和市場競爭力，備受企業和社會所關注，消費者對有品牌的企業認可度高、忠誠度高。品牌的建立主要是依託於某種產品或服務為重要載體，通過名稱、象徵、符號、術語或者設計、組合實現。

從一般意義上考察，品牌的內涵是企業製造商或經銷商通過創新創意賦予企業產品上的標識，包括品牌名稱和品牌標誌，由產品名稱、名詞、符號、象徵、設計及其組合而成。

從策略開發的角度思考，品牌的內涵是區分生產者或銷售者的產品或服務，使之與同競爭對手的產品和服務區別開來的名稱、名詞、符號、設計或者組合的總稱，在策略層面形成某種獨具特色的形象認知度、感覺、品質認知，進而獲得消費者的客戶忠誠度和認可度，成為企業基業長青和長期占有市場的重要無形資產。

從品牌構建的角度，品牌的內涵是通過企業員工或設計者的激情、知識、智慧、理念的高度融合、創新、創意，形成企業形象、文化構建的系統工程，是關於企業或品牌主體一切無形資產總和的濃縮，是主體與客體，主體與社會，企業與消費者相互作用的形象集成與文化產品。

（二）品牌的內涵

伯爾尼 H. 施密特博士（Bernd H. Schmitt）在 1999 年所提出的「體驗行銷」理論中，把品牌的內涵發展區分為兩個階段：

1. 「品牌－標誌」階段

即透過採用名稱、符號、圖示、口號和廣告標語來識別公司產品，以提升品牌知名度和形象，從而滿足理性消費者的「特色和利益」需求。

2. 「品牌－體驗」階段

即不僅透過採用名稱、標誌、口號、活動等形式，而且透過建立感官、情感、創新性的聯繫以及與生活方式或品牌之間的聯繫，來滿足消費者渴望刺激、樂趣、以及接受挑戰的感性需求，進而為「客戶創造體驗」價值。

（三）品牌的構成

品牌實現商品的內在文化底蘊、商業價值及產品個性，是企業通過全力打造和長期累積所形成的企業文化和無形資產，具有多方面的要素構成。以下是五個品牌構成要素：

1. **屬性**：品牌應標記商品的基本屬性，也就是品牌的基礎內涵。一般來說，品牌代表著某一類產品，而不是所有產品，如路易威登（LV）（圖 4-2），它是皮箱、包包與皮件領域數一數二的品牌，但在其所涉足的時裝、首飾、太陽眼鏡、珠寶、手錶、名酒、化妝品、香水等領域，我們就不一定清楚或是認為它在該領域數一數二。因此區別其他產品的內在本質即為屬性。

圖 4-2　LV 已成為奢侈品的代名詞。

2. **利益**：品牌的代表性基於區別其他品牌或產品的作用，屬性的存在也就意味著某種利益的歸屬和代表。歸屬感是一種心理需求，如國家、社會、族群、社團、公司乃至家庭等。品牌包含了品牌擁有者或是開發者所欲主張的價值取向以及關於功能、品質和價值的要素；其不僅包括品牌的自我價值取向，也包括品牌的知名度、聲量和普及度等，上述價值取向的整合形成了品牌的價值定位。

3. **文化**：屬性、利益和價值構成了品牌的文化內涵，上述要素的集合即表現在品牌所要求的文化特徵。

4. **個性**：品牌顯現產品屬性的同時，還表現其獨有的個性特徵，這種特質是其他的產品或品牌不能擁有的，否則就失去品牌的排他性，也無法造成「品牌差異性」。

5. **使用者**：品牌的建立界定了擁有的客戶群，使用者是品牌的重要範圍和消費者的類型。擁有使用者就是擁有市場，品牌也才有存在的理由和發展的空間。

　　什麼東西可以拿來做品牌？除了產品以外，技術也可以做品牌，如：Uniqlo 的 Heattech、Blocktech、Ultra Light Down 等一系列技術含量高的產品；也可以是元件，如電腦中央處理器 Intel；也可以是企業，如星巴克或 Disney；也可以是個人，如藝人、網紅（圖 4-3）等。

圖 4-3　技術、元件、企業或個人皆可以成為品牌。

二、品牌系統

每一種生態及關係均有其系統，如一家企業有其內部的系統，公司內部每個員工有其思考模式，聚在一起就是企業的文化及系統；家庭亦有家庭的系統，將有血緣及非血緣關係的人組成家庭。當我們用系統的觀點來探討品牌時，首先就要了解品牌系統的組成：經營團隊、產品及市場這三大部分，如圖 4-4 所示。

（一）經營團隊

經營團隊包括主要操作者、企業原生元素分析、品牌現況問題統整、品牌組織結構檢視及品牌組織情緒理解。

（二）產品

產品包括現有產品項目分析解構、產品線歸納與強化、產品企劃及上下游開發廠商順暢度。

（三）市場

市場包括品牌市場定位、品牌核心態度建立、品牌感受行銷序位建立、創新品牌或產品曝光模式及消費者與產品之間好感度串接。

透過經營者或操作者的溝通及理解達成共識後，開啟品牌企劃及進入設計思考的執行作業，最後再從品牌內部系統的連結度、合作度及順暢度三個關鍵的解構，分析品牌發展中最重要的關係鏈及企劃方向。

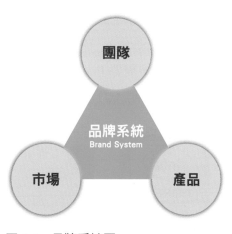

圖 4-4　品牌系統圖。

三、品牌就是差異化

品牌重不重要？不做品牌又會怎樣？媒體報導也好、論文專題也罷，甚至相關研究報告都告訴我們，沒有品牌大概只剩下規格及價格，最後落入利潤過低的惡性

循環。當全球化尚未流行、網際網路尚未普及的年代，買賣雙方會被侷限在某一個區域；但隨著全球化及網際網路的盛行之後，加上市場因製造技術精進造成產品同質性越來越高的時候，產品的規格就會越來越相似，市場的藩籬逐漸被打破，也越來越競爭。因此，若沒有利用品牌做出差異化，供給過剩的後果就是價格競爭，利潤也就越來越低。

品牌如果想要強大就要與眾不同，如果產品沒有差異化，品牌就不會存在，因此差異化是品牌的第一屬性，差異化就是讓自己的產品有異於競爭者的產品，進而創造競爭優勢。差異化不單單是品牌的起點，也是品牌策略的特徵，因此沒有差異化是對品牌最大的傷害。美國「定位之父」──傑克・特勞特（Jack Trout,1935~2017）（圖 4-5）認為：「在同質化現象嚴重的市場上，消費者也許只能記住某一品類的七個品牌」。

圖 4-5　美國「定位之父」──傑克・特勞特（Jack Trout）。

要建立差異化可以從品牌賣點的差異化、產品功效的差異化、銷售服務的差異化等著手。然而每個品牌都會強調自己的差異化，但經常所謂的差異化都會變成「同質化」。因此，除了上述提到賣點、功效、服務的差異化外，情感價值具有強大的感染力，更容易區分其他品牌，拉近品牌與目標消費者的距離，簡單來說就是消費者的「心智」。依據傑克・特勞特的觀點：「定位就是要在預期消費者的心智中給品牌產品定位，對預期消費者的心智採取行動，而非對品牌產品採取行動。」

有些文化創意產業業者認為產品有著作權的保護，加上本身對於品牌操作的不熟悉，便糾結在要不要脫離原先穩定的獲利模式，轉而投入品牌經營的模式，問題是不改變就會陷入「溫水煮青蛙」的窘境，而改變已是未來企業發展的趨勢，因此，改不改變的答案就昭然若揭。

雖然企業經營的商業模式有很多種，但不管是 OEM、ODM、OBM，還是時下流行的 IP 授權；也不管目標市場是 B2B 還是 B2C，只要不是獨占市場，都必須靠差異化來面對競爭性市場。

四、品牌的建立

品牌的建立一般有以下幾個因素：辨識度、差異化、說服力、品質及歸屬感。

（一）辨識度

品牌是為了能夠與競爭者的產品有所區隔而產生，方便消費者記憶、辨認生產商以加速其購買，因此，我們會藉由名稱、符號或商標來建立品牌。如 adidas、Nike 等。

（二）差異化

基於為了與競爭者有所差別，因此，不管在產品的外觀、功能、品質、價格或心理上，我們的品牌所提供給消費者的利益或價值與競爭者有何不同？若消費者不認為有所不同，那麼很顯而易見的，消費者選擇購買的主要考量就會是價格因素。如臺灣的某些代工廠，由於生產的產品差異性不大，就會面臨買家殺價的問題。

（三）說服力

品牌必須具有說服力，告訴消費者「選我、選我、選我」，我是最好的，讓消費者願意掏錢購買。所以我們會發現，辨識度及差異化主要是促成說服力的實現。簡單來說就是品牌的辨識度及差異化的目的是要說服消費者採購，但在這之前我們必須能夠提供某一種價值給消費者，才有可能獲得消費者的青睞。

（四）品質

品質是品牌的後盾，產品若無法吸引消費者的需求，至少在產品的品質上能夠滿足消費者的要求，否則一個品質不好的商品或服務，即便有再好的包裝也無法獲得消費者長期的購買。因此一個好的品牌必須提供具理性與感性的價值才能打動消費者。

（五）歸屬感

坊間許多品牌設計吸引人的標誌、名稱，並砸錢做廣告，大肆宣傳產品的價值或利益，但往往仍無法吸引消費者購買，最大的原因就是在歸屬感。我們都知道，

產品的外觀、功能及品質很容易讓競爭者透過模仿或運用科技而趕上甚至超越，價格上也可透過降價而吸引某些不怎麼忠誠的消費者，但心理上的價值，如服務、信任、關係或聲譽等，就不是短期能夠超越的，這種心理層面可以稱之為歸屬感，如蘋果手機價格越來越貴，但還是能夠吸引一批死忠的「果粉」，這就是一種歸屬。

從上述品牌建立的幾個因素，我們可以發現品牌發展的演進過程，也就是從「功能化」走到「形象化」，再走到「情感化」的過程。大部分的企業都透過產品的功能或產品的優勢來凸顯品牌的差異，以功能帶來的使用價值讓消費者認知自我，實現品牌的顯性化。我們把這一時期稱為「功能化」時期。然而對大多數企業而言，產品同質化的加劇與企業創新力不足，使得要以產品功能和產品優勢實現品牌差異化，已經變得越來越困難了。因此「功能化」逐步轉成「形象化」——以企業或產品形象的不同或其特色來實現品牌的差異化和顯性化的方法。但我們也要清楚的認知，我們的競爭對手也不是「塑膠」做的，依靠「形象」所產生的優勢也會隨著對手水平的提升而降低，因此，就要再從「形象化」走到「情感化」。

五、品牌的利益

品牌利益是指品牌能為消費者提供購買該品牌產品之利益，而此利益非其他品牌所能提供。主要分兩個方面：功能性利益和精神性利益。功能性的利益是指因品牌屬性使消費者獲得的獨特效用，滿足的是消費者對品牌的功能需求；精神性的利益是指因精神因素而使消費者獲得的滿足。

一般而言，推廣品牌的好處有以下幾點：

1. **品牌理念**：向客戶傳達企業的使命和品牌的願景，型塑品牌形象，讓消費者產生品牌偏好。

2. **行業地位**：傳達品牌在行業中所占的重要地位，樹立客戶對品牌的信心。

3. **解決方案**：為客戶提供某些有效的解決方案，解決客戶根本性的問題。

4. **突出賣點**：通常是指在技術領域的某項創新可以帶給客戶的利益或能夠提供的某項增值服務等。

4-2 品牌符號學

　　品牌符號學是一門以品牌符號為研究對象的部門符號學，它是符號學的一個分支。20 世紀 60 年代，西方發達國家率先進入消費社會發展階段，以象徵性為消費對象的符號化消費行為在消費者的生活與社會交往活動中扮演著越來越重要的角色。消費者成為主宰市場的「上帝」，品牌成為決定其購買的關鍵性因素。他們購買的不再是一件商品、一項服務，而是一個符號、一個代碼、一個具有象徵意義的消費對象。品牌從製造商和產品的「牢籠」中逃脫出來，成為獨立的敘述主體。

一、商品符號價值

　　法國後現代主義理論家讓‧鮑德里亞在 1996 年其著作《消費社會》裡面提到，在解讀現代消費行為時，擴展了馬克思的商品二價值論，在商品的使用價值、交換價值之外，提出了商品符號價值。商品的符號意義具有兩個方面：一是市場行銷意義的符號，即商品的品牌；二是社會學意義上的符號，即商品的社會象徵性。鮑氏的這一命題，為品牌研究帶來啟示，品牌界學者逐漸認識到品牌的符號本質以及能為商品強大符號添加值的功能，這一認識為品牌研究打開了一道新大門。

　　品牌影響當今社會經濟發展，在經濟全球化時代，品牌發揮著更加重要的作用。品牌已經遠遠超越其品質和服務及象徵身價與資產的意義，從而成為企業核心競爭力乃至國家經濟文化發展水準和國家競爭力的象徵。據統計，占全球所有品牌不到 3% 的世界品牌，其產品占據全球市場的 40% 以上，銷售額占到了全球市場的 50%。

二、符號的分類

　　符號（Sign）是人類為了達到溝通作用的一種手段或事物。構成符號的要素有三：

1. 符號本身。

2. 符號所代表的事物或意義。

3. 符號的使用者或解釋者。

每一個符號都具有表層的外延意義（Denotation）與裡層的內涵意義（Connotation）。美國品牌符號學者皮爾士認為，符號是由「代表者」和它所代表的「物件」及其引出的意義組成的三位一體的統一體。還根據符號的不同功能將符號分為三類：圖像符號、索引符號和象徵符號（表 4-2），它們體現了能指和所指與符號意義間不同的關係。

表 4-2、依功能分為三類不同的符號

類別	說明	舉例
圖像符號	符號一看就能瞭解，如自然物的照片。這種符號稱之為圖像（Icon）。	
索引符號	符號看了之後，須加以聯想才能瞭解。如箭頭指示或交通號誌等。	
象徵符號	符號須要經過學習，才能瞭解其所代表的意義。如國旗代表國家、Nike 的勾勾。	

資料來源：作者研究整理

我們發現上述三種符號類型並不是互相排斥的，它們可以並存但不可以相互取代；同時，它們之間的關係又是符號意義逐漸深化的三個層次：類象符號→標誌符號→象徵符號，其程度不斷深化，資訊含量更加廣泛。

三、品牌符號的意義

什麼是品牌符號（Brand Symbol）？品牌符號是區別產品或服務的基本手段，包括名稱、標誌、基本色、口號、象徵物、代言人、包裝等。這些識別元素形成一

個有機結構，對消費者造成影響。它是形成品牌概念的基礎，成功的品牌符號是公司的重要資產，在品牌與消費者的互動中發揮作用。品牌符號化，是最簡單直接的傳播方式。品牌符號化最大的貢獻就是能幫助消費者簡化他們對品牌的判斷，對於企業而言是最節省溝通成本的做法，對於一個產品或一個企業，對的符號更能彰顯品牌力量。如 NIKE 的「勾勾」代表叛逆的心理（圖 4-6）、而可口可樂的紅色代表活力（圖 4-7）。通過視覺的、聲音的、語言的、顏色的各種各樣的符號，與消費者從精神層面上溝通，成就了這些偉大的品牌。

可口可樂的總裁曾經說過：「如果有一天，可口可樂的工廠被大火燒了，我並不擔心，只要憑著可口可樂的招牌我還可以再造一個新工廠。」這是因為可口可樂在消費者心中已經烙上了一個強大的符號。這個符號讓消費者在渴望可樂的時候就會想起它。這個強大的符號到底是什麼？從傳播認知的角度，品牌的本質就是一個系統符號（Signal），一個偉大的品牌對應著一個強勢的符號。創造符號，就是品牌打造的開始；在消費者心中打造出一個強勢的符號，就是品牌的使命。一個品牌的強大符號，就是消費者碰到就能認識你，能想起你。系統符號是有一系列表現的，比如網站、名片、體驗中心、包裝、溝通等，但符號的核心元素主要由文字和視覺來構造，比如品牌名、logo、廣告語、振奮人心的口號等。例如你看到蘋果的 logo（圖 4-8），你自然就會聯想到蘋果公司，即使你並沒有看到蘋果公司的文字。這就是符號的力量。

圖 4-6　NIKE 品牌符號。

圖 4-7　可口可樂品牌符號。　　　　圖 4-8　蘋果公司的品牌符號。

4-3 文化創意行銷

推廣文化創意產業很重要的是文化創意的行銷，而文化創意的行銷不僅是在行銷商品或服務，更重要的是行銷文化。

一、文化商品化與商品文化化

誠如先前章節對於文化創意產業定義，簡單來說，文化指的是人類的生活，也是族群生活展現的方式，人類的生活周而復始，循環不止，因而創造出多采多姿的文明。文化有四個特徵：永不停息、無所不包、反覆循環及真實日常。因此，文化呈現的生活，它可以透過地理、歷史、人文、藝術及產業的特色來展現，通常我們對於文化的描述也習慣將其簡化或符號化，並且以象徵物來代表。

（一）創新的要素

人類在循環當中演化，循環本身是守舊，演化的過程是創新。所謂的創意就是新的思維或作法，而創新就是在創意的基礎上提高其附加價值並且能夠進行擴散。創新有幾個要素：

1. **原創性**：創新要有原創性，不能只是模仿、複製或抄襲，它可以是具體的產品，也可以是可操作的計畫或想法。

2. **附加價值**：執行後要超出原有的價值，如功能、價格、外觀、特性、效益或便利性等附加價值。

3. **可行性**：不能只有天馬行空的想法，必須要能夠被執行或商品化，最好還能透過行銷方式進行推廣銷售。

（二）產業的特徵

何謂產業？同性質行業聚集在一起，如光華商場、建國花市；或者是生產同類別或具有上下游關係及有替代性產品或服務的企業集合體。通常有二個特徵：

1. **營利為導向**：產業是企業的集合體，企業又以追求利潤為目的。

2. **具規模經濟**：「獨木難成林」，必須要有多數企業的集合，也就是俗稱的「結市」。

（三）產業文創化的範疇

「產業文創化」指的是廣義的概念，政府、城市、商圈、企業或在地文化均可被視為產業，而「文創化」必須包含「文化」與「創意」二個元素。產業文創化包含二個範疇，比較如表 4-3 所示：

1. **「文化」商品化**：所謂商品化就是將想法或概念具體化，賦予創意加值，將其變成可以銷售或可以傳播的商品。因此「文化」商品化就是將具有文化涵養的「商品」文創化，如節慶、城市、博物館、在地文化及內容商品等；內容商品又可分影音娛樂、媒體及圖書等。「文化」商品化，就是將上述「商品」予以商品化的過程，使其成為可銷售、具有產值的商品，在商品化的過程中創意絕對是必要的要素。

2. **「商品」文化化**：「商品」文化化是將一般的商品融入文化的元素，提升其商品的價值，在文化化的過程中當然創意加值也是不可或缺的，傳統文化創意產業概念的設計商品也必須要創意化、文化化。

表 4-3、產業文創化內涵比較

	相關產業行銷方式	案例
「文化」商品化	1. 節慶行銷 2. 城市行銷 3. 博物館行銷 4. 在地文化行銷 5. 影音娛樂行銷 6. 媒體行銷 7. 圖書行銷 8. 動漫行銷	1. 媽祖文化季（圖 4-9） 2. 臺北牛肉麵節、臺北燈節 3. 故宮「Old is New」、「朕知道了」商品 4. 鹽水蜂炮、掌生穀粒 5. 虛擬女性歌手——初音未來 6. 交通大學「虛擬長安」 7. 臺北書展 8. 「閻小妹福爾摩沙大冒險」

相關產業行銷方式	案例
「商品」文化化	1. 觀光活動行銷 2. 商圈行銷 3. 工廠行銷 4. 餐飲行銷 5. 商品行銷 6. 設計商品行銷	1. 高雄內門宋江陣、八家將 2. 林口老街「口福祭」 3. 黑松汽水觀光工廠、巧克力共和國（圖 4-10） 4. 食養山房（圖 4-11） 5. 全聯系列廣告、美濃油紙傘 6.「琉璃工坊」（圖 4-12）、「法藍瓷」、「琉園」

資料來源：作者研究整理

圖 4-9 　媽祖文化節活動。

圖 4-10 　巧克力共和國。

圖 4-11 　食養山房：充滿東方禪韻的園林餐廳。

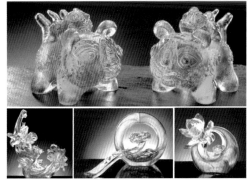

圖 4-12 　琉璃工房：知名琉璃藝術工作室。

二、文化創意行銷

我國文化創意產業發展至今，「創意」與「內涵」的價值逐漸被看見了，但如何把「創意」與「內涵」賣出去，是文化創意能不能產業化，以及為文創工作者打造良好環境的關鍵策略。

文化創意產業的產品或服務，確實與傳統產業、製造業、科技業等容易被量化的價值結構不同，因此要在有限的市場規模與成功模式中歸納出一些法則，相對是比較困難的。

學過行銷都知道行銷學有所謂的4P：產品（Product）、價格（Price）、推廣（Promotion）、通路（Place），依據文創產業的特質，再加入網路社群時代的環境因素，除了4P外，綜合1981年布姆斯（Booms）、比特納（Bitner）所提出符合服務性質的3P：人員（People）、流程（Process）、物理環境（Physical Environment），與近代網路時代行銷策略制定所強調的行銷六力：商品力、客戶力、行銷力、故事力、感動力、服務力，重新詮釋成較適用於現代臺灣的文化創意行銷。

（一）感染力（Appeal）

如果產品具有強烈的感染力，本身就是最佳行銷策略。市場上產品開發大多以原有產品為主，搭配外觀或技術上的創新發展而成，但是文創商品最大的價值在於開發過程中加上「人」或「文化」的元素，了解並預測消費者的需求而導入「本質創新」，推出市場上未曾見過的原創產品，或者開發過程中導入「內涵創新」，在形體上賦予文化內涵，而這個文化內涵有可能是創作者在創作過程的意義，或者一群人、一個鄉鎮的故事；而這個內涵所要傳達的並非是獨善其身，而是對群體有「感染力」的內涵，這樣的內涵剛好符合社會上、社群間的「潛在心理需求」，可能是彌補了集體記憶中的缺憾，或者回答了對人性集體的疑問，也或者是過去美好的集體記憶所帶來的連鎖效應。如現在很流行的「古早味」、「復古風」。

（二）市場力（Market Power）

臺灣除了「琉璃工坊」、「法藍瓷」、「琉園」、「霹靂布袋戲」等已具國際知名度的大品牌外，其他可能都是名不見經傳的品牌，或者是屢屢獲得國際大獎卻

無法反應在實質的業績上，所以只能咬牙苦撐的品牌，整體而言市場規模是相當小的。因此一個新產品不管是要打入成熟市場或者開創一個新興市場，首要目標都是要在市場上站穩腳步、優先取得市場占有率，在顧客心中留下印象、養成品牌客群及忠誠顧客後，才能談差異化、競爭力價格，連帶提高周邊產品的效應，才能進一步大幅提高獲利率。

（三）推廣力（Promotion Power）

一般提到「推廣」自然會聯想到廣告或行銷活動，更進一步是運用「名人效應」、「話題行銷」、「置入行銷」等公關操作方式來進行推廣，而如今因應各種日新月異的「新媒體」，早已讓市場進入戰國時代，如何不被市場淘汰、快速反應已是所有推廣者的優先任務。文創業者的核心價值既是「內涵意義」，推廣力一定要扣緊產品感染力（Appeal），從一開始進行產品開發時，就要先導入「內涵價值」，傳達始終如一的意義，無論是用說故事來詮釋、或者是著眼於新媒體運用，重點都是「人」。一種是創作者信念與概念的傳遞，另一種則是消費者感動與共鳴的回應。能深諳人的趨向性、彈性而快速反應、並取得消費者信任的媒體，才能成功且確實地導向目標消費群，因此文創業者運用的媒體不應侷限於市場上「被定義的媒體」，最大的媒體其實就是「人」。運用消費者自身的傳播力，自然會幫你開發各種主流、非主流媒體，大幅度加速你的「推廣力」。

（四）流程力（Process Power）

通路不只是一個販售產品或服務的店鋪或網站，指的是從消費者如何接觸到商品或服務、進行購買、直到商品或服務抵達消費者手上，甚至延伸到售後服務為止。整個過程就是各種流程的緊密結合，其中包含商流、資訊流、金流、物流等所建構出來的系統。更進一步來說，就是將文化創意的「內涵價值」轉換成「經濟價值」，接著對消費者產生身、心、靈的價值交換系統，少了這個系統，再怎麼有價值、物超所值的產品或服務，都無法賣出、無法價值轉換，更無法談如何在市場產生影響力。

另一方面，WEB3.0 時代的來臨，不只會讓推廣市場進入戰國時代，也會使原本的通路市場產生「質變」，傳統的實體通路面對虛擬世界的挑戰，虛擬世界也面

對競爭者眾的高速戰爭，誰能成功整合虛實體通路，創造出敏捷的人性化界面與系統，誰就擁有高度競爭力，關鍵在於如何建構一個高度貼近人性的價值轉換系統，如觸控面板拿掉不符合人性的鍵盤與滑鼠後，降低使用數位網路工具的門檻，立即將原本的市場擴大到原來不使用電腦的族群，文創業者以其高度創造力，又何嘗無法建構出更貼近人性的通路系統呢？

除了少數的整合性平臺建置者，絕大多數的文創業者不會自行從頭開始建置一個全新的通路系統，臺灣國內市場規模較小，目前已存在許多與虛實體通路相對應的金流與物流系統，尤其是臺灣的「便利商店」，徹底「便利」我們生活的各個層面，提供更多意想不到的通路功能，文創業者初期應該要善用現存的通路系統，將資源專注在目標客群的策略布局與流程品管，透過整合的方式即可大幅提升通路。

（五）黏著度（Viscosity）

產品、價格、推廣、通路已幾乎完備了行銷策略，或許也足以讓文創業者攻入市場，但擴大市場占有率不是單點攻擊式的一次性勝利，而是縝密結構式的攻城掠地，決勝關鍵是「黏著度」；熟悉電子商務市場的業者都知道，網購市場過去以流量作為價值評估指標，現今已演變成「黏著度」爭奪戰，黏著度指的是消費者忠誠度的綜合評估，其評估項目大致為：

1. **回流度**：點閱率、加入會員比例、再度回訪機率、回購率等。

2. **活躍度**：除了造訪外，實際參與各種活動的機率，如留言、下單購買等。

3. **增生度**：除本身使用外，甚至會推薦朋友加入，如邀請加入社團、團購等。

黏著度強調與消費者建立比較長期的服務關係，無論是經營實體或虛體店面的業者都知道服務品質的重要性，除了初次購買經驗外，往後所能提供的物流服務、售後服務、或其他延伸性的服務，都需要將其納入服務流程裡面，才能與消費者保持良好且長久的關係。服務品質甚至有時大過產品本身的價值，所提供的高附加價值有時還會形成價差，對於某些生命周期較長的非消耗型產品來說，如家電、家具等，更是重要的行銷策略。

對於文創業者來說，最好的黏著力莫過於善用「內涵價值」，也就是前面所談

到「感染力」。當產品或服務的核心價值具感染力，只需要在服務流程中貫徹產品精神，再加上過程中提供的各種顯性與隱性需求，自然會創造出美好的消費體驗。

另一方面，文創業者在新媒體與虛實整合的時代，絕不能忽略服務過程中「情境」、「模擬」及「體驗」等全方位服務環境的建構，這將會是文創業者獨特的優勢。以設計商品來說，用照片或是各種數位工具創造出使用「情境」的「模擬」，讓消費者透過「體驗」更快獲得創作者所要表達的精神，當然會更快說服消費者購買商品。再以流行音樂來說，唱片公司都知道流行音樂已經無法靠唱片銷售生存，演唱會所創造出可能是酷炫或是虛幻的情境，如「初音未來」（圖 4-13）或者偶像劇、MV、甚至是跨平臺的情境創作，甚至可以與虛擬人物互動，才能創造流行音樂最大的經濟效應，相同的原則亦可運用到其他文創產業中，創造屬於文創產業的黏著力！

沒有經過「品牌化「的行銷工具，只能叫「毛坯」，無法承載品牌傳播的功能，僅僅是企業和產品等基本資訊的附著體。每次在各行業的會展上，我們都會看到沒有經過品牌化的行銷工具充斥其中，不但浪費了資源，而且也無助於品牌溝通目標的達成。品牌化就是要站在消費者的角度去看待行銷工具想要達成的溝通目標，就是要從消費者的興趣點、利益點、解決方案著手，把冷冰冰的技術語言和產品資訊，轉化為生動形象、滿足消費者利益的解決方案，就是要對各種資訊進行加工和處理，進行企劃和提煉，然後進行文創化加工，發揮創意和設計的價值。

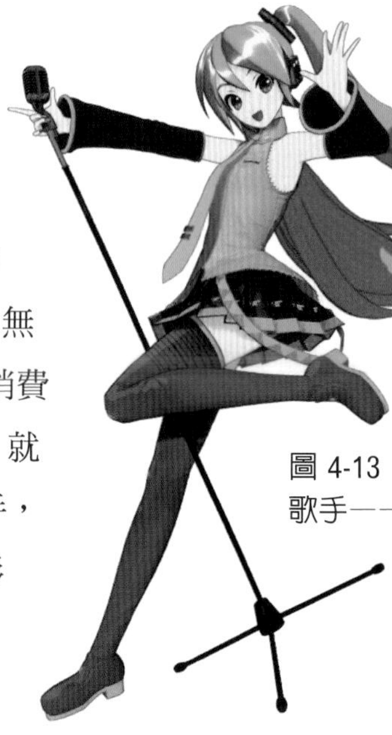

圖 4-13　虛擬女性歌手——初音未來。

行銷大師 Phillip Kotler 曾經在《行銷 3.0》一書反覆強調，消費者目前所追求的不再只是滿足需求的產品與服務，而是更加在意企業或品牌是否能夠提出感動他們內心深處的價值。企業唯有從引發消費者共鳴、增加消費者認同感和忠誠度為出發點，才是真的獲得「品牌價值」這份無形寶藏最紮實的方式！

三、文創產業消費市場與組織市場的購買行為與決策角色

關於文創產業消費市場與組織市場的特性與購買行為，以下各別進行介紹。

（一）文創產業消費市場與組織市場的特性

文創產業與一般產業產業一樣，也會區分消費市場（to C）與組織市場（to B），因此在購買行為及決策角色上差異也不大，這些特性主要表現在以下幾個方面：

1. 與消費市場相比，組織市場的品牌曝光度較低，公眾關注度也較低，如我們都知道花火節的演出很精彩，但我們不一定知道幕後的演出單位或是製作煙火的公司是誰？這些品牌在我們日常生活中扮演幕後英雄的角色，跟我們日常生活的關聯度較小。

2. 主流品牌理論告訴我們，品牌很大的功能在對消費者產生情感共鳴，獲得消費者的認同及偏好，進而產生品牌忠誠度。但一般都會認為組織市場購買決策相對理性，因此組織市場的品牌在操作品牌的形象價值及情感價值的作用就被削弱。

3. 消費市場中消費者與廠商的交往一般較為短期或隨機，消費者對於品牌的轉換成本較低且選擇性比較多；但組織市場雙方依賴度比較大且轉換成本也較高，因此一旦合作，廠商對於品牌的敏感度就會降低。

4. 與消費市場相比，銷售人員在組織市場扮演的角色相對比較重要。但這點會有一個誤區，很容易低估品牌的作用力，導致業績不錯時，銷售人員都會歸功於自己的能力；當銷售狀況不盡理想時，又會歸咎於品牌不夠強大。

（二）文創產業消費市場與組織市場的購買行為

文創產業其在消費和組織市場的購買行為在特性上是有所差異的，其特性比較如表 4-4 說明。

第 1 章
第 2 章
第 3 章
第 4 章
第 5 章
第 6 章
第 7 章
第 8 章
第 9 章
第 10 章
第 11 章
第 12 章
第 13 章
第 14 章

表 4-4、文創產業消費市場與組織市場的購買行為特性

	消費市場	組織市場
特性	購買者人數眾多 單次購買量少 購買金額較小 多次購買 非專家購買 較容易衝動性購買 購買決策行為較簡單	購買者數量較少 購買數量大 購買金額較大 需求波動很大 需求缺乏彈性 專業購買 購買決策行為較複雜

資料來源：作者研究整理

（三）購買決策角色構成

一般購買決策由以下幾個角色所構成：

1. 提議者（Initiator）

提議者也可以稱作發起人，這個角色可能是產品的使用者，也可能是與產品使用相關的部門管理者。因此在提議者提出採購需求時，通常都會根據其經驗或者是對採購的產品品牌有特別偏好。因此要保持品牌宣傳力度，讓提議者在一定程度認識我們的品牌，讓他在發起採購行為時想到我們的品牌。

2. 影響者（Influencer）

影響者是那些可以接觸到決策圈的人，這些人的影響力大小與他們跟決策圈的關係以及他們的專業程度有關。影響者不一定是組織正式人員，但通常具有一定的話語權，甚至在關鍵點上，一句話就可以影響成敗，因此在品牌運作上要留意以下幾點：

(1) 讓影響者覺得選擇我們的品牌是有面子且無風險。

(2) 產品的專業形象或觀點要不時出現在媒體上，最好能與他們產生互動或有共鳴。

(3) 與行業公協會、媒體及行業圈子保持互動，獲得認同與支持。

3. **決策者（Decision maker）**

在其他人都說「yes」時，只有這個人可以說「no」，決策者可能不大在意如何找到供應商，也不大在乎採購人員花了多少功夫做了評估方案。決策者通常只關心供應商是否值得信任？使用該產品會不會有風險？收益有多高？因此，品牌的傳播、形象及知名度就必須要到某種程度，才能獲得決策者青睞。

4. **同意者（Agreer）**

同意者有可能是決策者，也有可能是授權給決策者或購買者做決定的人。

5. **購買者（Buyer）**

一般由採購人員擔任，負責採購訊息的蒐集、評估等，當採購做成決策後，採購人員就要依據要求和條件尋找合適的供應商，因此必須提高品牌能見度，甚至利用關鍵字來提高被搜尋的機會。

6. **使用者（User）**

這個角色通常沒什麼話語權，尤其是在對專業程度要求不高的產品上；但如果是在對專業依賴程度高或者是在複雜的高科技產品上，使用者的意見就不容小覷。因此在專業產品上，向使用者傳播品牌訊息就很重要，可以透過技術培訓、技術論壇做交流，設法提高產品或品牌的地位。

7. **看門者（Gatekeeper）**

看門者又稱為把關者，看門者是資訊傳遞的最初通道，也是一開始銷售行為會接觸到的角色，如保全、助理或祕書等。這類角色或許不在購買決策中心裡面，但在銷售初期卻又扮演著重要角色，因此有沒有聽過我們的品牌或者是對我們品牌的好感度就相對重要。另外還有一種把關者，它控制與採購案有關的資訊，不讓供應商的業務人員接觸公司購買決策者或者是使用者，避免公司採購資訊外流或者是因外力介入而影響採購決策。

4-4 文化創意品牌經營

一、品牌的意義

　　品牌（Brand）是一組名稱與標誌，用來協助消費者辨識某個產品或服務與競爭者的差異。品牌名稱（Brand name）經由語言及文字表達，如「阿原肥皂」、「UNIQLO」；品牌標誌（Brand mark）較難用言語表達，如符號、圖案及特殊文字記號等，像蘋果電腦被咬一口的蘋果或麥當勞金黃色拱門等（圖4-14）。

　　品牌傳達不僅僅是名稱及標誌，還傳達了品牌的特質，發揮區別產品及服務差異的功能；所以創造品牌識別在於為品牌建立有別於競爭者及讓消費者識別的特色，甚至在談論品牌識別時，會強調建立一套吸引人或與眾不同的符號系統，如識別標誌（LOGO）、色系、字形、長寬比例等，就是我們一般常說的企業形象識別系統（Corporate Identity System），簡稱 CIS。但 LOGO 與 CIS 有何不同？一般而言，LOGO 是根據公司企業的經營理念與文化精神，設計出專屬的符號，以特有的圖形、字體、顏色來表現；CIS 則是由 LOGO 延伸運用於公司對外及對內的相關硬體或產品上。品牌識別不能只在感官上的區別，最好能帶來更深層的意義，如品牌忠誠度或品牌認同等。

圖 4-14　「阿原」和「UNIQLO」，品牌可經由語言及文字傳播、推廣；麥當勞的品牌名稱則較難直接和標誌結合。

二、Kelly 品牌共鳴模式

美國品牌專家凱文 · 萊恩 · 凱勒（Kevin Lane Keller,1956~）1997 年在其著作《品牌管理策略》中探討了從消費者的角度來建立品牌資產模型的觀點，凱勒認為一個品牌的強勢程度取決於顧客對該品牌的理解及認識的程度，也就是說顧客的思想決定了品牌強勢的程度。

品牌需要依次顯現消費者所關心的 4 個基本問題：品牌形象、品牌含義、消費者反應和品牌共鳴。凱勒認為品牌共鳴是品牌資產的最高層次，體現為顧客感覺到與品牌同步的程度，反映了品牌與消費者之間完全和諧的關係。這類心靈共鳴會使消費者在接受品牌宣傳或使用品牌過程中被品牌感染，融入該品牌所建造的特定的品牌氛圍中，在心理上和該品牌產生同樣的感覺和情緒。

「Keller 品牌共鳴模式」（Keller's Brand Resonance Model）將品牌權益視為一種循序提升的過程。它包含四個步驟與六個方塊，構成一個金字塔（圖 4-15）。金字塔最底層是品牌的特點，代表企業應有效傳達品牌的特色，讓消費者在選購產品時能馬上與該品牌產生連結。再往上就是品牌必須有好的表現給消費者帶來績效以符合消費者心理或生理的需求。接下來就是情感與判斷，代表企業要設法讓消費者產生對品牌的正面情感與判斷，金字塔最頂端是要引起消費者的共鳴，意味品牌要能夠與消費者的生活產生連結，並培養消費者的忠誠度。品牌共鳴實質上顯現消費者與品牌的一種緊密的心理聯繫，通過與品牌的情感互動，消費者會感覺到該品牌能夠反映自己的情感並且可以通過該品牌為媒介與其他人進行交流，因此會增強消費者對品牌的認同和依賴，獲得較高的品牌忠誠度。

圖 4-15　品牌共鳴金字塔。

三、品牌共鳴的作用

（一）品牌更容易打動消費者

　　品牌共鳴使消費者與品牌之間、消費者與消費者之間真正達到情感交流和互動。另外，消費者與能使其產生共鳴的品牌之價值觀念和自己的價值觀念不謀而合，該品牌成為消費者表達自己理想的一個象徵物，在一定程度上，符合了消費者的自我實現需要。

（二）品牌可以帶來高度的忠誠

　　現在消費者面臨的誘惑不斷增多，消費者「背叛」品牌的機率也日益增大。能使消費者產生共鳴的品牌會讓消費者從感情上對該品牌產生依賴感，在缺貨時，使用其他替代的品牌會讓消費者感覺存在很大的差異。如果該品牌消失，消費者會感覺到失去了一個擁有共同語言的朋友，因此會想念該品牌。另外擁有消費者情感共鳴的品牌忠誠是針對特定品牌獨有的，它幾乎不可複製，競爭者也無法模仿。

（三）品牌帶來更多的擁護者、倡導者

　　品牌作為一種媒介使消費者之間產生深刻的聯繫，這給消費者帶來了意外的社交價值，因此消費者對與其產生共鳴的品牌會產生歸屬感，成為其擁護者，並認同使用該品牌的其他使用者。另一方面，消費者對於能夠產生情感共鳴的品牌會對其在感情上有一種執著的追求，會樂於與其他人談論該品牌，主動收集和瞭解該品牌的更多信息，並向他人積極推薦該品牌。

（四）品牌可以帶來更多的發展機會

　　對於鍾情的品牌，消費者會連帶對貼上該品牌名稱的其他東西感到興趣，這有助於品牌延伸或交叉銷售互補的產品或服務。

（五）消費者會給予認同的品牌更多的寬容

　　對於與自己關係密切、喜歡的品牌會像對待朋友一樣，當其出現差錯時，會給予他們改正的機會，而不是立刻變心離去。由於存在情感的交流與共鳴，消費者會感覺到該品牌像一個能夠互相理解的朋友，並將其作為生活中難以割捨的一部分。

四、品牌策略的選擇

品牌策略的選擇主要有三種：統一品牌策略、組合品牌策略及複合品牌策略，每種策略具有不同的優缺點。

（一）統一品牌策略

統一品牌策略又稱為單一品牌策略，指企業對其生產或經營的產品使用同一個品牌名稱的策略。

1. **優點**

   (1) 向消費者展示企業產品的形象、提高企業知名度、增強企業及產品的辨識性。

   (2) 降低品牌設計及品牌推廣等費用。

   (3) 集中力量於單一品牌推廣有助於資源集中。

   (4) 推出新產品時冠上老品牌名稱，有助於新產品推廣。

2. **缺點**

   (1) 「雞蛋放在同一個籃子裡」，一旦企業任一產品出現質或量的問題，「牽一髮而動全身」，企業要承受較大的風險。

   (2) 企業所有產品均使用同一品牌名稱，容易造成消費者無法區分產品的檔次，無法滿足不同消費族群的需求。

   (3) 企業跨界經營，不同性質的產品因缺乏關聯性容易使品牌核心價值產生紊亂，有損品牌價值。

（二）組合品牌策略

組合品牌策略又稱為多品牌策略，指企業對同一品類的產品使用二個或二個以上的品牌策略。

1. **優點**

   (1) 降低企業的經營風險。

   (2) 適應市場細分的需要，可以滿足不同消費族群的需求，整體上提高企業的市場滿足度。

   (3) 使用組合品牌策略有助於擴大市場占有率、擴大品牌產品在市場的覆蓋率提高消費者購買機率。

   (4) 有利凸顯不同品牌產品的特徵。

   (5) 多品牌經營可在企業內提高品牌部門彼此競爭，增加企業經營績效。

2. **缺點**

   (1) 多品牌經營維護周期長、耗費資金多。

   (2) 品牌數目越多，管理的複雜程度就越大，增加品牌管理的難度。

   (3) 品牌組合之間的競爭，若沒有協調其差異性以因應細分市場，容易造成企業資源的浪費。

（三）複合品牌策略

複合品牌策略，指企業給同一種產品二個或二個以上的品牌名稱，又可分聯合品牌策略及主副品牌策略。

1. **聯合品牌策略**

   是二個或二個以上的企業在其聯合生產的產品上並列企業品牌名稱，如 Sony ／ Ericsson 手機，該策略有助於凸顯聯合品牌企業各自的優勢。

2. **主副品牌策略**

   指企業對生產經營的各種產品使用同一品牌的同時，依據產品不同性能及特點或市場細分的需要，分別使用不同副品牌策略，如 P&G 洗髮精系列。

五、品牌管理

（一）現有品牌管理

具有歷史的企業轉型跨入文創產業，對現有非文創型的商品，品牌管理可以採用強化、再造及撤退等策略。

1. **強化**：若獲利尚可的商品可以採取強化策略，持續推廣與行銷，維持獲利狀態。

2. **再造**：對於利潤衰退但具有歷史情感或與企業連結度強的商品，可以進行品牌再造工程於以活化，如「綠油精」、「乖乖」等。

3. **撤退**：若無法獲利且缺乏前景或與文創無關，則可考慮不再生產。

（二）新進品牌管理

老企業轉型或跨入文創產業，其新進品牌可以考慮成立新品牌、副品牌、上位品牌或與他品牌合作。

1. **新品牌**：是與原有企業品牌脫鉤，自立門戶，適用在企業轉投資、引進新投資者或對新產品信心不足時可以採用。

2. **副品牌**：獲利能力不錯的老品牌投入文創新商品開發，可以採取成立副品牌並由老品牌來帶領其進入市場。

3. **上位品牌**：和副品牌相反，希望利用文創新品牌可以拯救企業、帶領老品牌。

4. **與他品牌合作**：可以分二種：

    (1) 不自創品牌，將產品從設計到生產完，交給其他企業貼上其品牌後進行銷售，也就是 ODM（英語：Original Design Manufacturer 的縮寫）。

    (2) 找其他代工廠負責設計或生產之後，貼上公司的品牌後進行銷售，即 OBM（英語：Original Brand Manufacture 的縮寫）。

4-5 練習與討論

你天天用蘋果，卻不知道 LOGO 為何被咬了一口？

公司名稱：蘋果公司 Apple Inc.

成立日期：1976 年 4 月 1 日

公司官網：https://www.apple.com

在史蒂夫 · 賈伯斯（Steve Jobs）、史蒂夫 · 沃茲尼克（Steve Wozniak）和羅納德 · 韋恩三人決定成立公司時，賈伯斯向沃茲尼克建議把公司命名為「蘋果電腦」。最初的標誌在 1976 年由創始人之一韋恩設計，只在生產 Apple I 時使用，整個商標以金屬的外觀表現出一種帶有厚重感的視覺。他所設計的蘋果商標並不像現在這樣，而是無論在整個設計上、圖形上，甚至是文字上都顯得十分的複雜。圖形的選擇上為牛頓坐在蘋果樹下看書，一個蘋果從樹上掉下來。也許是想訴求牛頓因為蘋果發現了萬有引力，而我們發明了蘋果電腦。

由於第一代商標在造形上過於複雜，也沒有過多的品牌識別度，怕影響蘋果公司的銷售，於是在 1976 年由賈伯斯決定重新委託廣告設計，並配合 Apple II 的發行使用。本次標誌確定使用了彩虹色、具有一個缺口的蘋果圖像，這個標誌一直使用至 1998 年。

在 1998 年 iMac 發布時又將 logo 作出修改，只將原來那彩色的彩虹外衣換成了一個半透明、泛著金屬光澤的銀灰色標識，讓整個商標看上去更加具有質感，表示蘋果已經脫去了華麗的外殼，走向更為成熟的標誌。

第四代的蘋果商標大家一定再熟悉不過了，只要您是拿這蘋果手機就能看到這個富有透明效果的蘋果商標。2007 年它再次變更為金屬帶有陰影的銀灰色，這款

商標也從原來金屬感強烈的設計轉變成玻璃透明效果般的蘋果。2013 年更改為更具科技感、較扁平的設計,一直使用至今。

　　1976 年至今,蘋果一直使用這一 LOGO,雖然形態上它經歷了從彩色變為半透明,從向扁平化發展成為剪影(圖 4-16),但是其外形輪廓仍保持著羅勃‧簡諾夫的設計(咬一口的蘋果),將蘋果代表簡潔、優美、專注、創新的概念傳達給全球的用戶。以蘋果為伴走向世界巔峰,相互成就出經典。

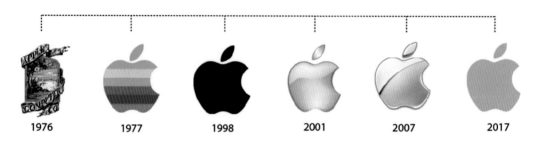

Apple Logo History

圖 4-16　Apple 歷代 logo 設計。

延伸思考

1. 想一想,蘋果商標被咬的這一口,為什麼是右邊而不是左邊?為什麼當初設計蘋果 LOGO 時要讓蘋果缺一口?
2. 如果您是蘋果公司的高層,您會就以下的圖案選擇哪個圖案當作公司的新 logo?請說明您的理由。

第 1 章
第 2 章
第 3 章
第 4 章
第 5 章
第 6 章
第 7 章
第 8 章
第 9 章
第 10 章
第 11 章
第 12 章
第 13 章
第 14 章

腦力激盪

1. 品牌發展的演進過程，是從「功能化」走到「形象化」，再走到「情感化」的過程，當我們的競爭者也順著這個過程不斷挑戰時，下一步該以什麼為重心？

2. 不管是「Interbrand 百大品牌排行」還是「BrandZ 全球品牌價值 100 強」，我國的品牌從 2011 年之後再也沒辦法進入百大品牌之列。請問您覺得是什麼因素造成？該如何建立國際品牌？

第 **5** 章

創意生活產業

設計不只是讓它看起來美觀和感覺更佳，
而是決定它如何工作。

——賈伯斯 Steve Jobs

　　文化可以分為三個層面來看，最中心的一層為「核心層」，
在人類歷史上變化較少，也就是說，歷經很長的一段時間都不會
改變或者變化極小，如道德、宗教、習俗及語言等；其次是「中
間層」，要歷經一段時間才會有所變化，如法律、制度、飲食習
慣或一部分的生活方式等；最外圍一圈為「外圍層」，此層經常
改變，也與日常生活中的食、衣、住、行、育、樂等創意生活產
業最為相關，如家居、服飾、髮型、娛樂、消費等。本章節即要
討論「外圍層」的「創意生活產業」，最終藉由分組討論與課後
練習來驗證學習成效。

5-1 創意生活產業

第1章
第2章
第3章
第4章
第5章
第6章
第7章
第8章
第9章
第10章
第11章
第12章
第13章
第14章

何謂創意生活產業？不論官方或學術界都嘗試想給它下一個定義，但都還沒有一個比較明確的說法。簡單的說，創意生活產業就是「創意＋生活＋產業」，「創意」及「產業」還比較容易理解，但「生活」是什麼？按照字意，生活就是人類一切活動之總稱，包括食、衣、住、行、育、樂，但「生活產業」或是「創意生活」代表的是一種產品？還是服務？還是載體？依據文化部的定義，創意生活產業係「指從事以創意整合生活產業之核心知識，提供具有深度體驗及高質美感之行業，如飲食文化體驗、生活教育體驗、自然生態體驗、流行時尚體驗、特定文化體驗、工藝文化體驗等行業」。因此，創意生活產業應該包含「產品」、「場所」、「活動」及「服務」等必要元素，其中「產品」及「場所」著重在高質美感的創意展現；而「活動」及「服務」則著重在深度體驗的創意應用。除了上述必要元素之外，當然還要跟我們的日常生活—食、衣、住、行、育、樂等活動相結合，提升我們生活的品質與價值（圖5-1）。

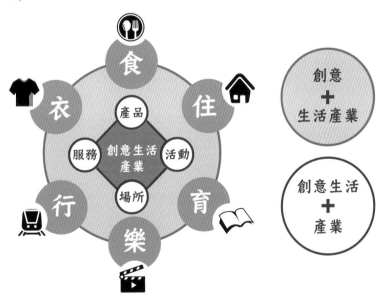

圖 5-1　創意與文化加乘生活產業。

創意生活產業的涵蓋範圍相當廣，能提供服務層次、深度體驗、高質美感及附加價值，但目前並未有一明確的產業範疇及描述，因此僅能將創意生活產業做一概括性的說明（表 5-1）：

表 5-1、創意生活產業涵蓋範圍

產業分類	內容
飲食文化體驗	運用本業既有相關設施、廠區或作業等，進而挹注、深化文化要素，提供多元體驗與生活服務及產品之事業。
流行時尚體驗	以造形設計之裝置發展，展現家居衣飾主題風格，建置多元化體驗，提供生活型態相關產品或服務之事業。
生活教育體驗	以提供生活學習，豐富美學感受之生活型態相關產品或服務之事業。
自然生態體驗	以動植物生態或自然健康之生活的多元體驗，提供生活型態相關產品或服務之事業。
特定文物體驗	以特定人本文化、地域、群體及文物等，提供生活型態相關產品或服務之事業。
工藝文化體驗	以工藝創作所展開之相關事業營運，並提供生活型態相關產品或服務之事業。

資料來源：經濟部工業局創意生活網

　　由表 5-1 可知，不論是飲食文化體驗如百年好茶風華重現的 HUGOSUM 和菓森林紅茶莊園（圖 5-2）、流行時尚體驗如呈現華人飲茶文化價值的春稻藝術坊（圖 5-3）、生活教育體驗如初心夢想追逐的薰衣草森林（圖 5-4），或是自然生活體驗如東方美學新演繹的 The One 南園（圖 5-5）、特定文物體驗如日式茶道精髓展演的北投文物館（圖 5-6）、工藝文化體驗如歷史與技藝相結合的金合利鋼刀（圖 5-7），其實都是我們日常生活的一部分。

圖 5-2　HUGOSUM 和菓森林紅茶莊園。

圖 5-3　春稻人文生活會館。

圖 5-4　薰衣草森林。

圖 5-5　南園人文客棧。

圖 5-6　北投文物館。

圖 5-7　金合利鋼刀。

第 1 章
第 2 章
第 3 章
第 4 章
第 5 章
第 6 章
第 7 章
第 8 章
第 9 章
第 10 章
第 11 章
第 12 章
第 13 章
第 14 章

臺灣創意生活產業包括「核心知識」、「高質美感」和「深度體驗」三項要素，涵蓋食衣住行育樂等不同生活的領域，從各個地方文化產業的推動發展中應運而生，逐漸形成獨特的產業經營模式，這就是創意生活產業與傳統一、二、三級產業在進行區分時最根本的不同處。

所謂一級產業指該行業在一件產品的生產鏈中做為原料供應工作總稱，包括農業、林業、漁業、畜牧業；二級產業指利用各種原料所從事的製造工作總稱，如習知的製造業等均是；三級產業為是為人們提供個中服務的總稱，如金融保險服務業、餐飲服務業、觀光休閒娛樂業、運輸服務業、批發零售業等。如果說觀光工廠是結合二級產業及三級產業，那麼休閒農業則為一級產業結合三級產業，而創意生活產業可以說是結合一級產業、二級產業及三級產業的「六級產業」（1×2×3），也就是我們所稱的「體驗經濟」。

創意生活產業跟其他產業較為不同之處，在於創意生活產業可以與不同的產業或是相關聯的產業做結合，打破傳統產業較為窠臼的分類。因此，創意生活產業的價值不單單只是產業本身的價值，還來自於與其他產業相結合時所產生的效益，另外藉由上下游關聯性企業的整合加上異業之間水平的結合，進而提升企業或產業的競爭力。

根據日本野村綜合研究所（Nomura Research Institute, NRI）的研究指出，21世紀產業發展型態，將由「20世紀的工業社會」逐漸演變為「21世紀的網路社會」，未來產業發展的主流，包括以創新為主的「創知型企業」及整合各個領域知識的「統知型企業」（knowledge integrating corporation），所謂的「統知型企業」即是將不同的領域、多元化業種或是企業加以整合、網路化，可見跨領域的創意生活產業已是未來產業發展的重要趨勢。

一、創意生活的發展模式

我們可以將創意生活產業的發展模式歸類為以下幾種：

（一）傳統事業轉型

原先的加工業、農牧業等事業因應經營環境之改變，轉型為「創意生活產業」，

從一級或二級產業轉型成三級產業，但保留原本事業之核心及特色。如飛牛牧場、長青園藝、三富花園農場、水草的故鄉、蜂采館、台一種苗場、圳頭窯藝博物館、居廣陶、奇聖石頭夢工坊、新太源藝術工坊等。

（二）核心事業延伸型

由多年累積之事業核心持續擴充延伸，進而成立創意生活事業，繼續扮演推廣原有事業之角色。如金合利鋼刀、巧克力共和國、谷巴休閒渡假村、呂美麗精雕藝術館、牛耳藝術公園、京麟雕塑文化園區、蘇荷兒童美術館、鹿港燒陶藝館、蜻蜓雅築珠藝工作室、立川漁場、北關螃蟹生態館、白蘭氏健康博物館、七星柴魚博物館、臺東原生應用植物園等。

（三）特有文化匯集型

從地方文化的特色著手，以特定主題組織而成，並善用地方之相關資源。如黃金博物館、花蓮海洋公園、理想大地渡假飯店、九份茶坊、臺灣煤礦博物館、河東堂獅子博物館。

（四）主題創意型

利用特定的創意或主題作為出發點，融入生活美感及深度體驗，形成創意生活事業。如天染花園、肯園香覺戲體、庄腳所在、劍湖山世界創意博覽館、結像紀事、MURA、東籬農園、迴廊咖啡館、也趣傢飾藝廊咖啡、薰衣草森林、原鄉緣紙傘文化村、北成庄荷花形象館、故事屋等。

二、創意生活的發展趨勢

創意生活產業的發展趨勢，可以有下列幾點：

1. **創意生活的概念已從推廣轉為產業競爭力的提升。**

2. **創意生活品牌價值化：** 在產官學的努力之下，以知識應用、深度體驗及高質美感的經營特色均有顯著的提升，因此如何將產品或服務場域品牌化外，甚至海外輸出是未來努力的重點。

3. **創意生活智財化**：創意生活產業以文化創意為核心，因此諸如智慧財產權的授權或合作、策略聯盟及雙方權利義務擬定的智慧資本變得相當重要。

4. **創意生活在地化**：許多創意生活產業均會與地方特色元素結合，一方面形塑不易模仿的差異化外，另一方面也可以帶動地方經濟動能。

5. **創意生活整合多元化**：創意生活產業與過往產業不同之處是因為創意生活產業需與不同或相關產業結合，因此具高度整合性質。

6. **多元人才需求增加**：創意生活產業兼具理性與感性，除了商務經營管理人才之外也需要具美學的設計領域專業人才。

7. **強化市場開拓、行銷推廣及市場通路合作機制**：創意生活產業如何整合區域群聚的亮點，進而發展出特色行程，推動國際觀光；就市場面而言，如何聚焦吸引特定族群前來深度旅遊而非"蜻蜓點水"短暫性的停留，是目前產官學需要努力的方向。

8. **製造業服務化、服務業科技化、傳統產業特色化**：運用科技技術如 APP、5G、IOT、資訊串流及 QR code 等提供創新服務及服務加值，搭配新媒體作廣宣，整合通路資源提升能見度，延伸地方經濟及觀光的綜效。

5-2 體驗經濟

「體驗經濟」（Experience Economy）係從生活與情境為出發點，塑造感官體驗及思維的認同，藉此抓住顧客的注意力，進而改變消費行為，並為商品找到新的生存價值與空間。體驗經濟是以服務作為舞臺，以商品作為載具來使顧客融入其中的社會演進階段。由於服務經濟也在逐步商業化，人們的個性化消費欲望難以得到充分的滿足，人們開始把注意力和金錢的消費方向轉移到能夠為其提供價值的經濟形態，這就是體驗經濟。

MIT 史隆管理學院客座教授約瑟夫·派恩（B. Joseph Pine）與詹姆斯·吉爾摩（James H. Gilmore）在其合著《體驗經濟時代》（The Experience Economy）中，闡述了體驗經濟的成因及特色。該書指出：在體驗經濟的概念中，消費不再只是對事物的慾望，而是對消費經驗的不滿足。

約瑟夫·派恩與詹姆斯·吉爾摩將人類經濟的發展分成四個階段來進行解釋，第一階段是以農業為主的「農業經濟」，由於商品差異性不大，因此價格定位也差不多；第二階段則是以商品為主的「工業經濟」，此階段大致為生產導向，因此，差異化及價格定位也不高；第三階段則是重視服務品質的「服務經濟」，也就是我們習知的行銷導向，該階段開始導入顧客關係，因此，差異化開始變大，價格也有一些差距；第四階段則是以使用者體驗為主的「體驗經濟」（圖 5-8）。

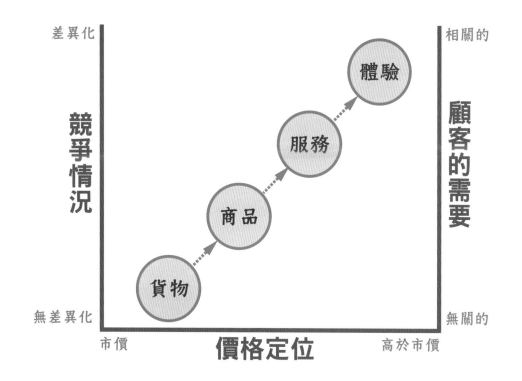

圖 5-8　體驗經濟。

體驗經濟就是讓顧客擁有難忘的經歷，將平凡無奇的消費活動變成有意義的體驗。體驗經濟時代的顧客對於消費過程會有更高的期待，顧客對於個性化的服務需求也會不斷的攀升，因此企業在提供產品或服務給顧客的時候，都必須絞盡腦汁、嘔心瀝血的設計出與眾不同的消費體驗，以創造企業品牌的差異性，吸引並留住顧客，進而「圈粉」。

舉個例子來說，當我們踏入迪士尼樂園的那一刻起便開始進入神奇的時刻（Magical Moment），和米老鼠或唐老鴨拍拍照，玩咖啡杯，在主題餐廳吃飯，就像回到孩提時候一樣快樂，不管是小孩還是成年人，都是別具意義的魔法時刻，足以令遊客「哇」一聲的大叫起來，回到家中仍然掛著愉快的微笑，這就是體驗。在迪士尼的主題樂園，你不會看見兩個工作人員在同時間扮演同一個卡通人物，而且也絕不會看到扮演卡通人物的工作人員卸下頭套或服裝，即便是熱到中暑，也不會鬆懈角色扮演的工作。為什麼呢？因為工作人員致力於讓所有來賓，特別是小朋友，在虛擬世界中體驗到完全真實的感受，不能讓任何來賓察覺到有任何偽裝的感覺。就是如此細膩地執行從一而終的理念，才會讓迪士尼能夠歷久不衰、獨步全球的主要原因。

在光電發達的美國，蠟燭一支不到一美元，但當蠟燭作為一種「感性消費」，蠟燭可以有高達 35 億美元的市場。又如一杯提神用的咖啡僅需要 35 元，但一杯享受氛圍的咖啡卻需要付出 110 元（圖 5-9）。從上述我們可以得知感官反應的價值是有限的，但美感體驗就能有較高的附加價值。

圖 5-9　Starbucks 出售的不單單只是一杯咖啡，更重要的是對於這杯咖啡，或是這家咖啡店所得到的獨特體驗，這種體驗包括了情感、情境及感官。

　　體驗經濟是一場形塑真實性的遊戲，那麼什麼是真實性？莎士比亞在哈姆雷特劇中，清楚道出了「真實性」的核心意義：「最重要是忠於自己，日以繼夜地奉行，也不致對人虛假」。例如環球影城是真的假（Real-fake）？遊客知道樂園世界所有的一切都是假的，如同一場展覽，但所有的事物及道具都是貨真價實的展覽品（圖5-10）；迪士尼樂園則剛好相反，它是一個極度忠於自我的世界，讓所有人都相信樂園內是一個神奇的國度，而事實上那裡的一切都是仿造的真實。因此，只能說是假的真（Fake-real）（圖 5-11）。

圖 5-10　環球影城最早是為了讓觀眾觀察實際拍片過程、各種熱門電影場景，以及參與攝影棚錄影的導覽模式。多年後逐漸演變成現在的主題樂園。

圖 5-11　迪士尼樂園是華特‧迪士尼一手打造的夢想國度。對此，其留下了這句話：「迪士尼樂園永遠不會完工。只要世上仍有想像力存在，這座樂園就會不斷成長。」。

　　體驗經濟是影響消費決策的重要因素，已非單單以產品的功能作為銷售的訴求，消費者在乎的是產品或服務在行銷包裝上所帶來的整體性感覺和感動。商品是有形的，服務則是無形的，而體驗更是難忘的，消費者只在乎「體驗」之後的「認同感」以及「忠誠度」。近年來，政府積極推動產業轉型，如以六大新興產業「觀光旅遊」、「文化創意」、「綠能產業」、「醫療照護」、「生物科技」、「精緻農業」為發展主軸，藉由政府的資源投入，導引產業同步發展，建立以軟實力、服務導向的創新價值。而六大新興產業中，「觀光旅遊」、「醫療照護」、「文化創意」及「精緻農業」，都可屬於體驗經濟的範疇。由於顧客是體驗的主角，因此在發展體驗經濟的過程中，就必須將營運的範疇納入「產品」、「服務」、「活動」及「空間」等流程中，使消費的過程中具有生活體驗的價值。因此，體驗經濟將會像產品或服務的流程設計一樣，成為未來商務的重要成分。

值得注意的是，體驗還不是最終的經濟產物。當企業為特定消費者客製化體驗，滿足消費者需求時，企業勢必會「改變」消費者。當企業將體驗客製化的時候，體驗就會自動「轉型」，也就是幫助消費者「自我實現」。這是經濟價值的最後一個階段，此時，顧客就是你的產品。

5-3 觀光工廠

一、何謂觀光工廠

　　觀光工廠也有人稱為「工業旅遊」，上世紀七、八十年代，西方國家面臨經濟發展轉型的壓力，紛紛出現經濟結構重組的過程，慢慢形成以文化為核心的經濟發展模式，歐洲有些國家興起建設「觀光工廠」的浪潮，將廢棄的工廠重新進行改造，提供遊客實地參觀體驗。「觀光工廠」的浪潮逐漸由歐洲興起，再到日本的「工廠見學」，將藝術性、實用性、教學性融合為一體，讓遊客瞭解產品的製造過程。

　　例如：日本北海道札幌生產「白色戀人」巧克力的「石屋制菓株式會社」（圖5-12），其將工廠建造得如同童話中的歐式城堡，讓一個巧克力生產工廠變成了北海道著名的主題公園，最後成了札幌重要的旅遊景點。工廠內不僅僅有展示巧克力發展歷史和製作過程的巧克力博物館，還能讓遊客親身體驗自製巧克力的過程與樂趣　。

圖 5-12　日本「白色戀人公園」和「白色戀人」甜點。

二、觀光工廠的類型

隨著時代轉變，國內傳統製造業也面臨需求、技術等產業變遷的困境，在轉型的思維下，將原本生產製造的流程加入體驗的元素，依原工廠的特色、文化，加以包裝、改造，將不對外開放的工廠透明、展示化，讓非員工可入內體驗，轉換成可供一般消費者造訪的觀光景點。以工廠的生產設施、生產作業流程、工人作業等工業生產風貌作為旅遊專案，佐以相應的解說、導覽、DIY 體驗等服務，讓遊客可以得到觀光、休閒、科普、手工製作、購物等多元化的體驗。

根據觀光工廠輔導評鑑作業要點所作的解釋，觀光工廠是指取得工廠登記，具有產業文化、教育價值或地方特色，實際從事製造加工，而將其產品、製程或廠地、廠房提供遊客參觀、休憩之工廠，一般可分為以下幾個類型：

1. 利用部分廠房作為觀光服務用途，工廠及觀光用途的設施並未在同一棟建築物內混合使用，僅提供實作體驗區及遊客休憩區，實作體驗區供參觀、實作體驗及教育解說使用，遊客休憩區作為產品展示販售、遊客休憩場域用途，如巧克力共和國、埔里酒廠等。

2. 在同一棟建築物內作為製造工廠及觀光工廠使用。

3. 利用現有生產基地申請變更成為相關產業用地兼營觀光服務。

三、轉型觀光工廠的好處

轉型觀光工廠有以下幾點好處：

1. 傳統製造產業轉型觀光工廠，將二級製造產業升級三級服務業，藉由開放工廠及產業觀光拉近與消費者之距離，對於企業在品牌推廣及未來經營轉型皆有所助益。

2. 工廠取得經濟部觀光工廠標章之後，在觀光用途場域範圍內且地目不變更的情況下，允許可以做為商業用途使用，包含零售、招商、門票收入等。

3. 提供遊客深入了解產業面貌、生產狀況與文化內涵的管道，透過工廠產線的開放，增加消費者對於品牌的信任與認同感，還可以豐富旅遊產品、完善旅遊產業鏈。

4. 可以參與或申請政府資源及各項輔助，如參與經濟部工業局之各項媒體廣宣活動與整合行銷、申請在一般縣道設置「觀光工廠」的路標、申請成為國民旅遊卡特約廠商及交通局網站連結行銷。

根據 2019 年資料，現階段通過經濟部工業局觀光工廠評鑑的廠商，計有 138 家，分布臺灣各縣市。而現階段觀光工廠之類型，依經濟部之分類可以區分為五大主題，分別為：藝術人文、健康美麗、醇酒美食、居家生活以及開門七件事，五大主題裡又包含共三十二種類型，說明如下：

1. **藝術人文**：包括樂器類、金屬工藝類、玻璃工藝、燈籠類、陶藝類、彩繪類、氣球類、紙藝類、緞帶類、印刷類、文具類等。

2. **健康美麗**：包括生技類、養生類、美妝類。

3. **醇酒美食**：包括美食類、酒廠類、魚產類、糕餅類。

4. **居家生活**：包括衛生用品類、寢具類、戶外休閒用品類、衣飾類、建材類、衛浴類。

5. **開門七件事**：包括柴類、米類、油類、鹽類、醬類、醋類、茶類。

從上述分類我們也可以得知，目前國內觀光工廠的類型還是比較不脫離與「生活」相關的產業，而且比較集中在跟「吃」有關的類型。大致而言，觀光工廠之產品與民生事務相關者，比較容易受到一般社會民眾的歡迎，國內觀光工廠產值前十名主要與「吃、喝」相關。根據經濟部統計，從 2011 年到 2018 年這 8 年間，全台觀光工廠參觀人數已累積破億，飲食類觀光工廠的參觀人次更高達 6,869 萬。

四、觀光工廠的服務品質，可以從以下六個面向討論

（一）企業文化

1. 產業由來及典故。

2. 特色代表物。

3. 富有教育意義（圖 5-13）。

4. 落實社會責任。

5. 企業定位。

6. 提供消費者什麼樣的體驗。

（二）外觀及空間

1. 建築物外觀設計。

2. 空間規劃及動線。

3. 相關安全措施。

4. 無障礙空間。

5. 環保、節能綠建築。

6. 場域好看，可以拍照打卡。

（三）交通與設施

1. 設置友善空間。

2. 規劃完善參訪環境。

3. 完善的休憩空間。

4. 交通便利或有接駁車的設置服務。

5. 特定族群特殊需求。

（四）服務體驗

1. 互動教學。

2. 專業導覽服務。

3. 五感體驗及試用、試吃服務。

4. 展覽定期更新變化。

5. 展覽品好玩有趣且內容豐富。

節能減碳的觀光工廠——「春池玻璃」

　　臺灣玻璃回收率世界第二，春池每年回收玻璃一億公斤，累積五十年的技術轉換下，創造經濟價值，也是隱形卻無價的環境保護。春池綠能玻璃觀光工廠致力於推廣「綠能玻璃」。透過玻璃的回收再製，將原本已經廢棄的玻璃，重新賦予它們新的價值。為了讓民眾對玻璃回收再利用有更進一步的認識，於 2011 年由經濟部評鑑通過成為新竹市的第一家觀光工廠。

　　走一趟春池綠能玻璃觀光工廠，可以深入了解回收玻璃再製成的：環保綠建材「亮彩琉璃」（圖 5-13），以及具隔音、隔熱、防火的「輕質節能磚」以外，更可以目睹擁有四十餘年經歷的工藝師傅，發揮精湛的技藝，創作出春池玻璃獨有的藝術作品。

圖 5-13　環保綠建材「亮彩琉璃」。

（五）顧客服務

1. 具備相關專業知識解說人員。

2. 具服務態度、風趣、有耐心。

3. 設置友善官網及相關文宣品。

4. 顧客關係管理。

5. 物流配送。

6. 展售商品好吃、好玩、好買。

（六）行銷策略

1. 具產品特色。

2. 定價親民不「宰客」。

3. 便利的消費通路。

4. 票券抵消費。

5. 節慶特色商品及優惠活動。

6. IG、FB、Line 等社群平臺應用（圖 5-14）。

7. 遊程最好可以規劃讓消費者停留半天以上。

圖 5-14　觀光工廠運用各種社群平臺，拉近與消費者的距離並增加觸及率。

五、觀光工廠的未來發展與建議

　　觀光工廠或許一開始的設計的確是為了解決經濟發展轉型的壓力，但隨著創意生活產業的蓬勃發展，觀光工廠被賦予的責任似乎不再只是附加產物，而是企業品牌體驗的重要載體，成為消費者體驗品牌的管道，而不能拿來當作拯救業績的萬靈丹，也不是開了觀光工廠，顧客就會上門，營業額就會提高。

　　隨著觀光工廠受到市場面的歡迎，觀光工廠就像臺灣其他產業一樣，一窩蜂地設置，不久便面臨了競爭激烈、供過於求，模式千篇一律毫無特色、產品與價格匹配不上價值的困境，於是乎收益下滑，形成業者投入大於收入的窘境，造成 3 年證

照到期後，不再繼續接受評鑑，甚至「劣幣驅逐良幣」，影響正常經營的業者，造成市場紊亂。

其實觀光工廠應該跟企業的其他產品一樣，必須透過行銷推廣去經營，讓顧客認識、願意進來消費，消費者擁有好的體驗之後，就會產生價值、願意再來或推薦給別人，這樣才能達到品牌推廣的目的。

5-4 創意生活產業的就業與創業

倘若要投入創意生活產業的就業或創業發展，筆者提供一些相關經驗和建議，作為後續工作選擇或證照考取之參考：

一、未來出路與發展

（一）文創設計專長

品牌行銷設計、包裝設計、流行設計、工藝設計、創意生活設計…等之行業。

（二）文創營運專長

文化創意微型創業、品牌營運、從事地方文史研究、民俗文物收藏管理、文藝創作、文化評論、文獻保存或任職博物館、社教館，地方政府文化局、文化中心等公私部門文化機構、會展活動企劃、專案管理…等經營管理與服務之行業或發揮文化企劃專長，結合政府文化創意產業發展政策，從事藝廊、工藝、藝術、文化表演、休閒旅遊、觀光等文化產業活動的經營管理與企劃行銷。

（三）文化周邊支援部門

文化藝術企劃與執行、設計品牌之創造與流通、設計諮詢顧問、獨立之文化藝術工作者或地方文史團體經營者等行業。

（四）休閒相關產業

休閒相關產業與非營利組織之儲備幹部、運動指導員、管理顧問人員、行銷企劃人員。渡假村、主題樂園、休閒產業顧問公司、公關行銷公司、文教基金會、財團法人和研究機構等，擔任活動策劃人員、設計與執行營隊活動人員、經營管理人員和管理規劃顧問人員。休閒產業自行創業。

（五）升學管道

可報考國內外大專院校設計、文化創意產業及管理相關研究所。

二、證照取得

1. iClone 2D 動畫及 3D 動畫認證。

2. 導覽解說人員證照、會議展覽專業人員證照。

3. 行銷企劃師證照、文藝品鑑價師、拍賣官、電子商務企劃師、企業講師、校院青年活動企劃師、專案管理證照等。

4. 體適能指導員、教練或裁判證、個人體適能顧問。

5. 專業調酒師認證、專業咖啡師認證、國際葡萄酒認證、葡萄酒品鑑認證、國際咖啡調配師等。

6. 行銷專業能力認證、國際行銷人才檢定等。

5-5 練習與討論

英國工業遺產：鐵橋峽谷

鐵橋峽谷（Ironbridge Gorge），橋樑坐落於中英格蘭西部的施洛普郡塞文河畔（圖 5-15），建造於 1779 年，據說是 18 世紀英國工業革命的誕生地，它是世界上第一個以工業遺產為主題的世界文化遺產，對於世界科技及建築領域的發展具有相當的影響。谷地中亦保有許多對工業史意義重大的聚落，包括塞文河沿岸的鐵橋鎮、柯爾波特、傑克菲爾德、庫爾布魯克戴爾及布羅斯利。1986 年該地成為英國第一個被聯合國教科文組織認定的世界文化遺產。

鐵橋峽谷佔地達 10 平方公里，以鐵橋和鼓風爐最著名，是一個集採礦區、鑄造廠、工廠、車間和倉庫的罕見彙集區，該區密布著由巷道、軌道、坡路、運河和鐵路編織而成的古老運輸網路，與一些傳統景物及房舍建築組合而成的遺址共存。鐵橋峽谷主要是透過對原有的工業遺產進行保護，並恢復遭受破壞的生態環境和建造主題博物館的形式來發展旅遊業。

圖 5-15 「鐵橋」是一座鑄鐵拱，它於 1781 年開放，是世界上第一座由鑄鐵製成的主要橋樑。如今這座橋被譽為工業革命的象徵。

第 1 章
第 2 章
第 3 章
第 4 章
第 5 章
第 6 章
第 7 章
第 8 章
第 9 章
第 10 章

橋谷博物館（Ironbridge Gorge Museum Trust）是以鐵橋谷為根據地的工業遺產生態博物館，由 10 個工業紀念地和博物館、285 個工業建築為一體的旅遊地，每年平均能吸引 30 萬遊客來此觀光遊覽。博物館強調「生活現場就是教育現場」，鐵橋谷博物館群透過環境教育、社會教育、社區型的環境行動、以及英國的合作運動等，潛移默化地透過環境教育、社會教育等議題滲入日常生活（圖 5-16）。

圖 5-16　博物館會在學校放假期間，舉辦家庭學習相關活動，以及免費的社區日，鼓勵當地家庭參觀博物館。

延伸思考

　　臺灣有這麼多的歷史古蹟或廢棄的礦區，如金瓜石，是位於臺灣本島東北部的一個聚落，因與九份地緣相近，在早期也是為重要礦區，故一般合稱「金九地區」，曾因開採金礦而與九份繁華一時，但隨著礦產資源枯竭而迅速沒落，近年成功轉型為觀光勝地後，朝向觀光休閒方向重新發展。附近有黃金博物館（包括太子賓館、本山五坑、黃金神社等）、廢煙道及金瓜石戰俘營遺址暨紀念公園等景點。若您為該地區規劃人員，您將如何改造該地區，讓它成為很棒的創意生活產業？

腦力激盪

1. 試問您對創意生活產業歸屬經濟部管轄而非文化部管轄的看法為何?

2. 您能舉出創意生活產業成功或失敗的例子嗎?為什麼?

第1章
第2章
第3章
第4章
第5章
第6章
第7章
第8章
第9章
第10章
第11章
第12章
第13章
第14章

第**6**章

工藝產業與產品設計產業

對某些人來說，只有適當地設計出功能，一個產品才能算是好的產品。

——科斯塔羅（美國工業設計師）

　　文化創意產業的運作不能完全用工業生產的模式來進行思考，創意設計應以文化、美學、用戶體驗為核心，透過智力資源來支持生產製造的新產品開發，將文化與技術做結合，全面提升用戶體驗、產品文化內涵及生活環境品質，發揮經濟效益。本章將透過「工藝產業與產品設計產業」的介紹，讓學員了解產業差異，以及該產業的就業與創業議題，最終藉由分組討論與課後練習來驗證學習成效。

6-1
工藝產業

何謂工藝？工業革命之前以純粹手工生產的方式稱為「手工藝」，在機械大量生產的工業革命之後，產品的設計可以區分為「工藝設計」與「工業設計」，工藝設計的成品有單一創作及不考慮生產時效性、成本、市場接受度的「美術工藝」，另外還有可以量產、考慮市場、成本、時效及使用功能的「生活工藝」。

國內大師級工藝家顏水龍（1952）認為：「工藝可以分狹義與廣義兩類。狹義的工藝是以裝飾為目的而製作的器物，在技術上的表現稱作工藝；廣義的工藝是對各種生活的器物施以美的技巧。」我們可以發現，無論是廣義或狹義的定義，基本上都認為應具有美的技巧，將藝術與技術做結合。

至於工藝產業，一般均為深耕在地方或社區的產業，所使用的原物料也多來自於天然素材，符合環境的脈動。工藝產業不僅可以豐富地方文化，使文化多元化發展，也可以促進地方產業的發展、創造就業機會，許多國家均戮力維護傳統工藝產業使其能夠永續發展。下面單元詳細介紹工藝產業的內涵。

一、何謂工藝產業？

行政院經濟部文化創意產業推動小組（2003）將工藝視為地方生活文化、反映地方特色的藝術與文化資源。依據文化部的定義：工藝產業是指從事工藝創作、工藝設計、模具製作、材料製作、工藝品生產、工藝品展售流通、工藝品鑑定等行業。工藝品為創作者利用各種工具來將各類型的原料或半成品進行加工處理而成之作品，作品本身主要是以手工製作為主，機器量產為輔的功能性生活用品。工藝品依據創作材質的不同又可分為十二種類型，分別為陶瓷、玻璃、金工、石藝、木藝、竹籐、漆藝、纖維、紙藝、皮革、複合媒材與其他。工藝產業之產業鏈範疇如圖 6-1：

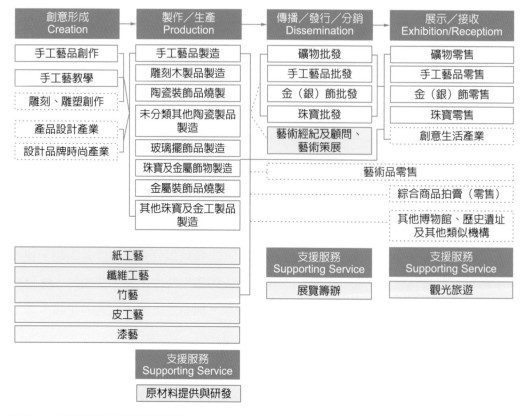

圖 6-1　工藝產業之產業鏈範疇。

　　工藝品的存在本來就是美與實用的結合，在發展的過程中可能還夾雜著生活上裝飾的功能，但都是基於使用者最終目的而來。在臺灣傳統社會，民間的工藝品除了實用目的外，還與民間的信仰或習俗有關。因此，民俗工藝製品除了應該有的機能性或功能性之外，也融入了民俗的信仰力量，達到圓融的境界。

　　所謂「機能」指的是物品基於內部構造原理所發展的功能，也可以稱為內部功能；而所謂的「功能」指的是物品表現於外部的功能，也可以稱為外部功能，機能與功能常會因社會文化的不同而有所差異，但都是工藝的價值所在。

二、工藝產業數據分析

　　從產業數據分析來看，近年臺灣工藝產業廠商家數仍維持平穩，約為 1.1 萬家左右，但受限於國內外經濟發展及境外旅客來源國結構轉變之影響，工藝產業的營

業額自 2014 年新臺幣 1,083.3 億元開始呈現衰退，直到 2018 年才略為趨緩達新臺幣 783.7 億元；而工藝品外銷比例從 2013 年到 2018 年約介於 10.63% 到 14.39% 之間，可見臺灣工藝品約接近 9 成為內銷，以 2018 年工藝產業次產業營業額來看，前幾名依序為：金（銀）飾批發、金（銀）飾零售、未分類及其他陶瓷製品製造、珠寶批發及手工藝批發。

依筆者研究發現，目前臺灣傳統工藝產業面臨的問題有以下幾點：

1. 傳統工藝產業以微型企業或個人工作室居多，缺乏新技術研發能力且難以單獨開拓市場。

2. 由於工藝創作者大多專注於故事性及創作，對於市場的敏感度及接觸度相對較低。

3. 工藝創作者偏好在個別空間進行創作，由於較為分散及缺乏群聚，導致生產能量與效率不容易發揮，也由於交通運輸及衍生活動的成本不容易降低，因此，缺乏規模經濟的效益。

4. 部分工藝業者由於在相關資訊與品牌推廣上稍嫌薄弱，使生產者與消費者的距離無法拉近，也不容易進入國際市場。

5. 傳統工藝生產者對於通路、品牌、定價、智財權及策略合作等相關知識不足，如缺乏通路布建能力、不知產品如何定價、缺乏品牌策略等。

6. 雖然有國內外訂單的機會，但由於沒有足夠的資金進行量產，因此，難以掌握獲利機會。

7. 部分工藝產品由於均為手工打造或因成本不具規模經濟，因此，難以大量複製形成產業或者是因為單價過高，難以進行推廣或淪為藝術品。

8. 後繼人才培育及投入缺乏連貫性，傳承工作容易受限。

9. 人們崇尚新的物品，對於舊時的物品不感興趣。

行銷大師科特勤（Philip Kotler）認為，設計是重要的策略思考，但卻經常被經理人遺忘。在臺灣傳統工藝產業轉向現代文創產業的過程中，其實面臨了許許多多的挑戰，包括技藝、人才、觀念、品牌與經營管理等。傳統工藝師所擁有的是傳

統產業升級最迫切需要的美感、文化底蘊與職人精神，而產業界的經營管理實務，卻是許多工藝師最不擅長的。年輕設計師受到現代設計的訓練，往往少了傳統工藝與地方產業的基礎，正好傳統工藝也需要現代設計來注入創新的活力，彼此可以相輔相成。

三、工藝產業發展趨勢

由於近年來工藝品多元化的發展及強調生活化的概念，慢慢具有批量生產製造的需求，加上工藝與設計已不再涇渭分明，許多產品均具有整合性的發展以符合消費者需求為核心考量。因此臺灣工藝產業的發展趨勢有幾個走向：

（一）工藝與設計界線越來越模糊

許多具地方特色的工藝技藝在文化資產保存的趨勢下日益受到重視，而傳統工藝技藝結合當代設計，可以強化傳統工藝的傳承，借助設計的創意及工藝的技藝，使得工藝產品更具吸引力。如琉璃工坊（圖6-2）、法蘭瓷（圖6-3）等。

圖 6-2　LIULI LIVING 四季君子飲 套裝組。

圖 6-3　情投意合 雙翠荷花瓷瓶。

（二）工藝設計新銳崛起

目前有許多設計或美術相關科系背景的年輕人，有志於朝向工藝設計產業發展，以延續臺灣傳統產業為己任，重新解析傳統技術並融入新世代角度的創新靈魂。工藝新銳工作者創作風格較具簡約現代風格，跳脫傳統文化符號的慣性，成品較彰顯個人的風格。工藝新銳工作者集設計師與工藝創作者於一身，擁有豐富創新

設計概念外，也具有相當的工藝技能，與傳統工藝者相比，因為對於材質特性有深入認知，因此可以降低在創作過程中產生的衝突，如作品如何呈現？作品如何設計？異材質與工法等特性。如大器創意（圖6-4）、GreenRoom 後台集創（圖6-5）、I-Shan13 的金工藝術家 -- 蔡依珊（圖6-6）。

圖 6-5　GreenRoom 後台集創。

圖 6-4　JinGoo 無線音響燈 - 珍珠鳥。

圖 6-6　I-Shan13 的金工藝術家 -- 蔡依珊。

（三）自造者與工藝體驗課程興起

首先，隨著網際網路的發達，工藝產業推廣行銷與展示管道的門檻已降低，許多業外廠商也投入相關領域，藉由平臺的建立使新銳設計與傳統工藝結合，促成新品牌誕生。

由於手做（DIY-Do It by Yourself）風潮興盛及消費者對於個性化商品的高度喜好，許多工藝教學及互動式體驗課程及應運而生。消費者透過手作過程重溫美好故事回憶、打造專屬獨特品味及作品、獲得從無到有的成就感。就廠商而言可以透過消費者口碑的宣傳，深化商品與服務的識別效果，有利於自身知名度或品牌的打造。

此外，政府相關政策如地方創生、社區營造及農村微型工藝產業培力等，除了鼓勵年輕人、原住民及新住民投入外，也讓現有工藝家有展示的平台，振興在地工藝與文化。隨著「108課綱」（十二年國民基本教育課程綱要）的上路，生活科技課程強調動手做的能力，亦有助於工藝產業的發展與傳承。

目前國內的工藝產業面臨人才斷層及成本上升的壓力、全球化及國外知名品牌工藝產品進入等環境變化，造成工藝產業市場快速萎縮，因此，對於國內工藝生產者技藝的提升、後繼人才培育、產業經營管理知識的精進，都有賴於政策性的支持、業者的持續努力及國內民眾的參與和認識。利用 AI 及大數據，可以將傳統工藝家製作的流程、工藝技術等資料進行紀錄，有助於後進人才的養成與傳統工藝的傳承。

6-2 產品設計產業

設計產業是文化創意產業的核心內容之一，對社會經濟與發展具有重要支撐與推動的影響。該產業包括的範圍相當廣，從產品與服務功能的開發、產品設計延伸到市場銷售推廣的過程，到最後具有環境永續與循環經濟的設計理念均為其範疇。

一、何謂產品設計產業

產品設計產業指從事產品設計調查、產品設計企劃、產品外觀設計、機構設計、原型與模型的製作、人機介面設計、流行設計、專利商標設計、包裝設計、品牌視

覺設計、平面視覺設計、網頁多媒體設計及設計諮詢顧問等行業均屬之。依照財政部稅務行業標準分類，產品設計產業的經營內容包括工業設計與包裝設計二大類。

　　產品設計公司屬於現代服務業、生產性服務業、綠色智力產業，具有低碳經濟優勢。產品設計的主要工作為產品企劃及產品設計，由業主提出需求，透過前期調查研究、問題的定義、設計發想與測試等過程，最終提出設計方案，再將提案交付業主自行或委託生產製造，最後經由透過行銷手段送到消費者手上（圖 6-7）。

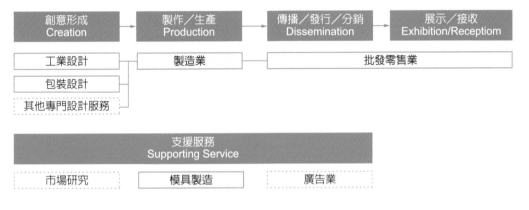

圖 6-7　產品設計產業之產業鏈範疇。

二、產品設計產業數據分析

　　臺灣產品設計產業規模小，國際競爭力較弱，設計品牌企業仍然沒有形成，企業設計創新意識和動力仍然不夠，根據《2019 臺灣文化創意產業發展年報》的統計結果，臺灣產品設計產業不管是在家數及營業額方面均呈些微衰退現象；家數約在 1,400 餘家，營業額約在 444.9 億元。

　　根據臺灣創意設計中心出版《2019 年臺灣設計力報告》，臺灣設計產業有以下幾個現象：

1. 設計公司規模普遍偏小、營收差異較大，平均每家員工人數約 8 人。

2. 9% 的設計公司成立年數在 10 年以內。

3. 設計公司及其案源地點比較集中在雙北地區及台中市。

4. 4% 的公司國內營業額高於 500 萬元、55.4% 有境外收入，主要市場為亞洲地區。

5. 設計公司員工月薪資中位數落在 31,001-40,000 元，主管職則為 49,001-70,000 元。

6. 設計公司在國際設計獎項參賽經驗豐富，其中金點設計獎之獲獎數為最多（34.9%）。

7. 設計公司在設計績效中較重視「客戶滿意度」、「營業收入」、「設計案成功上市率」與「售後口碑」。

8. 設計公司期望未來能拓展更多與「商業企劃」、「文化創意」、「公共服務」與「社會創新」相關類別之設計業務。

9. 多數設計公司採用「提升商品形象」、「提高商品品質水準」及「設計良好的使用者經驗」為其設計策略。

10. 依據設計階梯模型（Design Ladder），設計公司多以「設計作為形式給予」，其次為「設計用於商業策略」。

另外在該報告中也提到：國內設計公司認為設計成員及主管職最重要的能力（圖 6-8）分別為：問題解決能力（65.5%）及跨領域整合能力（54.0%），顯示在產業界限越來越模糊的狀況下，企業的創新機會來自於更多跨領域的交流，相對地，設計人才在設計專業的深度及跨領域知識的廣度也應該持續精進，設計師必須主動、積極關注產業新趨勢，如循環經濟、智慧醫療、社會創新、公共服務等議題，累積足夠的產業知識，以創造更多元的發揮空間。

三、產品設計發展趨勢

臺灣許多產業均意識到，企業需要從過去勞力密集優勢及長期從事國際製造代工所累積的產品生產製程上的優勢，逐漸轉變成技術密集及腦力密集的經營型態，才能建立核心優勢，而全球相關產業均策略性地運用設計來創造產業附加價值，設計已成為經濟永續發展關鍵因素之一。

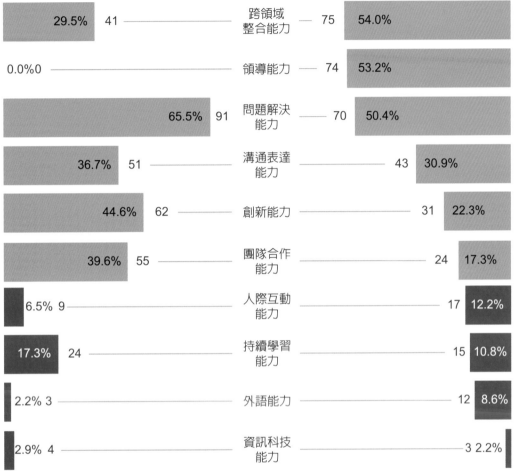

圖 6-8　設計公司重視的員工能力。

臺灣的產業大多以外銷為主，但設計師普遍缺乏對於終端市場的資訊與脈動，加上產業結構對於設計的原創性缺乏鼓勵、產品企劃與創新創意不受重視、對於智財權的價值認知及付費觀念不足，均對設計產業工作者造成傷害。因此，需要強化設計領域人才國際化的視野，提升專業素養。

產品設計服務業為知識密集產業，以思考活動為核心，強調研發、創新並與客戶的互動性極高，會依據客戶不同需求而調整服務內容，與客戶溝通直至達成共識，有時也會讓客戶甚至消費者直接參與設計流程。

儘管臺灣近年經濟成長動能有限，但是設計服務產業隨著全球區域經濟整合及自有品牌發展等趨勢，仍然可以帶動部分商機，因此預期專業人才的需求會增加。目前產業發展趨勢如下：

1. 智慧化設計與人因工程整合，跨領域專業人才需求提升：隨著智慧化科技的成熟發展，消費者對於產品的功能性、包裝及外觀設計越來越重視，也強調使用體驗與使用介面是否容易操作，因此，在簡化使用者操作流程時，往往需要用到人因工程的技術及結合智慧化設計，因此產品設計人員就必須具備有跨領域的設計能力。

2. 社會環境的友善意識進而提升以人為本的設計理念：由於民眾對於社會環境友善意識提升，持續關注與重視地方議題的解決，如身障人士與銀髮族的問題，設計人員需藉由自身的創意及對新興技術的掌握，以使用者為核心投入研究與設計。

3. 產品設計導入環境永續與循環經濟的設計理念：環保意識的抬頭造成消費者開始重視產品的材質、包裝甚至後續處理是否具綠色環保、重複使用性及環境友善？因此如何使用永續性的材質是當前設計著重的面向，設計人員在一開始做產品設計時就必須導入環保與循環設計的思維。

4. 產品設計產業的思維從價格導向轉向價值導向：國內或國外設計產業業者的經營思維均以策略聯盟及跨域整合為方針，從包裝連結至品牌並進行行銷，也嘗試透過新媒介與新素材的結合，帶來不同的設計元素。

5. 亞太市場崛起，東方流行風潮在全球慢慢流行，如禪風、東方元素等。

6. 地方特色文化應用在設計題材上漸成趨勢：創意與設計來自文化與人的底蘊，因此，設計與品牌之間的連續性與差異性的平衡就顯得相當重要。我們可以想一想，將桐花放在商品上是否就叫做客家文化？或者是把原住民圖騰置於設計上就叫做原民文化？

設計產業的特性

　　從經濟部「設計服務業發展綱領及行動方案」（民 93）所揭露，設計產業特性如下：

1. 設計是一種創造性活動，設計產業是一種知識密集型產業。
2. 以創意創新為導向，以研發為主要投入。
3. 具智慧財產權，如商標權、專利權或著作權。
4. 具有品牌導向之市場性。
5. 具高附加價值。
6. 與其他產業結合之多元性。

6-3 工藝產業與產品設計產業的就業與創業

一、工藝產業與產品設計產業創業

　　關於創業，如果本身或團隊具有設計能力，採取個人工作室或成立設計公司是一個選擇，創業過程也可以申請政府的補助案。如果仍具學生身分，教育部「U-start 創新創業計畫」也是籌措資金的好管道，具原民身分的學生更可以申請「原漾 U-start 創新創業計畫」。如果是公司型態，則可申請的補助計畫如下：

1. 文化部「文化創意產業發展補助計畫」。
2. 工業局「傳統產業技術開發計畫」（簡稱 CITD）。
3. 國貿局「補助業界開發國際市場計畫」。
4. 文化部「國際工藝設計競賽入選或得獎者補助計畫」。

第 1 章
第 2 章
第 3 章
第 4 章
第 5 章
第 6 章
第 7 章
第 8 章
第 9 章
第 10 章
第 11 章
第 12 章
第 13 章
第 14 章

5. 文化部「推展工藝文化與工藝傳承計畫」。

6. 文化部「文化創意產業圓夢計畫」自民國 109 年起開始移往文化內容策進院（TAICCA）辦理。

至於融資貸款的資金取得方面，可以申請文化部「文化創意產業青年創業啟動金貸款」、中小企業處「青年創業及啟動金貸款」等，另外各縣市地方政府也有針對青年創業有貸款融資或相關補助計畫。

二、工藝產業與產品設計產業的就業機會

若您未來對工藝產業或產品設計產業工作有興趣，不妨先了解該兩項文創次產業所衍生之工作職缺（表 6-1），並尋求職管道以進入該產業服務。

表 6-1、工藝產業與產品設計產業就業機會和職稱

	工藝產業就業機會和職稱	產品設計產業就業機會和職稱
工作 職務	1. 藝品企劃展售專員 2. 壓鑄工藝工程師 3. 工藝 / 設計師 4. 成形 / 模型師 5. 產品經理 6. 生產管理人員 / 主管 7. 材料研發人員 8. 經營管理人員 / 主管 9. 行銷 / 經紀人員 10.拍賣人員 / 拍賣官 11.藝術品鑑定師 12.專案管理人員 13.藝術顧問 14.政府標案 / 計劃案	1. 美術設計人員 2. 產品設計師 3. 行銷企劃美編 4. 展場 / 活動設計師 5. 室內設計師 6. 視覺設計師 7. 品牌營運經理 8. 採訪編輯 9. 平面設計師 10.機械設計工程師 11.UI/UX 設計師 12.遊戲設計師 13.網頁 / 多媒體設計師 14.工業設計師 15.智慧裝置硬體設計師 16.廣告品牌顧問 17.活動公關 18.專案設計師 19.政府標案 / 計劃案

資料來源：作者研究整理

三、國內及國際競賽設計獎項

投入工藝產業或產品設計產業，參與國內外設計競賽，是一個很好的學習機會也是可以讓自己曝光和累積知名度的很舞臺，下表 6-2 為國內外重要的知名設計獎項說明。

表 6-2、國內及國際競賽設計獎項

	國內競賽設計獎項	國際競賽設計獎項
獎項名稱	1. 臺北設計獎 2. 全國美展 3. 金點新秀設計獎 4. 新一代設計展 5. 臺灣國際創意設計大賽 6. 全球自行車設計比賽 7. 光寶創新獎 8. 臺灣國際學生創意設計大賽 9. 光點計畫 Rising Star Project 10. KOPO ANIMAL SERIES 國際戒指設計大賽 11. 臺灣國際海報設計獎 12. 臺灣國際創意設計大賽 13. TAIWAN TOP STAR 視覺設計獎	1. 德國 iF 設計獎（iF Design Award） 2. 德國紅點設計獎（Red Dot Award） 3. 美國傑出工業設計獎（Industrial Design Excellence Award，IDEA） 4. 日本 G-Mark 設計獎（Good Design Award） 5. Adobe 卓越設計大獎 6. 英國設計與藝術指導協會學生獎 7. 英國倫敦國際獎 8. 荷蘭 Output 國際學生大賞 9. 德國百靈國際設計大賽 10. 紐約藝術指導協會年度獎 11. 美國傳達藝術年度設計及廣告獎 12. 美國 One Show Interactive 廣告創意獎 13. 義大利 A'Design Award 國際設計大獎 14. 韓國 K-Design Award

資料來源：作者研究整理

當今在工業設計的領域，被國際工業設計聯盟所認可的國際設計獎項有德國 iF(德國漢諾威工業設計獎)、德國 Red Dot(德國紅點設計獎)、美國 IDEA(美國工業設計師協會設計獎) 及日本 G-Mark(日本通產省優良產品設計獎)，上述這四項被稱為四大國際設計獎，尤其是 iF，被歐洲媒體稱之為「設計的奧斯卡」。不管是德國 iF、德國紅點 Red Dot、美國 IDEA 或日本 G-Mark 等國際設計獎，對於產業而言是提升品牌能見度最有效的方法之一。

6-4 練習與討論

芙萊創藝 -- 鹿樣風

公司名稱：芙萊創藝有限公司

成立日期：2018 年 10 月 8 日

公司官網：https://www.holkee.com/vulai-creative-arts

「不要忘記你是誰，不要遺漏我們的文化，最近我常想，我們還保有什麼呢？」--- 布拉鹿樣（Pu lja lju yan）（圖 6-9）

原住民是最早定居在臺灣的住民，原住民族傳統生產是以燒墾、漁獵和採集為主，他們與自然為伍，從自然環境獲取生活所需，工藝生產及活動是基於部落社會自給自足，著重在實用性及儀式性。

對於傳統的尊重是原住民文化很重要的精隨，因此原住民族的文化或習俗，即使歷經時代的變遷仍然十分牢固。原住民族的工藝種類相當多，其中較具規模及特色的有木工及木雕、編織繡、染織、製陶、皮製品等。傳統原住民是沒有冶金的，沒有冶金那刀怎麼來？過往原住民會利用獸骨及黑曜石斷裂面作為刀具使用，一直到漢民族或外來族群將冶金技術帶到原住民部落之後，才開始有刀的出現。

圖 6-9 原住民工藝師 -- 布拉鹿樣（Pu lja lju yan）。

聽聽布拉鹿樣
怎麼說

「對於山海民族來說，刀的文化意義在於守護生命，將排灣族傳統的祖靈像及陶壺，百步蛇等等的傳統圖騰雕鑿於作品，表示不要忘記自己祖先的智慧，創作作品是希望傳達排灣族的傳統文化繼承的重要性，希望更多現代的年輕原住民文是對自己的傳統文化有自信跟驕傲，可以傳承給後代。」

「芙萊」在卑南族及排灣族的語言中，源自「美好」的意思，來自台東具有排灣族與卑南族血統工藝師布拉鹿樣，一直以來都是以「手作刀」為主軸，以「鹿樣風」做為推廣品牌。布拉鹿樣自 2012 年返鄉協助部落八八風災重建計畫時，父親的一句話，讓浪子幡然回頭也開啟對原住民刀藝的創作與研究，除了延續父親刀藝師的工作外，父與子之間的傳承，也在傳統文化與不斷精進的現代工藝衝撞中，試著找出最好的平衡。然而以現代社會的生活型態，傳統刀具的實用價值大為下降，而手作刀具因為需要投入大量的時間，在維持生計與完成創作上，總是處在一個不斷衝突的過程。鹿樣老師希望能讓傳統文化在現代社會有更好的生存，相信唯有活的文化、不斷演進的文化，才能真正生存。因此布拉鹿樣將目標客層鎖定在收藏手工刀工藝族群的利基市場，一方面可以維持生計，另一方面也可以完成創作。鹿樣老師說：「我知道我所創作的勇士刀，在父親的眼中不是他所謂的傳統，但我所雕鑿所刻劃的從未改變，是歷史記憶及文化認同讓充滿神秘感的神話及傳說，一代傳一代能延續下去……」。

「對於排灣族人來說，「刀」是生活不可或缺的元素。無論是結盟、守護或分享，這些生活中的重要事件，都得有「刀」的參與。排灣族的刀鞘，總是會刻上百步蛇的圖騰，因為那是祖靈的象徵，帶著對生命最深的祝福，陪伴著我們邁向生命的各種挑戰。」布拉鹿樣說排灣族的男人有三把刀，第一是工作刀（Takit），用於狩獵及工作使用；第二是分享刀（Pakarusa）（圖 6-10），用於切割獵物並分享於族人，分享刀的概念也是鹿樣老師率先提出的想法；第三把刀是生命之刃（Pinukal jakal jatan）（圖 6-11），為了能夠守護所組織的家庭，並用自己生命來守護，將此刀用於迎娶並放置家中世代相傳。在排灣族階級制度下，需身分在貴族之上才能配戴有雕刻紋飾之勇士刀。傳承是什麼？鹿樣老師說：就是「祖先很久以前在作的事，我們一直還在作。」

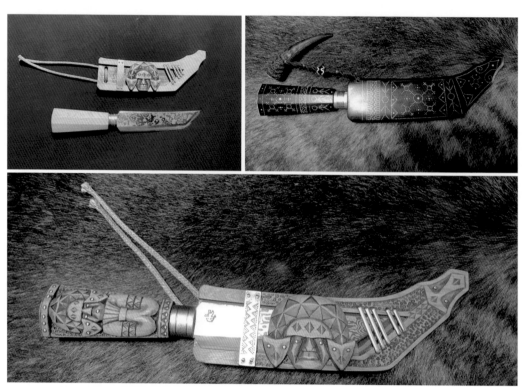

圖 6-10　芙萊創藝 -- 分享刀。

圖 6-11　芙萊創藝 -- 生命之刃。

腦力激盪

1. 國際設計大獎相當多，臺灣得獎團隊也不少，為何臺灣主辦的設計大賽無法在世界舞台占有一席之地？

2. 如何透過活絡地方工藝產業帶動地方創生發展？

第1章
第2章
第3章
第4章
第5章
第6章
第7章
第8章
第9章
第10章
第11章
第12章
第13章
第14章

125

第 **7** 章

流行時尚產業

奢侈品是買來取悅自己，不是穿給別人看。
———馬克・雅各布斯 Marc Jacobs
(美國時尚設計師)

　　關於「穿著 Prada 惡魔（The Devil Wears Prada 2006）」影片中，惡魔總編 Miranda 說過一段話「覺得這跟妳毫無關係，當妳走向妳的衣櫃，選擇那件臃腫的藍色毛衣，想要告訴全世界妳很嚴肅以至於無心打理穿著。妳不知道的是，那件毛衣不是藍色，不是青綠色，也不是天藍色，它其實是深藍色」。香奈兒女士（Coco Chanel）也曾說過：「時尚不僅僅是存在於衣裙中，時尚在天際、在大街上，時尚與我們民眾的觀念、生活方式與社會都是息息相關。」

　　本章主要探討時尚產業的市場概論及發展趨勢，使學員一窺「流行時尚產業」的概況，以及欲進入該領域的就業與創業議題，最終藉由分組討論與課後練習來驗證學習成果。

7-1 流行時尚產業

時尚產業並非上流社會的權利，而是已經滲透到社會上的每一個階層，時尚其實是一種生活美學。時尚產品雖然不一定是必要性的民生消費品，但隨著生活水平日益提高，時尚產品已成為許多民眾的生活態度或消費型態。時尚產業需整合潮流與設計等概念的特質，經營者更要能夠時時掌握流行趨勢，以面對創造利潤及品牌價值的挑戰。

一、何謂流行時尚產業？

許多人應該都看過這些影片 -- 穿著 Prada 的惡魔（The Devil Wears Prada 2006）、時尚惡魔的聖經（The September Issue 2009）、獨領風騷（Clueless 1995）或麻雀變鳳凰（Pretty Woman 1990）。每每皆被劇中的帥哥美女所吸引，或者嚮往那種光鮮亮麗的生活方式。但時尚圈難道真的只有華服、名人、派對及美食嗎？

我們可以先來看看世界各國對於時尚產業的定義：

1. 法國流行時尚產業，以服裝和皮件為主體，香水、飾品配件為週邊，包括男裝、女裝、男女性內衣、其他服裝與配件飾品、量身訂製服、皮革與毛皮服裝、線衫與同類型之商品、襪類或足部穿著物、鞋類、皮件商品、香水、化妝品、珠寶等。

2. 義大利流行時尚產業，除了皮件、香水、珠寶、眼鏡、紡織、服裝、鞋、飾品配件之外，家飾品、內衣與泳衣、寵物用品、銀器、個人用品系列、磁磚與文具用品亦涵蓋在內。

3. 美國流行時尚產業泛指服裝製造、紡織製造、服裝批發商、紡織供應商、珠寶或銀器製造、鞋類、服裝珠寶、新穎小巧物品、鈕扣製造、包包或其

他個人皮件。此外，家飾品、眼鏡、鐘錶、內衣、童裝、牛仔系列商品亦包括在內。

4. 日本流行時尚產業以皮件、皮鞋、飾品配件、香水、家飾品、高爾夫球用具等。

5. 臺灣工研院產業經濟與趨勢研究中心（IEK）所定義流行時尚產業：「指凡從事以服裝或配套產品與服務為核心、且強調流行元素注入之資訊傳遞、設計、研發、製造與流通等行業均屬之，其中涵蓋配套產品與服務：包括皮件、珠寶、配件等。資訊傳遞：涵蓋出版、廣告、藝術、娛樂、模特兒經紀等。流通：涵蓋批發、零售、銷售、直銷、物流及行銷活動等服務。」臺灣流行時尚產業範疇如圖 7-1 所示。

6. 時尚產業在臺灣文化創意產業的類別裡被稱為「設計品牌時尚產業」，依據文化部的定義：「從事以設計師為品牌或由其協助成立品牌之設計、顧問、製造、流通等行業。」

時尚是與時俱進的概念，結合當下潮流、趨勢、品味、價值、個性及特色等多元因素，從狹義來看，流行時尚主要是以可穿戴的服飾為核心。但除了核心商品的原料、設計、生產製造到批發零售等產業鏈，也包含整體生態的其他環節。

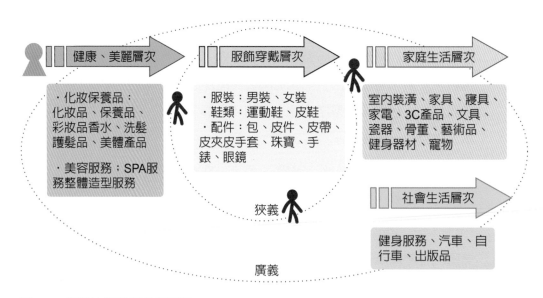

圖 7-1 臺灣流行時尚產業範疇。

時尚產業具有的六大特性

1. 屬創造性活動且有知識密集的特點。
2. 投入要素以研發為主，創意及創新為導向。
3. 具有品牌導向之市場性。
4. 具有永續性之高附加價值。
5. 具有與多元性產業結合的特性。
6. 具有相當程度的菁英化特質。

二、設計品牌時尚產業

「設計品牌」是指產品的創意、製作及販售由設計師進行主導，並提供產品及顧客服務的產業。設計品牌時尚產業主要分為二種形式：

（一）設計師自創品牌

卡爾・拉格斐（Karl Lagerfeld,1933~2019）是香奈兒（Chanel）及芬迪（FENDI）兩大品牌的首席設計師，時尚界人稱「老佛爺」、「卡爾大帝」。1984 年，當拉格斐於香奈兒工作了一年後，他以自己的姓名「KARL LAGERFELD」創立同名品牌（圖 7-2）。三宅一生（Issey Miyake,1938~）他的設計思想幾乎可以與西方服裝設計界相抗衡，是一種代表著未來新方向的嶄新設計風格，他將古代流傳至今的傳統服飾織物，運用了現代科技，結合他個人的哲學思想，創造出獨特的織料和服裝，被稱為「面料魔術師」（圖 7-3）。又如義大利服裝設計師范倫鐵諾（Valentino,1932~）用自己的名字來命名他的品牌，他的名字已成為義大利式優雅的同義詞（圖 7-4）。

圖 7-2　卡爾・拉格斐（Karl Lagerfeld）和其出品的時尚男性淡香水。

圖 7-3　三宅一生（Issey Miyake）及其品牌商品。

圖 7-4　范倫鐵諾（Valentino）及其品牌商品。

（二）OEM、ODM 及 OBM

除了設計師自創品牌外，另一種則是大家比較熟悉的 OEM（Original Equipment Manufacturer，貼牌生產或原始設備製造商）、ODM（Original Design Manufacture，委託設計與製造或原始設計製造）及 OBM（Own Branding & Manufacturing，自有品牌生產）。內容分別說明如下：

1. OEM（Original Equipment Manufacturer，貼牌生產或原始設備製造商）

OEM 是指採購方提供設備（有時設備亦由生產方提供）及技術，由製造方提供人力和場地，採購方負責銷售，製造方負責生產。目前大多採用由採購方提供品牌和授權，由製造方生產貼有該品牌之產品的方式。隨著全球化發展趨勢，OEM

需求商會在全球大範圍內挑選 OEM 供應商，尤其是向加工製造成本低廉的國家或地區移動。如美國耐吉（Nike）公司，其年營業額高達 374 億美元（2020 年），但卻沒有一家屬於自己的生產工廠，Nike 只專注在研究、設計及行銷，產品採用 OEM 或 ODM 方式，臺灣製鞋業的兩大龍頭寶成集團及豐泰集團即是 Nike 的 OEM 廠。（編按：寶成也是 ASICS、PUMA、Timberland、Adidas、New Balance 的代工廠）。

2. ODM（Original Design Manufacture，委託設計與製造或原始設計製造）

ODM 是指採購方委託製造方從設計到生產一手包辦，由採購方負責銷售的生產方式；採購方通常會授權其品牌，允許製造方生產貼有該品牌的產品。OEM 和 ODM 的不同之處，主要核心就在於究竟是誰擁有產品的智財權？如果是委託方擁有產品的智財權，那就是 OEM，也就是俗稱的「代工」；但如果是生產者所進行的整體設計，那就是 ODM，也就是俗稱的「貼牌」。

3. OBM（Original Brand Manufacture，自有品牌生產）

自有品牌生產亦稱為原創品牌設計，指的是生產商自行建立自有品牌，並以此品牌行銷到市場的作法。由設計、採購、生產到銷售皆由該公司自行獨立完成。

時尚產業亦是一個全球化高度整合的行業，例如一個珍珠戒指，它的設計公司在臺灣、珍珠貝的養殖在海南島、生產製造在廣東東莞，最後由西班牙運籌帷幄進行全球行銷佈局。

三、臺灣時尚產業分析與發展趨勢

臺灣流行時尚產業具有下列五大特性：

1. 流行元素是價值創造的來源。

2. 產品生命週期短且具週期性。

3. 每項產品都具獨特性且替代性低。

4. 產品會互相搭配性購買。

5. 市場區隔明顯。

根據 2019 年臺灣文化創意產業發展年報統計分析，臺灣設計品牌時尚產業廠商家數 2018 年約有 2,604 家，不管是設計師與獨立品牌、主打網路零售的時尚服飾網路電商品牌或是未分類其他專門設計服務，廠商家數都有增加。就營業額而言，2018 年約新臺幣 543 億元，其中內銷金額約 476 億元新臺幣，佔 87.66%。但根據國際資料庫（Euromonitor International）的研究資料顯示，臺灣國內整體時尚產業市場 2018 年本土及外來品牌零售金額總額為新臺幣 5,674 億元，其中以服飾為最大宗，零售總額為新台幣 2,947 億元，中間又以女裝（含內著）為最大規模。

從上述二個統計資料來看，金額規模相差十倍之多，不管數據誰比較正確，時尚服飾網路電商品牌的發展都不容小覷，產值也是目前臺灣流行時尚產業中最高的一項，因此在談論時尚產業時，通常都會以服飾相關產業為主要重點。

（一）以產品類型分

從精品、設計師品牌、大眾品牌到快時尚，可以將時尚產業市場區隔分為五類：

1. 高級訂製服（Haute Couture）

2. 高級成衣（Ready to Wear）

3. 副線品牌（Diffusion）

4. 中階品牌（Bridge）

5. 平價大眾市場（Mass Market）

高級訂製服（Haute Couture）的標準相當高，因此該類品牌全球屈指可數。高級時尚品牌的銷售主力以高級成衣（Ready to Wear）為主。副線品牌（Diffusion）由於價格面向不同的消費族群，因此更具有商業性。中階品牌（Bridge）是由美國帶領開創的品牌，介於時尚品牌及平價大眾市場。平價大眾市場（Mass Market）指大眾成衣百貨的品牌，包括流行的快時尚品牌。

（二）以產品價格分

以價格區間來做分類，可以將時尚產業市場分成五類：

1. 奢侈品品牌

2. 設計師品牌

3. 當代品牌

4. 中階品牌

5. 大眾品牌

奢侈品品牌大多以歐美奢侈品品牌為代表，如香奈兒（Chanel）、迪奧（Dior）、路易威登（LV）、愛馬仕（Hermès）、紀梵希（Givenchy）、凡塞斯（Versace）、普拉達（Prada）、亞曼尼（Armani）、博柏利（Burberry）、古馳（Gucci）等（圖7-5）價格不斐，旗下服裝銷售的利潤占比通常不高，主要獲利模式來自於該品牌的服飾配件或美容化妝品等。設計師品牌指的是設計師個人或團隊的創作，服飾是銷售的重心，也是各國極力想要扶植發展的主要方向。當代品牌以美國品牌居多，市場占比也逐年擴大。中階品牌包括歐美服裝製造商直營零售品牌、百貨公司通路及設櫃的服裝公司或私人自創品牌等。大眾品牌以一般消費者為客群，以購物商場、零售店或網路店商為主要通路。

國際時尚品牌在臺灣市場的發展，主要集中在高級成衣、女裝、男裝、童裝、服飾配件、運動服等，這些品牌在臺灣市場也都有不錯的獲利及成長，下表7-1為2017年臺灣市場各時尚領域品牌營業額排名前十名排名的狀況，其中以女裝、男裝、鞋履、運動品牌及皮件營業額最高。

圖7-5 奢侈品品牌大多以歐美奢侈品品牌為代表。

表 7-1、2017 年臺灣市場各時尚領域品牌營業額業績排名 Top 10

Brand (GBO)	設計師服裝與鞋履（高級成衣）	女裝（Outer wear）	男裝	童裝	服飾配飾	運動裝	鞋履	珠寶首飾	皮件	鐘錶	眼鏡
1	Burberry	Uniqlo	Uniqlo	Avon Disney	Uniqlo	Nike	La New	Tiffany&Co	Coach	Rolex	Gucci
2	Ralph Lauren	Burberry	Hang Ten	Uniqlo	G2000	adidas	Nike	Bvlgari	Longchamp	Omega	Dior
3	Tod's	H&M	Nike	Mothercare	Pierre Cardin	New Balance	New Balance	Swarovski	Gucci	Bvlgari	Ray-Ban
4	Gucci	Salvatore Ferragamo	Ralph Lauren	Mickey	NET	Timberland	Timberland	Cartier	Prada	Cartier	Louis Vuitton
5	Prada	Zara	BVD	Classic Mickey	Ralph Lauren Polo	Converse	adidas	De Beers	Louis Vuitton	Audemars Piguet	Bottega Veneta
6	Hermès	Ralph Lauren	Burberry	Les Enphants（麗嬰房）	Golden Bell	Puma	Converse	Boucheron	Hermès	Tiffany&Co	Oakley
7	Calvin Klein	Nike	adidas	Familiar	Rolin	The North Face	AS	Hermès	Bottega Veneta	Girard-Perregaux	Tod's
8	Salvatore Ferragamo	Hang Ten	Gucci	WHY&1/2	Nike	Skechers	Daphne	Gucci	Burberry	Longines	Marc Jacobs
9	Yves Saint Laurent	G2000	Giordano	Absorba	Polo Jeans	Reebok	Tod's	Anna Sui	Michael Kors	Tudor	Coach
10	Marc Jacobs	Mango	Threegun（三槍）	Chipie	The North Face	adidas Kids	Nine West、MISS SOFI	Chaumet、Prada、Miu Miu、Bottega Veneta	Loewe	TAG Heuer	Miu Miu

資料來源：國內外文化產業訊息及趨勢分析雙月報（民國 107 年第四期，p.15）

　　從表 7-1 可以看出，臺灣本土品牌入榜的並不多，還是以「舶來品」為主，主要由於臺灣的時尚產業起步較晚，發展也較慢，加上臺灣以中小企業為主，在產業生態或品牌經營上較為吃虧；另外，國人「外國的月亮比較圓」的觀念，也間接限縮國內時尚品牌的發展。另一方面，臺灣產業和人才的外移及青黃不接也造成人才斷層。因此，如何積極進行傳承、培育並留住人才、將產業價值鏈優化並轉型、建立國內外自有通路及品牌等均是當務之急。

　　近年來在政府資源挹注或產業自主串聯下，國內的國際時尚活動也開始增加，如臺北時裝周、時裝設計新人展等，希望有朝一日臺灣自有品牌也能在國際上發光發熱。

　　臺灣經常將時尚與奢華畫成等號，其實時尚是一種生活美學，奢華比較像是「我想要，但現階段辦不到」或是「這個東西最好只有我有，但大家都知道這個東西」的矛盾心理。英國看待時尚，不是看能賺多少錢，而是看設計師的創意和觀點能不能夠誘發周邊商業行為的產生？就像一個小點慢慢地向外擴張，擴張的越大，美學經濟的效益就會越大，人們才會越認同它。

四、全球時尚產業的概況與發展趨勢

　　依相關報導資料和觀察，全球時尚產業大致有以下五項發展趨勢：

1.　全球時尚產業業者爭相競爭中國大陸龐大消費市場。隨著中國大陸人民所得增加，消費能力也跟著提升，中國大陸目前已超越美國變成全球最大的時裝市場，全球時尚品牌均積極投入中國大陸市場。

2.　金磚四國、東南亞及中東成為國際品牌持續發掘的潛在市場。時尚品牌需針對不同的市場，不管是成熟市場還是新興市場，都要加強品牌定位及強化營運模式來創造品牌價值。如印度是世界第六大時裝市場，印尼是世界人口第四大國，越南及菲律賓 GDP 成長快速、俄羅斯是世界第九大時裝市場、巴西是世界人口第六大國，中東地區如阿聯酋及沙烏地阿拉伯，消費力相當驚人且使用社群媒體比例相當高。

3.　環保意識抬頭永續理念帶動新原料的材料革命，如生物可分解紡織材料、閉環回收、生物製成皮革等。

4. 國際四大時裝展分別為美國紐約、英國倫敦、義大利米蘭和法國巴黎，四大時裝周基本上揭露和決定了當年及次年的世界服裝流行趨勢。

5. 雖然 3D 設計及 AI 可以協助設計師，但時尚產業仍重視實際溝通交流的過程，非科技技術可以全面取代。

五、快時尚定義及發展概況

主打平價路線，掌握全球流行時尚趨勢來吸引廣大消費者的快時尚旋風，近幾年在全球蓬勃發展，快時尚又稱為快速時尚，起源於二十世紀歐洲，歐洲稱其為「Fast Fashion」，美國稱其為「Speed to Market」，英國創造一個新詞「McFashion」─意謂著像麥當勞一樣的販售服飾。快時尚主要有三個含義：上架時間快、緊跟時尚潮流及平價。來自歐洲、美國、日本及韓國等國際知名快時尚品牌陸續來台展店，如西班牙的 Zara、瑞典 H&M、美國 GAP、日本 Uniqlo 及 GU 等。但受到電子商務崛起的影響、租金成本的壓力下，許多快時尚品牌也迅速退燒，如美國的 Forever21 及韓國 SPAO、MIXXO 等品牌紛紛退出臺灣市場。

快時尚產業雖然影響全球時尚產業的潮流，但近年由於造成浪費及不環保的議題，以及大眾平價品牌強調個性化的時尚風格，加上 2019 年底到 2020 年「新冠病毒」在全球肆虐的結果，導致人們外出購物意願降低，造成實體通路業績大幅下滑，因此快時尚品牌也深受打擊；但實體通路銷售雖然衰退，網路購物卻是逆勢上漲，因此如 Zara 便做出關閉實體通路改強化線上銷售投資的決定。

7-2
流行時尚產業的就業與創業

由於流行時尚產業牽涉之行業或產業眾多，因此，僅能概括性的建議與介紹，提供讀者未來就業或創業之參考。

表 7-2、流行時尚產業鏈相關職務

產業鏈	職稱	工作內容
研究時尚趨勢	產品企劃	了解公司對品牌的想法，負責分析流行趨勢並與設計師溝通設計方向
	服裝設計	依據流行趨勢及市場需求進行服裝設計工作
	鞋類／皮件設計	負責鞋子或皮件的外形設計、材質選擇、版樣繪製等工作
	採購人員	負責原物料及設備訪價與採購
設計開發	設計師	設計師與設計師助理
	跟單業務	負責業務跟催
	打版人員	從事織品、皮革及其他質料產品之畫線、打樣及剪裁
	樣品師	依據設計從事紡織品及其類似材料製品之製作、更改、補綴
	打版師	需要和設計師有一定的默契，看得懂設計師畫什麼，能將設計師腦中想法化為實物的人。
	樣品衣車縫師	進行樣品衣縫製
	服裝或布料技術員	須對織品或纖維有相當了解的人
	商業設計	以美學和工程學為基礎，設計產品外觀造型及宣傳企業形象的廣告品
	工業設計	兼顧產品造形、色彩、功能及安全性等方面要求條件下，從事大量生產產品之設計及開發
	網頁設計	將文字、按鈕、圖標、表格、導航工具、背景、動態影像等元素，進行網頁視覺設計、製作、修改、測試等工作
	廣告設計	善用文宣創作及色彩表現，使消費者對該廣告產生認同，以達成推銷商品或意念的目的
	包裝設計	綜合產品之造型、機能、視覺、材料特性與消費者心理等，設計與包裝產品，使得產品符合消費市場需求
	平面設計	將文字、照片或圖案等視覺元素加以適當的影像處理及排版，然後呈現在平面的材質上傳達所欲塑造的形象

表 7-2、流行時尚產業鏈相關職務（續）

產業鏈	職稱	工作內容
生產	生產主管/人員	負責產品生產製造
	品管人員	負責生產的產品品質控管與品檢
行銷與品牌	業務主管/人員	負責業務開發與客戶接洽及顧客關係經營
	社群行銷	社群行銷人員是維護品牌形象最重要的職位之一，需要隨時更新最新流行資訊，並懂得解讀數據、分析 GA（Google Analytics）、廣告投放策略等等，創造高流量高品質的數位社群行銷力。
	公關 PR	品牌端對外的窗口，形象發言人，媒體關係維護等
	攝影師	除了顧好品牌定位以外還得抓住媒體的胃口，拍出別人不懂只有品牌總監懂的東西
	編輯	負責社群及品牌文案編輯的工作（除了新聞稿通常是公關發以外）
	時尚記者	發表國內外時尚相關資訊
	精品銷售員	受過非常專業的訓練給予客人 VIP 精品化的服務，且是品牌的門面，必須對於產品和售後服務有一定專業知識
	視覺陳列人員	實體視覺陳列需要經常奔波於門市之間與櫥窗設計師有密切工作關係，需要分析各區塊的銷售值來分析店面冷熱區以便調整。線上的視覺陳列則是要與網頁設計師有密切工作關係，並需要懂得如何設計方便使用者的路徑，以及展現能引起點擊興趣的版面。
	多媒體動畫設計師	整合文字、圖片、聲音、影像等多項元素，製作動畫、特效等工作
時裝秀	模特兒	外包或是大公司都會有自家的御用魔豆（Model）
	後臺人員	需要手腳俐落，協助 Model 快速換裝，協助化妝師、設計師大小事。
	造型師	妝髮、穿搭，有 in house 也有外聘的。
	秀導	設計並安排整場走秀，是秀場的核心人員
創業	N/A	自行成立公司、開店或以工作室型態接案

表 7-2、流行時尚產業鏈相關職務（續）

產業鏈	職稱	工作內容
其他	公 家 機 關 相關人員	服務於公家機關內，擔任公務員處理公文傳遞、行政事務、或其他長官交辦事項
	美術老師	教授學生使用各式的繪畫工具及指導繪畫技巧，如素描、水彩、油畫等，並設計及開發相關課程

資料來源：作者自行整理

7-3 練習與討論

傳奇女性 - 香奈兒創業故事

公司名稱：Chanel

成立日期：1910 年

公司官網：https://www.chanel.com/

主要產品：高級服裝定製、香水、成衣、珠寶、化妝品、保養品、奢侈品

香奈兒（CHANEL）創辦人可可•香奈兒（Coco Chanel）小姐，原名「Gabrielle Bonheur Chanel」，1883 年出生於法國，香奈兒 6 歲時母親離世，父親也遺棄她和另外四名兄弟姊妹。因此她是由姨媽撫養長大，兒時入讀修女院學校（Convent School），並在那裡學得一手針線技巧，22 歲那年（1905 年）她當上咖啡屋歌手，並起了藝名「Coco」。

1910 年，「香奈兒帽子店」開門營業，她以低價從豪華的拉菲特商店購買了一批過時或滯銷的女帽，她將帽子上俗氣的飾物統統拆掉，然後適當加以點綴，改製成明朗亮麗的新式帽子，非常適應大眾流行的趨勢。短短一年內，香奈兒的生意持續上升。

圖 7-6 女星瑪麗蓮夢露（Marilyn Monroe）於 1952年向媒體表示每天晚上只穿幾滴 Chanel N°5 睡覺，讓這瓶香水一夕爆紅。

但單單做帽子絕不能滿足香奈兒對時裝事業的野心，所以她又進軍到高級訂制服裝的領域。1914 年，香奈兒開設了兩家時裝店，影響後世深遠的時裝品牌「Chanel」至此宣告正式誕生。為了紀念自己的品牌，香奈兒將過去當歌手時的藝名「Coco」中字母雙 C 作為 logo。

香奈兒的口頭禪是：「流行稍縱即逝，但風格永存」，這是品牌背後的指導力量，也是香奈兒 logo 設計理念的一大關鍵。香奈兒的雙 C 標誌體現了高雅、簡潔、精美、崇尚自由的特點，是「經典」、「永遠的時尚和個性」，更是一個「浪漫傳奇」。目前其品牌價值高達 370 億美元，年度收益更是超過 127 億美元。

步入上世紀 20 年代，除了時裝，香奈兒也在 1922 年推出著名的 Chanel N°5 香水。Chanel N°5 香水瓶（圖 7-6）是一個具裝飾藝術味道的方形玻璃瓶，也是史上第一瓶以設計師命名的香水。時至今日，在香奈兒的官方網站 Chanel N°5 香水依然是重點推薦產品。

如今，雙 C 已經成為一種時尚界的驕傲，也是所有女人最想擁有的品牌。也許它是包裡那支柔潤的口紅，或是夢露那句：「我只穿 ChanelN° 5 號香水」，或是度假時幫你阻擋驕陽的山茶花標誌的太陽眼鏡。法國學者 Andre Malraux 說：「20世紀的法國，有三個永垂不朽的名字：戴高樂、香奈兒和畢卡索。」

● 延伸思考

1. 內容行銷為網路行銷的一種方式，是指以經營內容做為行銷的驅動力，內容的媒體形式不拘，如部落格、電子報、雜誌、Podcast 等，請問為什麼各大品牌都在做內容行銷呢？

腦力激盪

1. 如果你想要在流行時尚產業裡創業，你會從哪個角度切入？

2. 如果今天你想要創立一個自有品牌，你要如何讓其走入國際市場？

第 **8** 章

表演藝術與視覺藝術產業

藝術不是享樂、安慰或娛樂；藝術是一樁偉大的事業。藝術是人類生活中把人們的理性意識轉化為感情的一種工具。

——列夫・托爾斯泰（俄國作家）

　　表演藝術與視覺藝術產業是屬於文化創意產業中的重要內容產業之一，本章將探討「表演藝術產業與視覺藝術產業」，就其定義、國內外相關產業環境概況進行說明，並了解表演藝術產業與視覺藝術產業、就業與創業內容，最終藉由分組討論與課後練習來驗證學習成效。

8-1 表演藝術產業

　　根據「牛津藝術字典」（The Oxford Dictionary of Arts）其定義「表演藝術是一種結合劇場、音樂與視覺藝術的一種藝術形式」。從表演藝術字面看來，就是在多數眾人面前進行公開表現並具有美學價值的活動。

一、何謂表演藝術？

　　表演藝術這個名詞，最早出現於 1711 年的英文字彙中。其所指的是：「在特定的地點與一定的時間內，由個人或團體所從事的藝術活動。」這當中必須包含四個基本的要素：時間、空間、表演者的身體，以及表演者與觀眾之間的互動。

　　邁克爾·布林頓（Michael Billington）在其著作「表演藝術」（Performing Art, 1980）一書中提到表演藝術的起源，表演藝術所涵蓋的範圍與形式之內容描述：「提到劇場最先聯想到的原始活動無非是戲劇或舞臺劇，但戲劇或舞臺劇並非唯一的活動，其類似接近的形式還有：芭蕾舞劇、兒童劇、音樂劇等，其他如較通俗化的歌舞劇、雜耍、馬戲、冰上表演、競技表演等都不能剔除，場面比較親切、溫馨，規模小的魁儡戲、小劇場、默劇、獨唱會或獨奏會、獨角戲或通俗的娛樂表演等戲劇活動也不能不予列入。」

　　近代興起的「表演研究」（Performance Study）中，對於「表演」和「表演藝術」擴大其範疇與概念，包括日常生活（烹飪、聯誼）、藝術（專指視覺藝術而言）、運動和其他流行的娛樂、商業貿易、科技、儀式和戲劇等八大種類均屬之。

知 識

表演藝術的三個參考方式

　　國內學者夏學理（1998）在『文化行政』提出判定表演藝術的三個參考方式：

1. 演出活動是否為「純藝術」的一種。
2. 演出活動是否為「精緻文化」的一部分。
3. 演出活動是否為是在演出者與觀賞者共同存在的情況下。

簡言之，表演藝術是必須經過演出者的演出而完成的藝術。演員按照事前安排與構思之角色，運用其聲音、動作、語言創造、表達出角色的形象。

二、表演藝術的分類

表演藝術的分類方式多以音樂、戲劇、舞蹈三大類為原則進行分類（表 8-1），國內分類將傳統戲曲獨立一類（表 8-2）。

表 8-1、表演藝術在文獻上的分類

文獻	表演藝術分類
大英百科全書	音樂、戲劇、舞蹈
藝術大辭海（徐佳峰編，1984）	戲劇、電影、音樂、舞蹈、曲藝、雜耍六大類
文化白皮書（文化部，2018）	音樂、戲劇、舞蹈、傳統戲曲
文化傳播叢書「談表演藝術與文化」（吳靜吉，1987）	音樂、戲劇、舞蹈、民俗戲曲
表演藝術年鑑（國家表演藝術中心，2018）	音樂、戲劇、舞蹈、傳統戲曲
表演藝術產業環境與趨勢研究（文化部，2016）	音樂、現代戲劇、傳統戲曲、舞蹈

資料來源：作者自行整理

表 8-2、表演藝術的演出及創作類型按照音樂、舞蹈、戲劇加以子項分類

現代戲劇	傳統戲曲	舞蹈	音樂
舞臺劇、音樂劇、歌舞劇、話劇、兒童戲劇、偶戲	歌仔戲、京劇、崑曲、偶戲—布袋戲、偶戲—傀儡戲、偶戲—皮影戲、說唱藝術、南管、北管、客家戲、高甲戲	原住民舞蹈、現代舞、芭蕾舞、民族舞蹈	世界音樂、民族音樂—國樂、民族音樂—南北管、民族音樂—臺灣原住民音樂、民族音樂—地方歌謠及戲曲、西樂—聲樂、西樂—弦樂、西樂—管樂、西樂—歌劇、西樂—鍵盤樂、西樂—室內樂、西樂—爵士樂、西樂—打擊樂、西樂—管弦樂、西樂—合唱

資料來源：文建會，2007，《表演藝術產業調查研究》

表演藝術依上述四大演出與創作類型衍生其相關服務與產業類型（圖8-1）：

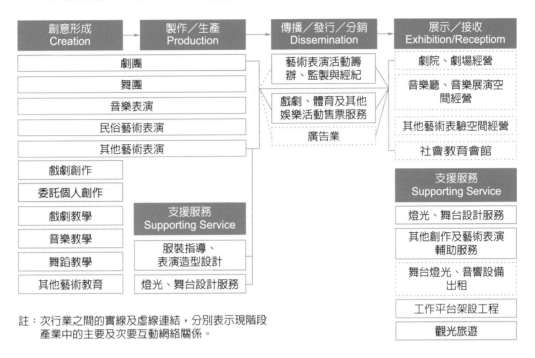

註：次行業之間的實線及虛線連結，分別表示現階段
　　產業中的主要及次要互動網絡關係。

圖8-1　表演藝術產業文化循環各階段範疇。

三、臺灣表演藝術發展

臺灣表演藝術發展從 1900 年以後，才將表演藝術的表演型態分成音樂、舞蹈、戲劇三大類進行重點說明（表 8-3~8-5）：

表 8-3、音樂類

重要事紀	內容
國立臺灣交響樂團	臺灣歷史最悠久交響樂團。 1945 年 蔡繼坤創立「臺灣省警備總司令部」。 1947 年 省改制該團更名為「臺灣省政府交響樂團」。 1950 年 再更名為「臺灣省政府教育廳交響樂團」。 1972 年 樂團從臺北遷移臺中。 1991 年 精省更名為「國立臺灣交響樂團」。

表 8-3、音樂類（續）

重要事紀	內容
臺北市立交響樂團	臺灣第二個職業管弦樂團。 1965 年 李志傳創立「臺北市教師管弦樂團」。 1969 年「臺北市立交響樂團」成立，隸屬教育局。 1999 年 臺北市文化局成立，改隸臺北市文化局。
國家交響樂團	1986 年因應國家音樂廳落成而成立的「聯合實驗管弦樂團」。 1994 年 更名為「國家音樂廳交響樂團」。 2002 年 改稱「國家交響樂團」。 2014 年 國家表演藝術中心成立成為中心附設團隊。
高雄市立交響樂團	南部第一個職業交響樂團。 1991 年 設立「高雄實驗交響樂團」。 2000 年 更名「高雄市立交響樂團」。
長榮交響樂團	2001 年成立 全臺第一個民間企業贊助職業交響樂團。
臺灣本土音樂	1982 年 政府公布「文化資產保存法」。 1985 年 舉辦第一屆「民族藝術薪傳獎」分傳統工藝、傳統音樂及說唱、傳統戲劇、傳統雜技、傳統舞蹈共五類。 1994 年 復興劇校（今臺灣戲曲專科學校）成立歌仔戲科。 1995 年 藝術學院（今國立臺北藝術大學）成立傳統音樂系分為南管組、北管組、琵琶組、古琴與音樂理論組。

資料來源：作者自行整理

表 8-4、舞蹈類

重要事紀	內容
民族舞蹈推廣	1952 年 成立「民族舞蹈推行委員會」。 1966 年 省教育廳四項決定推廣民族舞蹈。 已定型舞蹈影片輪流在各地播放。 各縣市政府舉辦教學觀摩。 不再過於限制舞蹈音樂選定。 設定獎學金，表揚推行舞蹈優秀人員。

表 8-4、舞蹈類（續）

重要事紀	內容
雲門舞集	臺灣第一個職業的現代舞團。 華人社會第一個現代舞團。 1973 年成立。 1978 年「薪傳」於中美斷交之夜在嘉義體育館首演，第一齣以臺灣歷史為主題的劇場作品。 1980 年 雲門於臺中首度戶外公演。 1993 年 首度登上中國大陸赴北京、上海、深圳演出。 1997 年 完成第一千場演出。 1999 年 雲門舞集 2 成立。 2008 年 八里排練場意外火災。 2013 年 雲門 40 週年，將作品「稻禾」搬到臺東池上演出。 2015 年 雲門劇場搬遷至淡水中央廣播電臺舊址營運。 2019 年 創辦人林懷民退休，舞蹈家鄭宗龍接任藝術總監。

資料來源：作者自行整理

表 8-5、戲劇類

重要事紀	內容
南管戲曲	南管戲曲是閩南戲曲中最古老的劇種。 根據記載，南管在明末隨著移民傳入臺灣。 南管戲是最早進入臺灣的地方戲（呂錘寬,1996）。
北管戲	日本統治臺灣前，北管戲是臺灣最普遍的戲劇。
魁儡戲	傳入臺灣時間約清初。 皮影戲又稱為「皮猴戲」約清代中葉由潮州、韶安一帶傳入臺灣，目前主要集中於高雄。
布袋戲	布袋戲又稱掌中戲，是臺灣與閩南最流行的偶戲藝術。臺灣布袋戲約在清中葉以後才在各地流行。 1960 年代 內臺布袋戲盛行。 1970 年代 利用電視媒體，融合聲光科技和剪接技術造就當時的「金光布袋戲」。 1980 年代 電視布袋戲「霹靂布袋戲」誕生。 2014 年 霹靂布袋戲申請股票上櫃，全臺灣第一家上櫃表演戲劇藝術公司。

表 8-5、戲劇類（續）

重要事紀	內容
歌仔戲	歌仔戲是唯一產生於臺灣本土的地方劇種。 二次大戰後為歌仔戲的一次高峰，歌仔戲團遍佈全省達百團以上，各地劇場幾乎演歌仔戲。但政府對歌仔戲採取抑制政策，限制廟會一年准許演出一次，一次以兩天為限，最多兩個團。 1970 年代 電視歌仔戲，開啟歌仔戲另一種走向。 1992 年 宜蘭縣「蘭陽戲劇團」成立，成為臺灣第一個公立歌仔戲團。 1995 年 復興劇校創立歌仔戲科培養歌仔戲專業人才。
京劇	1949 年京劇藝人隨政府來臺，軍方支持下軍中劇隊紛紛成立大鵬、海光、陸光三個軍中劇團並招收學生培養京劇人才。 1994 年三軍劇隊合併為「國光劇團」。
現代戲劇	話劇為二十世紀初出現在臺灣社會，形式上以語言、動作為主要的表演手段，採用分場、分幕形式進行編劇的方法，並依據角色當時生活或歷史故事進行妝髮、服裝、裝置、照明的考究，以寫實手法呈現演出。 1946 年制定「臺灣省劇團管理規則」管制言論和戲劇活動。 1950 年代戲劇發展出現人才斷層，淪為政治宣傳、政策教育之工具。 1960 年代 李曼瑰女士參考海外小劇場經營運作模式，成立「三一戲劇藝術研究社」。 1980 年代小劇場運動興起。 1980 年「蘭陵劇坊」成立。 1990 年代較多具商業性演出團體誕生。

資料來源：作者自行整理

8-2 視覺藝術產業

　　視覺藝術是當代藝術核心，是所有藝術的美學基礎。視覺藝術範疇除傳統繪畫、雕塑、攝影之外，更包括藝術與科技結合之媒體藝術等各類新興的創作型態，藝術創作的國際性、實驗性、扎根性、文化多樣性成為不可忽視的塊面。

一、視覺藝術定義與呈現

視覺藝術（Visual Art）是另一種藝術呈現的形式，以視覺創作為重點，其目的傳遞作者的理念與情感。視覺藝術的發展與人類發展歷史息息相關。

義守大學林崇宏教授提到視覺性（Visualization）創作成果的呈現手法廣泛，例如雕塑、繪畫、攝影、版畫和多媒體等，當今視覺藝術表現方式可分為二度平面和三度立體物件作品，近年來藝術創作導入數位科技運用，許多藝術家也在其創作中融入了數位科技，創作出一種第四度時間性的空間創作，呈現方式上無論純藝術、應用藝術、複合藝術等範疇只要出自於目的、意涵與形式的傳達都涵蓋在視覺藝術的範疇裡，例如平面繪畫、攝影，雕塑和立體工藝品創作的造型藝術，皆屬於視覺藝術創作。另外，運用科技工具和電腦呈現動畫、多媒體形式創作則屬於時間性藝術作品（表 8-6）。

表 8-6、傳統視覺藝術與數位視覺藝術的同異比較

相同 / 相異	項目	傳統視覺藝術	數位視覺藝術
相異	創作手法	創作者本身理念	創作者理念與科技運用技巧
	材質	單一或混和媒材運用	以數位科技呈現作品
	創作風格	保存創作理念的原貌	以仿製手法呈現現象
	觀眾	被動參與觀看	更多參與感 自主性較高
	觀念性	重視文化底蘊 了解歷史淵源	住著科技感 缺乏文化精神、風俗習慣
相同	能適切反映出當時社會文化現象 藝術家本身對於其創作的思想與意念表達仍是以美為基本本質 藝術與生活息息相關		

資料來源：作者自行整理

二、臺灣視覺藝術發展

關於臺灣視覺藝術發展，下面分別由日治時期的平面美術和立體雕塑來介紹：

（一）美術

1. 日治時期

二十世紀，正當臺灣美術運動發展到較高峰時期，也是臺灣民眾抗日運動政如火如荼的時候。臺灣的藝術家在民族運動的激勵下，曾以溫和的方式在官方展覽中與日本人爭一席之地。這時期的畫家能掌握到最接近現實表現，就是描寫臺灣鄉土的特色美。

圖 8-2　李梅樹(1902~1983) / 寧靜的村落 /1927/ 麻布、油彩 /54×74cm/ 李梅樹紀念館。

臺灣的美術發展也有藝術家結盟、社團化的社會現象。在二〇年代有七星畫壇（1924~1927）、臺灣水彩畫會（1924~1932）、赤島社（1927~1933）相繼成立。整體而言，臺灣從事西洋畫創作的第一代藝術家，其作品與活動模式，堪稱為「印象主義概念」的折衷與表現。

圖 8-3　李石樵(1908~1995)/台北橋/1927/紙、水彩 / 32×47cm/ 李石樵美術館。

因臺灣身處的環境特殊，從文化傳播的角度來看，對印象派的吸收有時空性隔閡，因此在文化融合上自然有所折衷，並加入本土要素的趣味性。印象派在臺灣輾轉發展，形成「折衷印象主義概念」。在臺灣西畫家的作品中，我們看到他們對光仍保留知覺處理。如李梅樹（圖 8-2）、李石樵（圖 8-3），這是臺灣畫家折衷體會印象派概念畫所呈現的作品。

2. 二次大戰後

1960 年代臺灣全面性的「現代繪畫」運動熱潮。「現代繪畫」主要受到了美國「抽象表現主義」與歐洲「不定形繪畫」的影響，強調一種「形象的解放」（圖 8-4~8-6）。1957 年的臺灣，有兩個標榜現代精神的繪畫團體，「五月畫會」與「東方畫會」先後成立。

五月畫會是由師大美術系畢業生為班底所組成；東方畫會成員則都是畫家李仲生的學生。李仲生是最早在臺灣透過一種特殊的私人教學方式，推行現代繪畫觀念與創作的實踐者。

1970 年開始，各層面的鄉土意識運動展開，在這樣的時空背景下，七〇年代臺灣美術界開始盛行鄉土寫實繪畫，許多畫家紛紛走入鄉間，尋求農村、稻田、斷垣、殘壁等充滿鄉土氣息的懷舊題材，成為當時臺灣美術的主流。從黃銘祝的畫作（圖 8-7）即可一窺這種畫風。

圖 8-4　李仲生 (1912~1984)/No.041/1971/ 油彩、畫布 /94.2×68.3cm/ 國立臺灣美術館。

圖 8-5　劉國松 (1932~)/ 山外山 /1968/ 水墨與書法 /99.3×94.5cm/ 國立臺灣美術館。

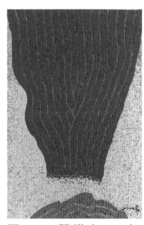

圖 8-6　蕭勤 (1935~)/ 往永久的花園 5/1992/ 複合媒材 /100×80cm/ 國立臺灣美術館。

圖 8-7　黃銘祝 (1932~)/ 腳踏車 /1979/ 水彩 /76×56cm/ 私人收藏。

民俗風格與素人畫家的流行，亦是鄉土運動引發的現象。素人畫家是指從未受過正統美學訓練的藝術工作者在他們的作品當中，可以看到不同於一般學院畫派的生命力。素人畫家中較著名的有六十年代的吳李玉哥、七十年代的洪通、七、八十年代之交的林淵，以及在八十年代的李永沱、張李富、周邱英薇、王業等人。他們當中有的是農民、漁夫、礦工、教師、司機、理髮師、民間畫師或是家庭主婦，有的生長在都市，有的來自農村，每一個名字都涵括了豐富的生命經驗，代表了不同的生活態度。

　　素人畫家中，最傳奇的人物是七十年代出身於南鯤鯓的洪通。鄉間常見的寺廟雕刻、神祇都是洪通作畫的題材，民間衣飾常用的染色，則是他圖像上繽紛的色塊（圖 8-8）。

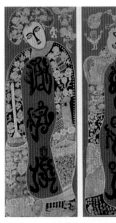

圖 8-8　洪通（1920~1987）/ 門神 /1974/ 油彩、紙。

　　從八○年代開始，臺灣美術進入了最令人目不暇給、最前衛出奇的時期。1983 年臺北市立美術館正式開館，引進國外現代美術品原作，並且提供了臺灣藝術家展覽發表的舞臺。八○年代臺灣的政治環境逐漸開放、威權限制逐漸鬆綁，加上當時政府宣佈解嚴，社會風氣更加開放，使藝術家擁有更多的空間跟自由，來探討自身所關心的議題。

　　九○年代臺灣美術隨著後現代解構思潮的引入以及新科技的發展，展現出跨媒體、跨領域的藝術新形式。其中包括媒體裝置藝術及網路藝術。

　　隨著科技的發展，臺灣的藝術家不斷嘗試運用新的科技與媒材來創作，題材上也由政治嘲諷、社會批判，逐漸轉而自我內心的思索、冥思。藝術與科技在很多層面上有很多相通性，但也有無可彌補的鴻溝。以科技來說，其優異性、主控性和客觀性，都比藝術更為絕對；不過自科技革命開始，藝術便成為文化的保護神，成為反社會的主動力，由於它排斥過分嚴謹的分析，因此得以把人性解放出來。

（二）雕塑

　　日治時期的臺灣接受新式教育，西方的雕塑觀點逐漸在臺灣學校裡出現。討

圖 8-9　黃土水 (1895~1930) / 水牛群像 /1930/
石膏淺浮雕 /555×250cm/ 臺北中山堂。

第 1 章
第 2 章
第 3 章
第 4 章
第 5 章
第 6 章
第 7 章
第 8 章
第 9 章
第 10 章
第 11 章
第 12 章
第 13 章
第 14 章

論臺灣近代雕塑，就得從開創臺灣近代雕塑史的第一人—黃土水—開始談起（圖8-9）。昭和二年（西元 1927 年）臺灣教育會舉辦「第一屆臺灣美術展覽會」，進而開啟了臺灣近代藝術發展史，也引爆了一股新美術運動的潮流。

　　雕塑的創作藝術在二次大戰結束後，朝向一個嶄新的目標發展，留日雕塑家陸續返臺；在臺灣光復初期，留日雕塑家與中國雕塑家各自帶來新的創作見解，留日派延續著日治時期所習得的西方近代寫實觀，於寫實中強調印象的精神；而來自中國的雕塑家，則依循東歐體系，強調人體的骨架與肌肉的正確性。至於臺灣的雕塑教育逐漸系統化，則要等到 1967 年國立藝專美術科雕塑組改為三年制的雕塑科，才使得國內的雕塑教育真正成形，進而成為培養臺灣雕塑人才的主要基地。

　　日治時期的雕塑家創作是以石膏鑄銅為創作質材，1966 年雕塑家郭清治開始嘗試石雕創作，並舉辦多次石雕展，推進了石雕創作的氛圍。而現代石雕藝術的開拓者則非楊英風莫屬，他第一件呈現在公共場所的石雕作品是「貝之謳歌」，亦是現代石雕作品呈現在公共場合的第一件。自從楊英風（圖8-10）先生首開現代石雕藝術先鋒之後，其他石雕藝術家也先後加入石雕藝術創作的行列，他們在臺灣工業剛起飛的六十年代，積極的投入石雕創作，奠定了今日臺灣石雕藝術的基礎。

圖 8-10　楊英風 (1895~1930) /
雛鳳 /1959/ 石雕 /45×27×27cm/
臺北中山堂。

七十年代鄉土意識興起，由鄉土文化運動闖出名號的素人石雕家林淵（圖 8-11），以其樸實原創的風格成為鄉土運動的石雕代表。在鄉土運動中，出身民間匠師的木雕家朱銘，亦以《太極》系列（圖 8-12）作品崛起而揚名國際。鄉土運動對臺灣文化產生了深遠的影響，促使許多生長在臺灣的文化人士，開始真正低下頭來，面對臺灣的特殊歷史與文化風貌，進行反思。

圖 8-11　林淵（1913~1991）/ 石虎。

爾後，留學歐美的雕塑家回國後，有些人也為臺灣石雕藝術注入一股新的生命和活力。1991 年開始，臺灣舉行了多次「國際雕塑戶外創作營」，1995 年花蓮也由民間自發性舉辦石雕藝術季，之後則轉由縣政府接手，由「花蓮的石頭在唱歌」為題，正式將石雕演繹的展場與主導權移往東部，不但促進東部石雕產業國際交流的契機，也引發民眾對於環境與藝術的關心，更讓創作者相互刺激與觀摩，一同提升國內雕塑創作水準與石雕藝術的發展。

圖 8-12　朱銘（1938~）/ 太極。

8-3 表演藝術與視覺藝術產業的就業與創業

從產業鏈角度依據「2019 臺灣文化創意發展年報」，表演藝術產業可分成創意形成、生產、傳播通路與展示 / 接收等四個構面組成。視覺藝術產業部分，文化部在「2019 臺灣文化創意產業發展年報」定義視覺藝術產業是指繪畫、雕塑及其他藝術品的創作、藝術品拍賣零售、藝廊、藝術品展覽、經紀代理、藝術品公證鑑價、藝術品修復等行業。

一、表演藝術產業的就業與創業

從產業鏈審視，表演藝術產業源頭為創意形成，包含教學、各類型表演團體、個人創作工作室，中繼產業領域分為生產端與服務端；生產端面向涵蓋樂團、劇團、各類型表演團體；服務端則為負責籌辦與監製藝術表演活動的藝術經紀事業與負責售票、行銷廣告的售票系統業者。產業鏈最末端為展示/接收相關行業，室內、戶外展演設施經營行業包含燈光、舞臺設計、設備批發出租、工作平搭設與觀光旅遊等廠商提供配套支援服務（圖8-13）。

圖 8-13　表演藝術產業的上中下游行業分工。

投入表演藝術產業建議需具備下列職能，以利能快速與市場接軌：

1. 以多元文化的觀點，了解表演藝術的本質與角色、表演程序、組織結構，以及表演藝術與藝術行政在演出過程之間的相互關聯性。

2. 在多元社會型態中，掌握不同角色的生理、情感以及社會面向，適度發揮藝術創作的角色扮演。

3. 分析並掌握表演藝術工作與商業活動之間的互動，以及表演藝術工作對藝術本身的影響力。

4. 透過製作管理、技術與創意設計，呈現創作對表演藝術及文化的貢獻。

表演藝術就業與創業的工作涵蓋甚廣，從上游至末端依序提出相關就業機會與工作內容提供讀者未來就業與創業參考（表8-7）。

表 8-7、表演藝術行業工作

產業端	職稱	工作內容
上游	藝術總監／藝術指導	從事藝術之創作、指揮、設計等工作。
	表演藝術工作者	從事創作及表演藝術人員。
	音樂工作者（演奏、演唱、創作、製作）	從事音樂作品之創作、指揮及表演之人員。 主要工作為： 1. 音樂創作及改編樂曲。 2. 指揮樂團或合唱團，挑選表演曲目。 3. 獨奏樂器或以樂團成員方式合奏樂器。 4. 獨唱歌曲或以合唱團成員方式演唱歌曲。
	音樂老師	1. 按照學員需求設計相關課程及開發課程。 2. 上課教材準備。 3. 配合補習班活動。 4. 學員成果評估。
	舞蹈老師	1. 舞蹈健身教學，舞蹈指導設計。 2. 學員需求設計相關課程及開發課程。 3. 上課教材準備。 4. 配合補習班活動。 5. 學員成果評估。
	舞蹈表演及編舞人員	1. 創作或改編舞蹈。 2. 以獨舞、雙人舞或以舞團方式表演舞蹈。 3. 指導表演及參與排練。
	編劇及詞曲創作人員	1. 孕育及寫作劇本或樂譜。 2. 選配或改編劇情和詞曲，以適應特定樂器、人物的表演。 3. 指揮樂團或劇團的表演和詮釋。
中游（服務端）	節目製作人員	創新思維研擬節目內容與製作計畫，並能運用多元技能執行節目製作之整合與溝通，有效運用管理資源，以完成製作控管。
	節目執行人員	主要負責表演活動規劃與執行、演出場地規劃、預算擬定與控管、結案。

表 8-7、表演藝術行業工作（續）

產業端	職稱	工作內容
中游 （服務端）	售票系統服務人員	1. 依照規定票價，出售票務。 2. 以電子掃瞄或手動輸入方式，將商品價格輸入收銀機或銷售系統進行收費，最後開立統一發票交付顧客。 3. 進行驗票工作並保留存根。 4. 保管所得現金，並於每日工作終了，根據售票存根，點交所售得票價之現金。 5.POS 系統收銀機操作、結帳。 6. 寄物和顧客服務工作。
	表演藝術行銷人員	1. 主辦節目銷售。 2. 推廣活動設計及執行。 3. 跨部門、單位溝通的能力。
末端	舞臺、燈光相關設計師	舞臺空間規劃設計、監督配合的發包廠商。
	舞臺技術指導	參與演出前期技術需求規劃及排練期技術測試與評估，並指導舞臺製作與施工，同時領導裝臺、彩排和演出作業及善後工作。
	舞臺監督	負責協助演出製作前期規劃、管理及參與排練、監督進場館後的演出前置作業及彩排、執行演出和危機處理、結案與監督拆臺。
	音響工程師	負責表演藝術現場演出的音響器材規劃、演出混音執行、測試、監控與調整、舞臺音響器材施工、側錄、音響器材管理與檢測。
	影像視訊工程師	1. 現場演出視訊工程的規劃與監督影像設備裝拆臺施工。 2. 問題排除及指導視訊設備清潔、保養。 3. 維修訓練方案、執行訓練計畫、以及評估訓練成效。
	劇場技術統籌人員	於表演藝術展演設施中，能夠不斷充實劇場技術，有效運用劇場設施與設備，並統籌暨執行技術需求，同時確保劇場安全及維護劇場設施與設備，以達到服務演出之目的。

資料來源：作者自行整理

二、視覺藝術產業的就業與創業

從產業鏈審視，視覺藝術產業之創意生產端主要涵蓋繪畫創作、雕刻、雕塑創作與其他視覺創作。中游服務端產業包含視覺藝術作品之批發及零售其範疇包括古玩書畫、雕塑品批發、藝術策展、藝術經紀顧問、藝廊。末端下游展示／接收行業包括藝品零售產業、雕塑品零售、藝術商品拍賣、展示設施場地、博物館、歷史遺址及其他類似機構等。在其上、中、下游產業衍生其他相關支援服務行業協助完成其行業之完整度。相關支援服務行業如創作端所搭配的藝術評論、視覺藝術教學、藝術作品修復、字畫裱褙；服務端則需藝術鑑定與鑑價、藝術品物流與倉儲、藝術保險及出版產業相互搭配。末端展示／接收行業需有藝文作品展覽活動、籌備的相關產業進行協助整合（圖 8-14）。

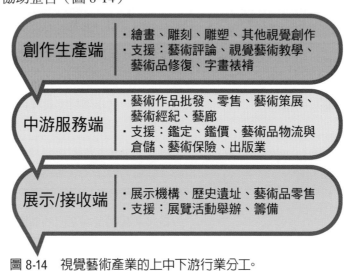

圖 8-14　視覺藝術產業的上中下游行業分工。

視覺藝術產業涵蓋範圍廣泛，除了解產業概況外投入此領域就業或創業者應具備相關職能。其具備職能建議如下：

1. 運用不同媒體的藝術形式與手法，進行藝術作品的設計呈現與創作。

2. 企劃、執行並管理與藝術行政相關的專案。

3. 研究藝術史並分析當代社會的變遷和趨勢。

4. 保存並鑑定文化創意作品，以及針對相關文物進行修護和保存。

其就業機會與工作內容（表 8-8）：

表 8-8、視覺藝術產業就業機會與工作內容

產業端	職稱	工作內容
上游 (創作生產端)	視覺藝術創作人員	1. 油畫、素描或雕刻品之構思與創作。 2. 篩選藝術媒介、方法或創作材料；修復受損、污穢與褪色圖畫及其他藝術作品。 3. 利用鉛筆、油墨、粉筆、油性漆、水彩或透過其他技巧之應用，創作具象或抽象之圖畫。 4. 使用金屬、木材或其他材料進行繪畫、雕刻或蝕刻創作。
	多媒體動畫設計師	1. 運用電腦系統之聲光、音樂、影像及動畫，並結合故事性與趣味性，設計媒體動畫並撰寫程式語言。 2. 電腦動畫之人物故事流程製作與程式編撰。 3. 電腦動畫之美工、背景軟體設計與程式編撰。 4. 對客戶，提供動畫設計諮詢服務及技術性建議。 5. 網頁美術設計、平面設計及 Flash 互動程式設計。
	藝術品修復員	視覺藝術產業中對視覺藝術作品進行保存及修復之活動或工作。
	藝術評論家	對藝術作品進行評價及不同角度的詮釋。
	美工 / 美編人員	從事各種美術相關的產品、物品、概念設計與繪圖工作。主要工作為： 1. 研究及分析主題概念及目標。 2. 準備素描、圖表、圖解及規劃圖，以溝通設計理念。 3. 創作多維之影像，呈現動感主題，並設計圖畫或動畫片，以滿足其功能性、美學之需求。 4. 為出版、傳送或展示之目的，選擇、指定或建議材料及媒體。

表 8-8、視覺藝術產業就業機會與工作內容（續）

產業端	職稱	工作內容
上游 （創作生產端）	商業設計師	找尋有商機的市場，研究適合的商品項目，設計商品，包含平面設計、平面廣告設計、產品設計和網頁設計等，需同時考慮可行性、利潤、通路。
	工業設計師	主要負責開發企業所生產的產品概念，例如汽車、家電用品與玩具等，結合藝術、商業及工程製造出產品，並透過消費者的使用經驗及習慣來創造出適合他們的產品。必須在兼顧生產者與使用者對產品外觀、造形、色彩、結構、功能及安全性等方面要求條件下，從事大量生產產品之設計及開發。
中游 （服務端）	藝術經紀人	藝術家與觀眾之間的溝通橋樑，為藝術作品擔當包裝及行銷活動。
	藝術行政人員	一般行政庶務、藝術品資料撰寫、展覽拍賣會廣告企劃、展覽拍賣會執行；會親身接觸古董與藝術品，須能細心謹慎，並尊重藝術品。
	藝術鑑定人員	藝術品之鑑定與鑑價。
	出版企劃人員	從事有關藝術出版刊物、書籍、雜誌等企劃工作。
	視覺藝術產業業務行銷	從事藝術品背景知識，進行銷售、導覽及顧客服務之活動或工作。
下游 （展示/接收端）	展覽策畫師	工作內容根據展覽的需求，安排展覽、會議相關事務，並非展覽創作的生產者，而是客戶（政府或企業）與創作人（藝術家）之間的中介者。工作內容包含：負責籌款、簽約、展品的選擇、作品的運輸保險、會務資源的運用、保管物資、會議接待、後勤工作、場地的規劃與設計、佈展、出版品撰文、媒體宣傳、協調各部門之間的工作、處理其他突發的臨時性事務。

表 8-8、視覺藝術產業就業機會與工作內容（續）

產業端	職稱	工作內容
下游 （展示/接收端）	策展企劃	視覺藝術產業中生產主題概念與策劃展覽之活動或工作。
	展演設施產業 展覽策畫人員	於視覺藝術展演設施中，研擬展覽方向與型態，並規劃內容、整合或開發資源，據以發展執行方式且有效執行之，提升藝文影響力。

資料來源：作者自行整理

8-4 練習與討論

創新文化藝術平臺與體驗—藝悅創意

公司名稱：藝悅創意有限公司（Plaisir Art Co., Ltd）

成立日期：2019 年 6 月 19 日

公司官網：https://plaisirart.com/

藝悅創意有限公司於 2019 年 6 月成立，鑑於臺灣藝術與美學發展日益蓬勃，音樂、戲劇、藝術管理、藝術行政，乃至於藝術美學教育等產業，民眾需求與日俱增。以「啟動創藝美學平臺，打造美學文化體驗創新模式」（圖 8-15、8-16）為創立宗旨，運用創意策略思維、企業經營成長、藝術跨界整合、科技藝文發展、結合臺灣文化藝術工作者與教育服務人才開發原創內容產出等重點發展指標開拓創新美學體驗新境界。

藝悅創意特別強調「藝術體驗」特性，重視消費者對藝文活動第一手的體驗，我們專業服務團隊，整合戲劇、音樂、舞臺服務、藝術行政人才，皆具有長期深刻的實務經驗，透過不同產業合作模式，帶來最優質的藝文美學體驗。

公司從文化創意產業教育與節目製作為出發點，帶給消費者完整的藝術產業學習平臺與產業概念，兼具音樂團體展演服務及管理規劃服務。透過橫向與垂直的平臺整合效果，提升藝文產業之效率，使藝文人才獲取優質的舞臺與實質的保障。

未來，藝悅創意將結合線上美學教育與實際藝術創新體驗，在豐富多元的美學推廣活動中持續引領創新。讓臺灣創意文化真正產業化，寫下全新風貌。

圖 8-15　美學教育平臺「仟旅藝術」。

圖 8-16　藝悅音樂親子故事劇場。

聽聽藝悅創意
怎麼說

延伸思考

1. 民間藝術教育推動，如何透過創新運營與地方結合，讓地方推動藝文產業更加順遂？

2. 試舉例臺灣其他藝術團體，如何推動臺灣藝文產業或地方藝文產業，其運營特色為何？

第1章
第2章
第3章
第4章
第5章
第6章
第7章
第8章
第9章
第10章
第11章
第12章
第13章
第14章

1. 在臺灣視覺藝術產業中如何將多媒體運用在傳統視覺藝術，其特色與未來商業價值為何？

2. 2020 年全球新冠肺炎疫情，表演藝術產業面臨無法演出的嚴峻寒冬，未來表演藝術產業如何克服需蒞臨現場觀賞的課題？

第**9**章

文化傳播產業

廣告的唯一目的是實現銷售。
　　　　　　——霍普金斯（世界廣告泰斗）

　　文化傳播產業為文化創意產業之重要一環，舉凡電影、電視、廣播和廣告都和我們的生活密不可分。本章將透過傳播的影響力、電影產業、電視產業、廣播產業和廣告產業的介紹，讓學員了解何謂「文化傳播產業」，以及就業與創業議題，最終經由分組討論與課後練習來驗證學習成效。

第 1 章
第 2 章
第 3 章
第 4 章
第 5 章
第 6 章
第 7 章
第 8 章
第 9 章
第 10 章
第 11 章
第 12 章
第 13 章
第 14 章

9-1 傳播的影響力

人類在傳播活動源遠流長，隨著時間的演進，發生了三個重大的轉變：

1. 由單純傳送消息為目的轉為以商業上的贏利為目的。

2. 由少數人士轉為為廣大民眾服務。

3. 由偶爾為之轉為固定的專業化的操作。

從這時起，傳播媒體市場便開始出現，傳播媒體產業也開始萌芽，隨著人類社會的進步和傳播媒介的變革，傳媒產業不斷發展，其形態日臻完善，範圍日趨擴展不斷成熟。人類歷史上出現的第一種真正意義上的大眾媒介是報紙，因此，傳播產業最初形態即是報紙產業，並接續有了廣播、電視等傳播媒介。

美國學者Kowalski等人於1991年時，曾提出對媒介經濟學的定義，他認為：「媒介經濟學是透過經濟規則以及描述途徑，藉由理論的調查法來觀察媒介活動的真正過程與一般準則。媒介經濟學屬於一種知識領域，將蒐集與描述在生產、劃分、交換及消費等過程中所發生的資料、準則。」

20 世紀 90 年代末網路媒體的竄起，掀起了一股網路經濟的熱潮，其中一部分就是網路作為傳播媒體而形成的傳播產業。隨著手機的普及，其作為個性化媒體的功能也開始顯現；數位串流影音的進展也有望在不久的將來成為網路式的多媒體，並顯露商業上的巨大價值。

新媒體的出現不斷豐富著傳播領域，使傳播產業從無到有、從小到大、從單一到多樣進而不斷豐富和完善。據全球最大會計師事務所──美國ＰＷＣ會計師事務所 2019 年公佈的〈全球娛樂及媒體業展望：2018~2023 年〉（圖 9-1）的數據，到 2023 年，全球娛樂及媒體業的總體經營收入將達到 2.6 兆美元。

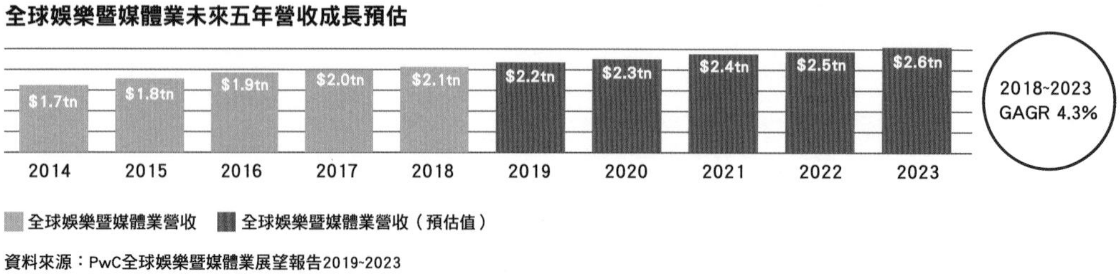

全球娛樂暨媒體業未來五年營收成長預估

$1.7tn	$1.8tn	$1.9tn	$2.0tn	$2.1tn	$2.2tn	$2.3tn	$2.4tn	$2.5tn	$2.6tn	2018-2023 GAGR 4.3%
2014	2015	2016	2017	2018	2019	2020	2021	2022	2023	

■ 全球娛樂暨媒體業營收　■ 全球娛樂暨媒體業營收（預估值）

資料來源：PwC全球娛樂暨媒體業展望報告2019-2023

圖 9-1　全球娛樂及媒體業展望。

從傳播產業的發展過程可以看出，隨著一種新媒介的出現，就會產生一種新的具體且屬媒體產業的經濟形態，並與已有的傳媒經濟形態共同發展。

以下依據文化部文化創意產業 15 項分類中，文化傳播產業所包含的電影產業、電視產業、廣播產業、廣告產業等進行說明。

9-2　電影產業

電影是一種利用膠捲、錄像帶或數位媒體將影像和聲音捕捉，再加上後期的編輯工作而成的表演藝術與視覺藝術融合的作品。

一、電影產業概述

1889 年，發明家愛迪生利用強燈光把拍攝的形象連續放映在銀幕上，使該形象看起來像實際正在活動，可算是電影的濫觴，但真正把電影呈現給觀眾的是法國盧米埃爾兄弟。

1895 年，法國盧米埃爾兄弟製造出「活動電影機」，公開放映所攝短片，電影才正式誕生。早期電影是無聲的，最初僅拍攝一些活動景象或舞台演出的片斷，之後逐步從通俗娛樂形成為一種獨立的藝術形式。

依據文化部「2018 年電影產業調查」報告，依照電影產業的產銷環節，將產業鏈分四大部分，包含開發、製作、後製、發行／代理及映演（圖 9-2）。美國好萊塢因有完善的產業供應鏈，是全球電影人才嚮往的電影工業中心。

近年來逐漸崛起的在韓國，電影得取崛起取決於政府的思維，韓國政府思考一部好萊塢大片全球上映約有 10 億美元的淨利來計算，韓國需出口 200 萬輛汽車，這無煙囱工業的利潤，汽車工業則需要 2~3 年累積才能獲得。

國片在臺灣經歷了輝煌與落沒，以往到電影院裡看的幾乎是歐美電影，而國片則是從電視上收看的，觀眾不會想要親自到電影院裡觀賞，在近幾年才又因著〈海角七號〉的竄起而再度掀開一股國片熱潮。下列就上述三大地區的電影產業進一步說明。

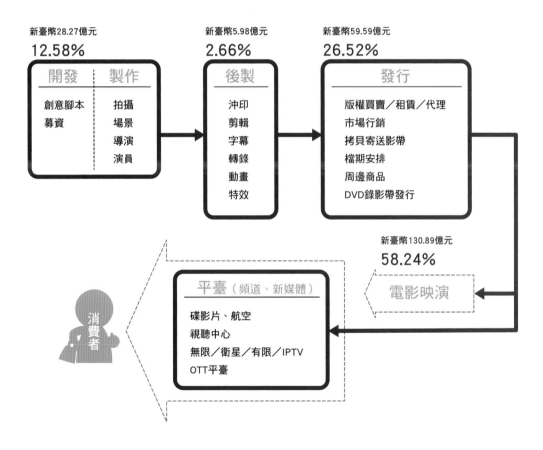

圖 9-2　電影產業鏈。

二、好萊塢電影產業

現今美國電影產業形同為一個寡占產業，主因於美國電影產業一直以好萊塢為首，呈現技術密集、鉅額資本密集的產業現象，並且一直由少數幾間廠商控制，小型和新興競爭者難以進入。

美國電影產業的電影寡占現象分別出現於三個時期：

1. **愛迪生專利時期**：愛迪生發明攝影機時便獲得 16 項有關影像的專利權，並設立電影專利公司壟斷約 3 年美國電影的製作、發行和放映。

2. **五大三小片廠**：1920~1950 年期間五家大公司派拉蒙（Paramount）、二十世紀福斯（20th Century Fox）、華納兄弟（Warner Bros）、米高梅（MGM）、雷電華（RKO）同時具有發行電影及自有戲院可撥映電影；三小片廠指環球公司（Universal）、哥倫比亞公司（Columbia）、聯美公司（UA, United Artists）擁有通路市場力量。

3. **MPAA 大型媒體專業複合體**：1980 年許多大型電子媒體紛紛跨足電影產業，如迪士尼買下 ABC 電視台與廣播網路，形成巨大文化生產的專業複合體。發行集團大者恆大，使美國國內競爭者進入市場困難。

好萊塢擁有最完善的產業鏈結，完整清楚分工，各司其職將電影完美呈現。下列舉一部好萊塢其投資電影組織結構圖（圖 9-3）便可清楚。

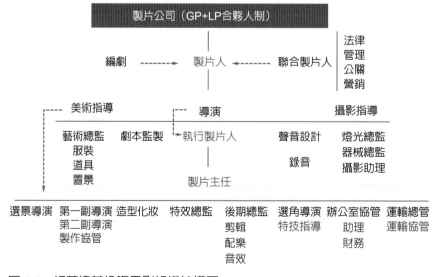

圖 9-3　好萊塢其投資電影組織結構圖。

三、韓國電影產業

韓國影視產業近年風行於全球，是少數亞洲國家中能夠與歐美影視產業一較高下的佼佼者之一。其中電影產業能與好萊塢抗衡；韓國電影─寄生上流（Parasite）（圖 9-4）獲得 2020 年奧斯卡金像獎最佳影片獎、最佳導演、最佳原創與國際電影等四項獎項，該片更是首部非英語系影片獲得最佳影片殊榮紀錄，這無疑是對韓國電影產業站穩全球化的肯定。

圖 9-4　韓國電影─寄生上流。

根據韓國電影振興委員會（KOFIC）公布 2018 年韓國電影產業報告顯示，韓國國產電影製作、上映的數量均較 2017 年呈現雙位數的成長。2018 年韓國電影市場共上映 1,646 部電影，其中有 454 部為國產電影，約占 27.58%。票房表現部分，2018 年韓國電影市場總票房收入為 18,140 億韓圓，較 2017 年微幅成長 3.27%；總觀影人次約為 2.2 億人次，較 2017 年微幅減少 1.58%。國產電影片部分，票房收入約為 9,127 億韓圓，占整體票房 50.31%，較 2017 年成長 1.11%。

韓國電影有如此亮眼成績可說與國家政策有關，於 1984 年韓國通過「自由製片法」，政府取消每年只有二十家公司可以製片的規定，市場頓時活絡，韓國大型財團（包含三星、ＬＧ、大宇等）紛紛投入電影產業，直至 1997 年全球金融風暴，財團回歸專注本業，紛紛撤離電影產業；但將大型企業商業運營模式如組織管理、募資、上市規劃、投資目標等思維模式與技巧帶入電影產業。

政府為了電影產業，韓國文化觀光部設立了產業必備的幾個支柱。首先是負責電影產業政策、資金、研究的韓國電影振興委員會（KOFIC）於 1973 年成立、培育人才的韓國電影藝術學院（KAFA）於 1984 年成立，以及提供技術與設備支援的漢城電影影音工業區。

圖 9-5　韓國電影振興委員會。

KOFIC 資助對象從電影最初期的劇本寫作，到後期的製作與發行都包括在內，像劇本寫作最高給予一萬五千美元，相當於台幣五十萬元獎金。製作與發行由於經費較龐大，KOFIC 的作法有財務借貸或擔保借貸。KOFIC 還試圖把民間創投帶進來；方式是以二八比例的投資方式，當創投投入 80％的資金時，KOFIC 會相對投入資金額的 20％，目前已吸引超過二十家創投進入電影產業。

韓國政府推動的政策，幾乎都站在與業者雙贏的立場思考。以首爾電影影音工業區為例，如果製作公司需要建立一個實景，影音工業區會出資部份經費，但實景所有權最後得歸還政府，做為觀光使用。

四、臺灣電影產業

「臺灣電影」在 90 年代明顯萎縮，主要原因包括錄影帶、影碟、有線電視的競爭，現代休閒、娛樂、運動旅遊的多元化發展，以及好萊塢電影與港片的強大威脅，使「臺灣電影」的觀眾流失、票房滑落，片商不願意做大投資，以致影片產量減少，製片成本降低。在「小成本」、「低風險」的製片原則下，影片往往「寫實」過了頭，觀眾經常抱怨「太沈悶」或「看不懂」，而逐漸遠離「臺灣電影」，臺灣的電影事業就在這種惡性循環下，奄奄一息。

圖 9-6　臺灣電影─海角七號。

直到 2007 年的〈練習曲〉、〈刺青〉、〈不能說的秘密〉及 2008 年的〈功夫灌籃〉、〈囧男孩〉、〈海角七號〉、〈一八九五〉等片都在票房上獲得良好成績，尤其是魏德聖的〈海角七號〉（圖 9-6）是這 20 年來最震撼的電影現象，以超過 5 億台幣的總票房，成為臺灣史上最賣座的華語片，當年度國片總觀影人次也創下近五年來的新高。近年來有政府的輔導、專業之創意人才及各國資金的挹注，使得我國電影無論是製片量、票房、國際得獎或產業技術升級等，均較過去呈現成長趨勢。

推動臺灣電影發展的其中一個元素，就是電影之後所帶來的經濟效益，旅遊業是當中最大的「獲益者」，如 2008 年〈海角七號〉就是近年最成功的例子。電影拍出南臺灣—墾丁、恆春的風光，大賣後吸引了不少遊客「到此一遊」，追星行程

圖 9-7　臺灣 2018 電影
產業推估總值與百分比。

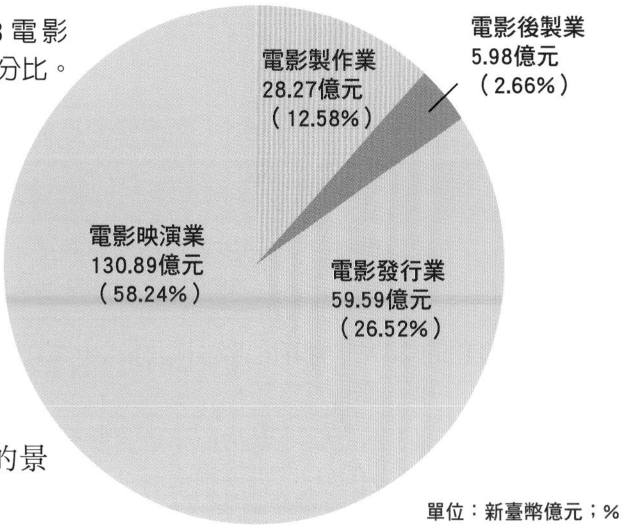

電影後製業
5.98億元
（2.66%）

電影製作業
28.27億元
（12.58%）

接踵而至，男主角阿嘉之家、茂伯
的家、阿嘉上班的郵局、送信途經
的地方等。再以國片〈艋舺〉，
故事本來就取材自艋舺地區中所
發生的事，這個地方即今日臺北的
萬華區，是臺北唯一僅存清代街道，
既有觀光夜市，附近更是非常著名的景
點龍山寺，都是遊客必去的地方。

電影映演業
130.89億元
（58.24%）

電影發行業
59.59億元
（26.52%）

單位：新臺幣億元；%

2018 年電影產業總產值初估為 224.73 億元，較 2017 年成長 1.55%，其中電影
放映業為此產業占比最大（圖9-7），主要因2018年我國電影市場總票房收入成長，
再加上國片於國內外市場表現不錯，如〈比悲傷更悲傷的故事〉、〈人面魚：紅衣
小女孩外傳〉以及影展獲獎效益，帶動國際市場版權銷售與線上版權銷售。

臺灣電影產業趨勢可從產製映演面、人力需求面、國內市場、海外市場四個面
向進行投入產業的思考未來策略（表 9-1）。

表 9-1、臺灣電影產業趨勢與策略

思考面	現況	說明	發展策略
產製、映演	國片預算逐年下降	近年國內市場回收風險高，投資者轉向保守。	1. 調整拍攝規模為中小型。 2. 精準預算控制、有效運用，達到投資方期待。
	投資者心態保守	國片業者主要發行市場於兩岸，近期中國大陸市場審查日趨嚴格。投資者擔心投資成本過高無法回收。	分散發行風險拓展多元管道海外市場。
	映演業投入前期製作	連鎖戲院業者投入開發製作，將市場想法與意見帶入。	1. 提高國片品質，增加國片放映天數。 2. 更精準規劃發行預算。
	國片元素漸趨多元	過往以愛情、喜劇、賀歲近年來家庭、勵志、恐怖、犯罪等元素逐年提升。	善用特效開發更多元故事題材及元素。

表 9-1、臺灣電影產業趨勢與策略（續）

思考面	現況	說明	發展策略
人力需求	缺乏具號召力演員	・主要演員年齡偏長 ・號召力演員紛至海外發展	吸引演員之特色劇本
	缺乏專業編劇人才	民眾對內容越來越重視	・完整培訓機制 ・開設編劇相關課程與實務操作
	缺乏數位與國際行銷人才	數位化各項消費者行為分析與行銷宣傳分析數據人員不足	國內相關大學科系已開設相關數位分析課程與行銷課程儲備人才
	國片導演人數增加	・新銳導演投入 ・拍攝題材較貼近市場 ・缺乏長片拍攝經驗	建立資深人員傳承機制
國內需求	影片發行數量逐年增加	近年國內影片發行量超越美國、英國等歐美國家	需謹慎思考影片曝光、行銷與上映天數等思源排擠效應
	好萊塢影片市占率下滑	觀眾接受更多元化影片	國片積極佈局
	影片欣賞人口結構改變	・少子化 ・欣賞管道多元	・映演業朝銀髮族行銷 ・發行商需配合更多元平台
	國片上映需求成長	・題材多元 ・口碑行銷成功 ・映演業者投入 ・前期製作規劃完整	・善用市場需求與觀點 ・前期製作細緻、完整
	網路觀看長影片比例下滑	多元數位化內容分散消費者休閒娛樂時間	多元網路觀看平台運用
	非好萊塢影片發行商增加	非好萊塢影片數量增加縮短上映天數	完整配套策略與上映機制
海外市場	國片海外票房成長	多元內容、帶動東南亞市場票房成長	深耕影片內容與題材
	播映管道多元	新媒體崛起，非單一戲院播放	透過多元網路平台販售多版權模式

資料來源：作者整理〈2018 年影視廣播產業趨勢研究調查報告 _ 電影〉

9-3 電視產業

第1章
第2章
第3章
第4章
第5章
第6章
第7章
第8章
第9章
第10章
第11章
第12章
第13章
第14章

　　電視傳播產業是屬於媒體產業的一種，其運作方式提供一種產品或勞務，但可在兩個市場運作，該產品或勞務在兩個市場的表現也相互影響。電視內容產生依靠電視收視市場導向製作，亦是依據消費者收視時間來評此產品。第二項則是廣告市場，當電視媒體提供節目給消費者，同時提供廣告時段給欲在電視進行廣告的企業，消費者在觀看電視內容同時也會觀賞到去進行廣告販售產品企業的廣告內容，企業期待消費者看過廣告內容後能夠到其販售通路進行產品購買。

　　電視傳播產業的運作，因電視台性質不同而影響其運作的地理區域之特性。目前地理區的範圍是由電視產業、政府或電視媒體界定。例如：無線電視台節目與廣告適用於全國性市場運作；而區域性有線電視台節目與廣告則只於地方性市場運作。

　　電視傳播的內容呈現方式可因地點與內容的不同有所差異，但消費者不因收視的設備不同而內容不同；電視的轉播過程大致相同（圖9-8）；同時，因光纖電纜與直播衛星的加入，使電視服務的轉撥過程之作業型態比以往更廣泛，轉播內容更加多元化。

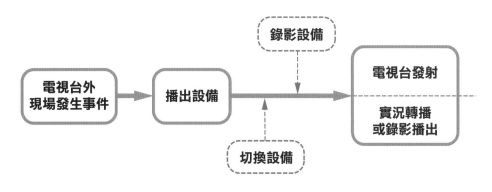

圖 9-8　電視內容轉播過程。

依據「臺灣經濟研究院 2018 電視產業調查報告」，電視產業鏈從開發、製作延伸到節目發行、頻道經營商至最後頻道呈現與系統平台涵蓋領域廣泛（圖 9-9）。

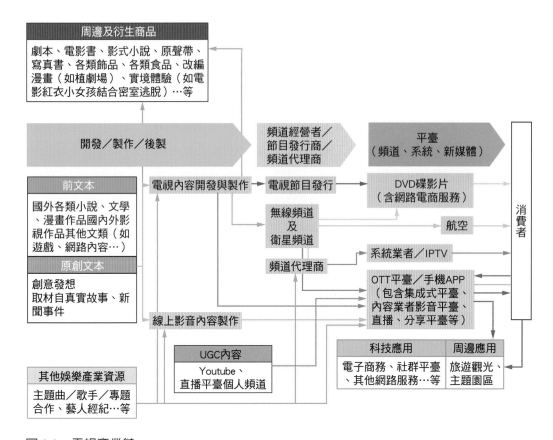

圖 9-9　電視產業鏈。

　　根據資誠聯合會計師事務所（PwC Global）「2019 至 2023 年度展望報告」的研究顯示，目前全球「電視訂閱」的家庭數仍持續成長，2017 年約增加近 1,600 萬戶，不過隨著部分市場的飽和，「電視訂閱」的成長率開始趨緩，預期 2018 年至 2023 年的年複合成長率為 0.05%，至 2023 年產值將達 2,053 億美元。

　　縱使電視產業的市場早已發展成熟，也必須持續適應不斷變化的產業環境，如消費者觀看行為的變化，也促進了 OTT（Over-the-top media services）這種透過網際網路直接向觀眾提供串流媒體服務平台的發展，使各國傳統電視用戶剪線情形愈為明顯，因此業者間整併將成為優先事項。整體來說，目前全球電視產業在傳統電視市場均面臨缺乏年輕觀眾進入市場，使得收視觀眾高齡化的問題。

二十一世紀網路科技日新月異，世界各國在電視產業無不投入數位化與科技化的建設，臺灣電視產業目前分為六大類型：無線數位電視台、衛星電視台、有線電視業者、寬頻電視（MOD）、有線電視數位頻道及網路電視，而近年以網路為主要媒介的媒體平台紛紛興起，依照網路接取方式分為特定式網路（封閉）與開放式網路。封閉式網路是指由固網業者提供封閉性、高品質的多媒體服務，依國際電信聯盟（ITU）定義，此種服務之電視產業稱為 IPTV（Internet Protocol TV），臺灣主要業者為中華電信 MOD；開放式網路主要以 OTT（Over-the-top media services）方式進行，是一種透過網際網路直接向觀眾提供的串流媒體服務。OTT 傳播服務已是未來電視產業趨勢。從服務內容來看，國內外可概略區分（表 9-2）。

表 9-2、OTT 傳播服務類型

服務類型	臺灣案例	國外案例
電信業者提供加值服務	中華電信：Hami 影視 臺灣大哥大：My Video 遠傳：friday 影音	Sky Go（英） BBC player（英） Line TV（韓）
隨選內容業者	Catch Play	亞馬遜影片（美） Apple TV+（美） Netflix（美）
自有影音內容	民視 三立電視 聯合報：UDN TV 壹電視	ＨＢＯ＋（美） ＦＯＸ＋（美）
使用者上傳內容	I'm TV	YouTuber

資料來源：作者整理

近年國際 OTT 平台業者（Netflix、HBO Asia 等）為經營亞洲市場，積極與亞洲市場業者進行合製，製作在地化原創內容來吸引消費者。綜觀全球發展之趨勢，近年國際間對於電視內容的製作與交易模式愈趨多元化，不再僅限於傳統版權交易模式，進而朝向整合性、跨國性的開發與經營，並逐步兼顧在地內容與全球接軌。

國際平台多以劇集為主，所以臺灣電視內容產業在這樣的發展樣態下，電視產業雖然產製數量減少，但平均投入規模增加，且積極與國際業者合作，增加臺灣自

制內容海外曝光機會，並帶動電視製作、發行、線上影音製作與線上平台的發展。傳統電視部分，產業結構性問題仍然存在，有線系統業者因民眾消費行為轉移，使有線電視訂戶數較上年下滑。根據文化部 2018 年電視產業調查報告，2018 年有線電視訂戶數約為 507 萬戶，相較 2017 年 522 萬戶，整體衰退 15 萬戶約 2.83%。

內容產製端，近期戲劇節目製作類型朝向職人、社會議題等類型化題材發展，透過搭配社會議題，來增加民眾對於戲劇內容的共鳴。在內容製作規格上，則朝向短集數（10 集左右集數）。綜藝／綜合類節目，近期嘗試與新媒體平台合作，透過直播串流技術、跨屏即時內容創意，以跨媒體模式吸引新觀眾，並拉近與觀眾間的距離。

根據文化部 2019 年電視產業調查報告（圖 9-10）消費者觀看電視節目的管道，區分為三種族群，以傳統電視、網路及兩者皆看。從調查結果可發現，傳統電視的觀眾約占 36.39%、兩者皆看占 28.9%，網路者僅有 1.32%。顯示，目前國內民眾透過傳統電視觀看電視節目的比例仍相對較高，而在休閒娛樂選擇項目多元之下，也有超過三成以上的民眾是沒有收看電視節目內容的。

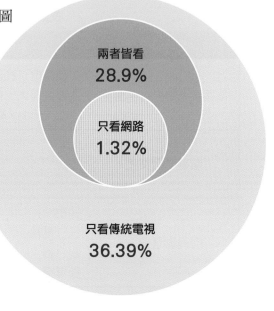

圖 9-10　消費者觀看電視管道。

面對民眾消費行為趨向行動化、個人化，且其拒絕一體適用的無差別內容，臺灣電視產業趨勢以內容產業的分眾化將成為主流，並朝三項特色發展：

1.　戲劇節目朝向類型化、短影集形式發展。

2.　線上內容經營模式多元。

3.　與國際合作情形增加，國際業者偏向類型化內容。

9-4 廣播產業

數位匯流改變媒體生態，當「大者恆大」，傳統廣播會不會被電信、電視、網路或媒體集團消滅？引發爭論。廣播很貼近人，廣播不會消失，但廣播產業會被重新塑造。傳統廣播產業鏈依照產銷環節大致可分為節目製作、發行與平台內容播送（圖9-11）。

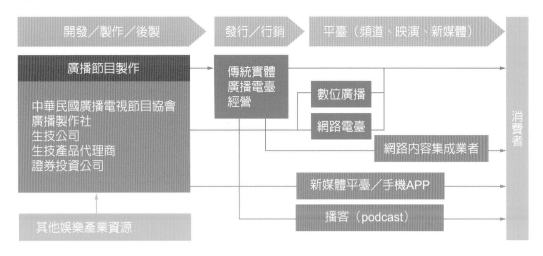

圖 9-11　廣播產業鏈。

隨著傳播科技發展，各種傳播媒體之間的界線日益模糊。視聽大眾可透過各種不同的載具，接取各種不同媒體的內容，如網路收看電視節目或手機收聽廣播的情形，在近年來數位匯流下有顯著發展。但即使視聽大眾的選擇日趨多元，廣播媒體因具有便利接取、載具價格低廉及陪伴等特性，仍在民眾生活中不可或缺。

但廣播媒介所面對內外在形勢，與過去相較愈發嚴峻；除須與電視、網路等媒體分食有限的廣告市場，產業內的競爭也相當激烈。面對新媒體的崛起，以及廣播收聽人口的下降，廣播廣告量日漸萎縮，依據國家通訊傳播委員會無線廣播事業年度產值表統計（依各電臺報會之年度財務報表所列營收資料），廣播營業收入已從2016 年的 33.06 億元下降至 2017 年的 31.98 億元，降幅為 3.27%。

依據文化部委託臺灣經濟研究院，於 2018 影視廣播產業趨勢研究調查報告（2019 年 12 月底發佈）資料顯示，隨著我國廣播產業發展，中小功率電臺為突破收聽範圍的限制，透過策略聯盟的聯播方式，不僅可增加廣播收聽觸及率，亦能減少節目製作成本的支出。

廣播產業在國內未來趨勢發展朝向網路化、特色差異化發展，其主要可歸納下列三點：

1. **廣播網路化**

   面對網路娛樂的多樣化，以及廣播收聽人口的流失，廣播電臺持續透過結合網路服務來擴大聽眾，主要包含官網電臺直播、官網節目隨選、官方 APP 等。透過網路服務可打破傳輸限制，超越大功率電臺與聯播網的觸及範疇，即使是撤照關閉的電臺，仍可透過不同的方式繼續服務聽眾。加上留言互動、影像直播等功能的結合，電臺的粉絲經營較過去更為緊密。除了上述平台外，於 YouTube 等網路平台成立直播頻道，或於 Facebook 等社群網站進行節目直播，也是網路廣播服務的一脈，以視訊直播的方式經營廣播節目，或將節目存檔於網路頻道上顯示廣播節目形式與經營朝向網路直播發展。

2. **差異分眾化經營**

   國內廣播產業隨轉型改變，內容資源重新整合盤點可歸納出音樂、教育與語言族群服務三大類型進行深耕運營。

3. **Podcast 效應產生**

   在網路普及與網速提升的趨勢，具有訂閱與隨選收聽的特色下，使播客（podcasts）迅速崛起，並逐漸產業化。值得一提的是，播客內容具有相當細緻的分眾化特色，如廣播劇可如電影產業，區分為恐怖、愛情等各種類型，也因此受到不同分眾的喜愛。Podcasts 目前在我國尚未普及，服務業者有限，但已逐漸擴大廣播的未來想像。

9-5 廣告產業

廣告的定義：廣告是由可識別的廣告主，對組織、產品、服務或觀念等「標的物」進行付費的、非個人化的傳播，以其引發「目標閱聽眾」的某種反應。

廣告產業是指從事各種媒體宣傳物之設計、繪製、攝影、模型、製作及裝置、獨立經營分送廣告、招攬廣告、廣告設計等行業。

根據該產業主管機關經濟部商業司對廣告產業之定義，廣告產業從事廣告企劃、設計、製作及安排宣傳媒體、購買播放時段及刊登之空間等一系列服務之行業。廣告傳單與樣品分送、招攬廣告及為吸引顧客而從事之行銷活動亦歸入本產業範疇。惟不包含招牌製造、提供公共關係服務、視覺傳達（平面）設計、廣告攝影，以及廣播、電視及電影之廣告製作等服務。

從產業鏈來看，隨著數位媒體等新興數位領域的崛起，許多網路廣告代理商、網路媒體代理商的經營內容幾乎都涵蓋創意形成、生產、傳播端的服務，從接獲廣告主委託到廣告產品至通路上架展示的中間過程，各行業幾乎可完全包辦，有別於過去傳統媒體領域的產業鏈經營關係；其具有同時結合傳統媒體的特色，例如將行動廣告與戶外媒體、報紙、雜誌等媒體透過行動裝置進行互動，也為傳統廣告業者帶來新的應用商機。

而社群媒體的興起，使得線上社群的交流與分享成為新焦點，口碑行銷將傳統一對多的行銷模式轉變為多對多途徑，讓廣告主能以較節約的經費獲得更佳的市場推廣效果。更甚者，數位媒體透過蒐集消費者資料、再經由大數據（Big Data）分析，達到客製化、精準行銷的廣告效果，其直接面向消費者展示廣告內容的特性，亦促使該業別所處廣告產業鏈環節進一步跨足展示／接收階段。（圖 9-12）

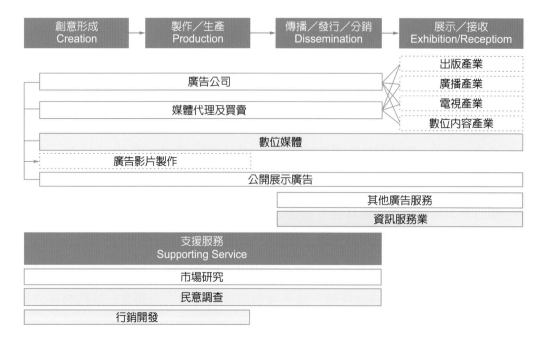

圖 9-12　廣告產業鏈。

　　廣告業對於各企業的生存與發展都起到重要的促進效果，而產業鏈下游的媒體產業，也需要廣告業的帶動以做為重要的收入來源，大多數廣告業的市場都是區域性的，屬於內向型產業。做為廣告主與媒體間的中介角色，以促進大眾消費為目的，當經濟不景氣時，廣告主通常會優先考慮減少廣告預算，因此廣告業能較早反應商業趨勢，可視為國內商業消費狀況的觀察指標。

　　在此趨勢下，過去主要透過廣告活動創作、提供各類廣告服務（透過內部製作或轉包其他業者執行），包括提供建議、創意、廣告品之製作、媒體策劃與購買的傳統廣告代理業者的角色已逐漸弱化。為因應產業趨勢的轉變，傳統廣告代理公司藉由併購數位媒體代理公司或成立數位部門，以提供完整的全媒體服務。

　　根據最新〈臺灣媒體白皮書〉彙整統計，2018 年整體媒體廣告量為新臺幣714.07 億元，較 2017 年成長 7.63%，在成長幅度及投放金額方面皆創近六年新高。其中，網路廣告量為整體廣告量的 54.57%，占比壓倒性領先並首次突破五成，產值為新臺幣 389.66 億元，較 2017 年成長 17.73%，其成長趨勢趨緩；其餘媒體投放方面，有線電視、報紙、雜誌等廣告量占比則續呈衰退趨勢（表 9-3）

表 9-3、2013 ～ 2018 年各媒體廣告量及比例（單位：新臺幣億元、百分比）

年度		無線電視	衛星電視	報紙	雜誌	廣播	戶外	網路	合計
2013 年	廣告量	38.17	209.92	86.79	52.94	31.21	41.68	136.80	597.52
	占比	6.39%	35.13%	14.53%	8.86%	5.22%	6.98%	22.89%	100%
2014 年	廣告量	36.81	209.06	79.06	48.44	31.22	42.88	161.77	609.25
	占比	6.04%	34.32%	12.98%	7.95%	5.12%	7.04%	26.55%	100%
2015 年	廣告量	36.11	205.54	64.27	41.23	27.31	42.45	193.52	610.43
	占比	5.92%	33.67%	10.53%	6.76%	4.47%	6.95%	31.70%	100%
2016 年	廣告量	33.71	191.63	50.80	31.15	20.81	38.71	258.71	625.51
	占比	5.39%	30.64%	8.12%	4.98%	3.32%	6.19%	41.36%	100%
2017 年	廣告量	30.60	183.00	41.88	23.18	17.40	36.40	330.97	663.43
	占比	4.61%	27.58%	6.31%	3.50%	2.62%	5.49%	49.89%	100%
2018 年	廣告量	29.76	176.91	36.64	19.84	18.74	42.51	389.66	714.07
	占比	4.17%	24.78%	5.13%	2.78%	2.62%	5.95%	54.57%	100%

資料來源：《臺灣媒體白皮書》整理自 Nielsen 廣告監播服務及臺北市數位行銷經營協會（DMA）

在網路廣告方面，更貼近現今數位科技發展後對產業帶來的影響，臺北市數位行銷經營協會（DMA）2019 年針對網路廣告量之統計項目，延續 2018 年之變更，進一步針對行動裝置應用趨勢，將影音廣告區分為外展影音廣告、串流影音廣告。外展影音廣告指在一般網路服務中插入的影音廣告，包含展示型、Outstream 型態（專門針對行動裝置的串流外型態）；串流影音廣告，則是針對影音節目觀看服務中，呈現的 Instream 型態（串流內影音）、Pre-roll 形式（影音進廣告）。

數位化帶來的變化，尤彰顯在 Google 及 Facebook 等大型境外業者，透過消費者在平台進行社群互動及瀏覽的行為，包含搜尋關鍵字或網址、點擊圖片、輸入留言及電子信箱等方式，取得構成消費者樣態的精準數據，並主動且即時地在平台上針對消費者投放，不僅有效促進轉換率，亦能強化使用者對平台的黏著程度。

順應數位新技術趨勢，一方面創造廣告新型態敘事方式，讓廣告業者跳脫 V 硬體設備侷限，應用 360 度拍攝技術向潛在客群展示靜態及動態 3D 效果，透過強化消費者

感官享受，進而有效達到民眾與產品積極互動的效果，提供民眾更易觸及但無負擔的沉浸式體驗，帶來網路廣告投放新發展方向；另一方面，為產業界帶來的思考性議題，則將聚焦於如何消弭科技和廣告既有差距，以及應如何看待新科技技術的置入性內容、混合式內容及影響等面向。

數位新科技進展與消費者行為模式的改變，大幅度且快速地影響廣告產業各面向，除了在產業各環節中納入如影音、網路服務等關聯產業，廣告主投放重點亦持續趨向網路，除了應用各種推陳出新的數位行銷工具留住消費者目光，甚至引起消費行為產生。

社群媒體的興起，使線上社群的交流與分享成為廣告業者關注的重點，口碑行銷所帶動的廣告效益較過去單向的傳統媒體傳播方式有所差距，每一位觀眾都能成為廣告的傳播者，將傳統一對多的行銷模式轉變多對多的網狀途徑，使企業的正面訊息以幾何級速率傳播開來。且對於網友而言，朋友與部落客提供的評價為第三方意見，較傳統廣告更具公信力，因此企業能以較節約的經費獲得更佳的市場推廣效果。

網路廣告投放量的成長率近年呈現趨緩，顯示許多廣告主、廣告及媒體代理業者都注意到線上廣告市場漸趨飽和、過去流量帶來的巨大收益優勢已漸消失，未來除了開發結合新型態行銷工具，仍需回歸創意內容本身，透過建立核心價值以及經營與消費者間的關係，提供更具個人化的使用者體驗，方能更準確切中消費者所想，有效發揮廣告價值。

數位媒體具有能同時結合傳統媒體的特色，例如將行動廣告與戶外媒體、紙類媒體透過行動裝置做互動，也將為傳統廣告業者帶來新的應用商機。數位媒體亦具有蒐集消費者資料的功能，透過消費者的點閱及消費模式而形成大數據（Big data），所獲得數據可做為分析用途，藉此依消費者特性，傳播能吸引消費者注意的廣告訊息，達到客製化、精準行銷的廣告效果，將是未來數位媒體廣告商所關注的焦點。

9-6 文化傳播產業的就業與創業

第1章
第2章
第3章
第4章
第5章
第6章
第7章
第8章
第9章
第10章
第11章
第12章
第13章
第14章

傳播產業之就業與創業可從影視傳播、新聞傳播、通訊傳播與廣告產業面向來說明其工作內容與性質（表 9-4）。

影視傳播各類影音媒體前製、後製、節目製播或工程技術等相關專業工作，目的在提供消費者多元豐富的影音資訊和娛樂生活。

新聞傳播為事件最前線的守門人，需具備較佳的文字能力、細膩的分析力、敏銳的觀察能力及蒐集整合資訊能力，掌握社會脈動，透過文字、聲音、影像，記錄社會現象並傳達社會真實面向，需具備新聞傳播專業，強化新聞傳播自律倫理規範，在滿足民眾知的權利與落實社會責任中求得平衡點，提供客觀正確的新聞傳播內容。

通訊傳播範圍涵蓋電台及電視節目轉播、衛星通訊系統傳送、無線通訊系統管理、衛星通訊服務、網際網路傳輸、廣播及電子通訊系統，進行影音及數位資訊轉播傳輸系統的管理操控與研發、整合、架設等相關工作。

廣告產業就業職能較以規劃組織與產品的整合性行銷方式，包含產品策略、促銷策略、配銷通路、宣傳廣告、公共關係等；需具備解決問題、計劃組織、分析判斷、簡報等能力，來因應變市場快速的變動。

表 9-4、文化傳播產業工作類別

產業種類	工作職稱	工作內容
影視傳播	導演	於舞台劇、電影、電視、廣播劇或各種表演舞台從事指導演出的工作。主要工作為： 1. 詮釋劇本、向佈景與戲服設計人員說明概念。 2. 負責試鏡與選擇主要演員。 3. 行排演，以及指導演員與劇組。 4. 核准某項製作的設計元件，包括佈景、戲服、編舞以及音樂。 5. 監控拍攝作業，完成劇本所需要的元素。

表 9-4、文化傳播產業工作類別（續）

產業種類	工作職稱	工作內容
影視傳播	編劇	劇本編寫，須具備敏銳的觀察力，並熟悉戲劇製作的流程與執行步驟，以劇本的內容達到可執行性的程度。
	執行製作	1. 節目概念的發想。 2. 節目型態設計，撰寫節目腳本。 3. 掌握節目細節，包含服裝、道具、來賓以及突發狀況。 4. 進行初步的剪輯，剪輯出節目的架構。 5. 與各部門進行溝通，完成節目的製作。
	節目製作	從事電影、電視、廣播及舞台節目製作，或指導電影、戲劇與廣播劇等表演之人員。主要工作為： 1. 挑選劇本、選角及指導演員表演方法。 2. 製作或指導電影、電視、廣播或舞台等戲劇表演。 3. 規劃、組織及控制各種電影、電視及舞台表演之進度，決定演出之規模與演員之待遇。 4. 協調戲劇作品版權。 5. 監督舞台布景、道具及聲光設備之擺設位置。
	攝影師	從事操作照相機拍攝人像、事件、景象或產品等之人員。主要工作為： 1. 拍攝人像及團體照，為廣告、其他產業或科學目的拍攝照片，並刊載於報紙、雜誌或其他出版品。 2. 研究特殊要求並決定使用之照相機、燈光及背景配件種類。 3. 決定畫面構圖，並技巧性地調整設備及拍攝主題。 4. 使用掃描機將攝影圖像轉存電腦，或使用電腦修改攝影圖像。 5. 採用現有攝影圖像，創作出多媒體產品所需之新數位影像。
	多媒體動畫設計人員	以專業軟體設計技術為基礎，透過電腦介面的管理與應用，致力於網頁／互動光碟／遊戲以及動畫／影像特效的設計／製作／剪輯，例如網頁、網頁廣告、2D 動畫、3D 動畫、電玩遊戲、手機動畫等設計，以及音樂帶（MV）動畫、電視動畫、電影動畫、電影特效等製作。目前國內的多媒體動畫設計人員依工作性質和應用軟體不同約可粗分為平面式 2D 動畫設計、立體式 3D 動畫設計及影片後製等三類。

表 9-4、文化傳播產業工作類別（續）

產業種類	工作職稱	工作內容
影視傳播	配音員	從事廣播、電視、電影等場所中，從事新聞或廣告播報或是協助演出人員配音之工作。主要工作為： 1. 接洽配音案子。 2. 閱讀劇本，了解人物型態。 3. 根據人物型態配合影片進行配音。 4. 進行檢查，並對錯誤地方進行修改。
	剪接師	從事影片剪輯、配音、存錄等製作工作： 1. 處理影片的前置作業，包含腳本繪製、影片企劃、場景及造形設計。 2. 將拍攝好的影片進行剪接、編輯、配音，加入動畫、音樂特效。 3. 檢查製作好的影片，做細部的修改。 4. 將影片進行轉檔。
	視訊工程師	主要負責攝影機控制單元的操作。
	影像處理工程師	1. 先進影像處理演算法開發。 2. 先進影像色彩處理演算法。 3. 影像處理軟體工具開發。 4. 應用電腦繪圖軟體與技術執行影像處理。
	演藝經紀/宣傳人員	1. 尋找有潛力的演藝人員、運動家進行簽約。 2. 安排相關的訓練，訓練旗下的簽約者。 3. 與相關單位商談代言、廣告、演出機會。 4. 安排旗下人員的行程、檔期，帶領藝人上通告。 5. 管理旗下簽約者。 6. 演出事前事後溝通協調。
	演員	從事電影、電視劇、廣播劇及舞台劇演出之人員。主要工作為： 1. 研究、研讀腳本並熟記台詞及提示，並在電影、電視、廣播、舞台或商業廣告中演出。 2. 呈現編劇或作者創作之角色並傳達給觀眾。 3. 參與試音或選角。

表 9-4、文化傳播產業工作類別（續）

產業種類	工作職稱	工作內容
新聞傳播	記者	從事採訪、蒐集、記錄及調查時事或公共事務，並以報紙、廣播、電視及其他傳播媒體報導之人員。新聞編輯人員亦歸入本類。主要工作為： 1. 透過訪問、調查、觀察及參與公眾活動等方法，蒐集歷史資料、地方或國際新聞。 2. 蒐集、報導及評論報章、雜誌、廣播、電視或網路傳播之新聞與時事。 3. 在記者招待會或廣播、電視及網路等傳播媒體訪問政治人物及其他公眾人物。 4. 報導特定領域之發展，如醫學、科學或技術等。
	企劃製作	1. 節目概念的發想。 2. 節目型態的設計，撰寫節目腳本。 3. 掌握節目細節，包含服裝、道具、來賓以及突發狀況。 4. 進行初步的剪輯，剪輯出節目的架構。 5. 與各部門進行溝通，完成節目的製作。
	編輯	新聞及新聞性節目製播之編輯、上標編排及製作等工作。
	編譯	1. 監看、翻譯外電新聞。 2. 執行寫稿、簡單剪輯、過音。 3. 進行採訪。
	攝影記者	1. 前往事件發生現場。 2. 操作攝影器材。 3. 以熟練專業技巧，快捷的反應、判斷能力於剎那之間，捕捉最有價值之畫面，表現此一事件發生之重要意義。 4. 剪接相關的影片資料。 5. 攝影器材的維護。
	新聞編導	新聞節目整體規劃。
	棚內攝影人員	在影片拍攝的現場，以多的攝影機來呈現影像，根據導演的要求拍下導演所需的畫面。
	副控人員	執行新聞節目錄影之成音及視訊工程。
	媒體報導人員（主播）	從事廣播、電視及其他傳播媒體之新聞播報，以及主持訪談或介紹之工作人員。 1. 播報新聞、氣象、廣告、音樂及其他報導。 2. 在廣播、電視、劇場及其他場所介紹、主持藝術表演或人物訪問等。

表 9-4、文化傳播產業工作類別（續）

產業種類	工作職稱	工作內容
通訊傳播	訊號SNG工程師	電視台訊號系統運作、SNG 工程及衛星系統架設。
	通訊軟體工程師	從事有關通訊軟體之研究、發展、設計、構建、操作等工作： 1. 研究合適通訊設備的通訊類演算法。 2. 依通訊協定撰寫韌體或軟體程式。 3. 如測試員反應通訊設備若軟體或韌體程式有誤則進行程式除錯。 4. 研究無線網路技術、驗證測試網路相關產品。 5. 內部與外部技術諮詢及支援並協助測試實驗室建立測試平台，訂定相關技術標準與測試規範。 6. 客戶端所反映問題之分析。
	傳輸工程師	1. 頻道訊號傳輸、維修及維護。 2. 機房內部設備之操作、線路配置。
	電信 / 通訊系統工程師	從事研究、規劃、設計及指導電信系統功能建構與維修之人員。主要工作為： 1. 規劃及設計電信系統及設備，並監督及控管系統之操作。 2. 規劃及設計以有線、光纖及無線通訊媒體為主之通訊網路。 3. 選擇適當之軟硬體，設計及開發訊號處理方法。 4. 設計電信網路、雷達及電視之電信配送系統。建築師、規劃師及測量師從事建築物景觀、外部、內部設計與營造監督，地理特徵及位置之調查與測量，繪製地圖與示意圖，以及規劃、執行土地利用管制計畫與政策之人員。
廣告產業	行銷企劃主管	從事規劃、指揮、協調及綜理企業或組織之行銷及有關活動之人員。對其他企業及組織提供上述服務之企業經理人員亦歸入本類。 1. 以銷售紀錄與市場評估為基礎，規劃及制定行銷策略。 2. 決定價目表、銷貨折扣、交貨條件、促銷預算、銷售方法、特別獎勵及促銷活動。 3. 控制預算與支出，並確保資源有效利用。 4. 制定及指揮作業與行政程序。 5. 監督員工之選擇、訓練及績效。

表 9-4、文化傳播產業工作類別（續）

產業種類	工作職稱	工作內容
廣告產業	行銷企劃人員	從事規劃品牌、產品之行銷策略、行銷管道、撰寫行銷方案等工作： 1. 依公司或顧客需求，做大型事件行銷規劃及執行、資料分析及市場調查。 2. 規劃公司或顧客對外的行銷活動與媒體活動，並對其效益進行分析與建議。 3. 與各部門溝通，以了解產品特色，為企劃案發想。 4. 負責撰寫行銷企劃書、新聞稿。 5. 銷售工具選擇、執行產品設計包裝、建立品牌價值。
	品牌企劃人員	訂定年度品牌行銷計畫，撰寫行銷企劃及提案、專案執行品質監督等。
	網路行銷人員	1. 網路行銷、開發（潛在）客戶。 2. 網頁製作與維護。
	公關經理人員	從事規劃、指揮、協調及綜理企業或組織之廣告與公關相關活動之人員。對其他企業及組織提供上述服務之企業經理人員亦歸入本類。 1. 規劃、指揮及協調企業或組織之廣告及公關相關活動。 2. 與客戶或報紙、廣播與電視台、運動與文化組織、廣告代理商等單位協商廣告合約。 3. 規劃與管理有關企業或組織之形象、計畫及成果宣傳方案。 4. 控制預算與支出，並確保資源有效利用。 5. 制定及指揮作業與行政程序。 6. 監督員工之選擇、訓練及績效。
	廣告文案	從事廣告文案撰寫、企劃之工作： 1. 宣傳品之文稿構思與起草。 2. 撰寫廣告公關文案並送交文案總監審核。 3. 創意專案開發、與設計人員溝通傳達企劃構想。 4. 審查設計內容並與設計人員協調，對設計內容做調整。
	廣告採購人員	1. 充分掌握媒體市場資訊、市場供需及特性。 2. 負責與媒體洽談、媒體採購。 3. 依據媒體企畫案所擬定之預算，決定購買的媒體種類、時段、版面、篇幅等。 4. 新聞稿撰寫。 5. 媒體關係維護。 6. 公關活動規劃。

表 9-4、文化傳播產業工作類別（續）

產業種類	工作職稱	工作內容
廣告產業	AE 業務人員	從事廣告業務之推廣、管控客戶交辦之廣告設計製作進度等工作： 1. 收集客戶的資訊，提供客戶諮詢服務。 2. 依據客戶需要及經費多寡，向顧客提出廣告行銷策略建議，以獲最佳效果之廣告媒體組合策略。 3. 與顧客訂定契約，收取帳款。 4. 協調媒體及設計創意部門，將客戶需求轉化為創意策略，完成客戶廣告需求。 5. 代收廣告費並轉交予廣告媒體。
	公關企劃人員	從事規劃、評估企業組織相關訊息及宣傳方式，提升知名度及商譽之人員。 1. 規劃企業組織宣傳策略、籌劃研討會、娛樂活動、競賽及社交聯誼會等活動，以提升商譽及知名度。 2. 建議企業組織適時對記者發布有關策略、計畫等新聞稿之公關活動。 3. 為企業組織安排宣傳訪問事宜。
	廣告設計	從事商業宣傳用、商品、概念推廣之廣告設計等工作。

資料來源：作者研究整理

第 1 章
第 2 章
第 3 章
第 4 章
第 5 章
第 6 章
第 7 章
第 8 章
第 9 章
第 10 章
第 11 章
第 12 章
第 13 章
第 14 章

9-7 練習與討論

Netflix（網飛）

公司名稱：Netflix（網飛）

成立日期：1997 年

公司官網：https://www.netflix.com

1997 年，當大多數人還在看錄影帶時，創辦人里德．哈斯廷斯（Wilmot Reed Hastings）與馬克．倫道夫（Marc Bernays Randolph）創辦了網飛（Netflix）就提供了新型態服務：線上租片、DVD 郵寄到府。1999 年隨著寬頻和線上串流技術的發展，進一步轉型，改由讓訂戶在電腦、電視、手機等裝置隨時隨地看電影的網路隨選串流影片的 OTT 服務公司。目前（2020 年）共有 1 億 9 千 3 百萬個會員橫跨190 個國家。

2019 年全年度營業額為 201.56 億美元，名列 2019 富比世（Forbes）全球數位經濟 100 強第 46 名；全球最大品牌顧問公司 Interbrand 發表 2019 全球百大品牌排行榜名列 65。

Netflix 提供網路影片串流服務，能使用各種網路裝置連結到 Netflix 的線上內容資料庫，單一訂閱者的帳號能同時讓多人使用，即使在非訂閱者的電腦或裝置上也能登入服務。在美國當串流服務剛推出時，Netflix 的傳統光碟出租訂閱者能免費使用串流服務。訂閱者每月月費的 1 美元約可換得 1 小時的串流影片。

2008 年 1 月，Netflix 取消了串流服務的時間限制，幾乎所有光碟出租服務訂閱者都可免費享有不限時數的影片串流。

2015 年，由於光碟出租和網路串流市場的差異性，Netflix 將 DVD 出租訂閱和串流訂閱服務獨立分開，完全取消了串流影片的時數限制。目前 Netflix 的網路影片串流服務全球訂閱費用約為每月 7.99 至 11.99 美元，並針對新訂閱者提供第一個月免費的服務。

2011 年，Netflix 開始為了旗下受到歡迎的串流服務籌劃原創內容，以每集約一小時長的政治影集〈紙牌屋〉作為第一部推出的作品，在 2013 年 2 月正式發行。

2013 年，Netflix 和漫威電視宣布將製作以漫威超級英雄為題材的影集故事，並在最後集結成名為〈捍衛者聯盟〉的迷你影集。在亞洲 Netflix 與日本、韓國、香港及臺灣等地開創亞洲市場原創內容。

2016 年 Netflix 正式於臺灣上線，同年與三立電視台合作為內容夥伴播出其自製影集。2018 年〈罪夢者〉為 Netflix 臺灣首部製作影集，於 2019 年 10 月全球播映。

影集〈紙房子〉（西班牙語：La casa de papel，英語：Money Heist）原為一部西班牙電視台製作的搶劫犯罪影集。2017 年 Netflix 取得全球播映版權，將影集重新剪輯製作後於 2017 年 12 月發行第 1 部，講述在馬德里西班牙皇家造幣廠一場歷經數天的搶案，搶匪打算劫持人質，印刷 24 億歐元後攜款潛逃。該劇劇情不落俗套在全球獲得熱烈迴響。本劇成為 Netflix 最多人觀看的非英語影集，上映首週全球 3,500 萬次觀看、一個月內觀看人數達 6,500 萬。Netflix 統計約 7 成觀眾會在一星期內把當季全部影集觀賞完畢。Netflix 藉由網路消費數據與喜好，將內容分析進行後續拍攝，至 2020 年共拍攝 4 部，2021 年將完成最後一部（圖 9-13），顯見網路串流平台的威力。

圖 9-13　2020 年〈紙房子 4〉的劇照。

延伸思考

1. 臺灣電視媒體產業如何藉由國際 OTT 平台推廣臺灣製作影集節目與提升其品質內容？

2. 臺灣有眾多美食節目，如何將臺灣美食節目與國際媒體結合？將臺灣美食行銷全世界？

腦力激盪

第 1 章
第 2 章
第 3 章
第 4 章
第 5 章
第 6 章
第 7 章
第 8 章
第 9 章
第 10 章
第 11 章
第 12 章
第 13 章
第 14 章

1. 網路數據的社會下，分眾行銷已成為各企業品牌正在進行的傳播方式，在臺灣的廣告產業中，如何協助企業有效的進行廣告投放？其規劃通路有哪些？

2. 影音串流平台服務的崛起，臺灣電影產業中放映產業受到嚴重衝擊？如何吸引觀眾進入電影院欣賞電影？又進入電影院同時欣賞國片？

第 **10** 章

動畫產業與數位內容產業

世界這麼大，人生這麼長，總會有這麼一個人，讓你想要溫柔的對待。《霍爾的移動城堡》

————宮崎駿（日本動畫大師）

　　動畫產業與數位內容產業在臺灣文化創意產業中扮演相當重要的角色，動畫產業則深受美日文化高度影響。本章將透過「動畫產業與數位內容產業」的介紹，讓學員了解動畫產業與數位內容產業，以及就業與創業議題，最終透過分組討論與課後練習來驗證成效。

10-1 動畫產業

一、動畫產業鏈概論

「動畫」（Animation）原指用電影膠片或錄影帶，以逐格紀錄的方式製作之影片，這些影像的「動作」不是一開始就存在，而是用手繪、偶等方式創作後再攝影記錄下來。自 1960 年代開始，動畫進入了「電腦動畫」時代，利用電腦產生的影像來製作 3D 動畫與 2D 動畫。電腦動畫技術大致分為兩種：一是傳統手工描繪圖像；一是完全利用電腦製出立體影像的效果。目前動畫片多將兩手法交叉運用，以求呈現出最佳效果。

根據經濟部工業局（2020）的定義，電腦動畫是指運用電腦產生或協助製作的連續影像，可以廣泛應用於娛樂及其他工商業用途。在娛樂應用方面，包括影視、遊戲、網路傳播等，較注重娛樂效果。另外在工商業應用方面，則是包括建築、工業設計、醫學，注重於商業運營為輔助。因此，動畫產業可說是集所有企業之行銷、設計、傳播與製作需求之大成，客戶來源也相當多元化。

動畫產業鏈是指以「創意」為核心，以動畫、漫畫為表現形式，以電影、電視傳播為平臺，帶動系列產品的「開發 - 生產 - 出版 - 演出 - 播出 - 銷售」的行銷過程（圖 10-1）。

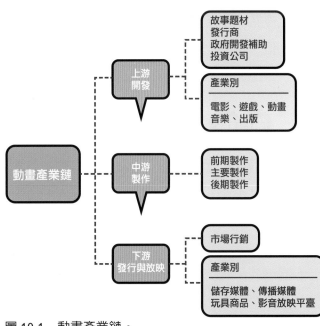

圖 10-1　動畫產業鏈。

電腦動畫或電腦繪圖在各領域有廣泛的運用說明：

1. **廣告**：電視廣告為目前最廣泛應用電腦動畫的行業之一，許多誇張或煽動性的效果，借助電腦動畫的特殊處理或模擬，可以加深觀眾的印象，從而達到廣告的宣傳目的。

2. **電影、電視特效**：電影、電視中許多重要的場景或鏡頭，如果沒有電腦動畫的應用將無法達到預期之效果，甚至根本無法產生效果。

3. **動畫片**：以往電視或電影卡通都是傳統的 2D 手繪動畫，近來由於電腦技術的進步，動畫製作逐漸朝向電腦動畫發展，加上全 3D 電腦動畫電影如玩具總動員、冰雪奇緣等的成功，3D 技術開始大量運用於電視卡通。

4. **建築工程**：房屋及建築進行設計或銷售、施工前，藉由 3D 電腦動畫的模擬，可以幫助設計或工程人員於正式動工前做更詳細的規劃，甚至對於一些預售性質的房地產兼有市調的功能，以利快速針對問題進行改善，而不須等到完工後才來面對問題。

5. **遊戲**：利用動畫軟體製作 2D 或 3D 遊戲的角色、場景、道具等。

影視動畫產業是資金密集型、科技密集型、知識密集型和勞力密集型的重要文化產業，具有消費群體廣、市場需求大、產品生命週期長、高成本、高投入、高附加值、高國際化程度等特點，是極具開發潛力的新興產業。

動畫片市場中的三個層次

在動畫片市場中，一般分為三個層次：

1. 第一個層次是動畫片本身的播出市場；

2. 第二個層次是卡通圖書和音像製品市場；

3. 第三個層次是卡通形象所衍生的產品，包括服裝、玩具、飲料、兒童用品等，市場十分龐大。

1960 年起，美國動畫公司為降低製作成本，陸續將部分製作外包至日本、韓國、臺灣、新加坡、泰國、越南、印度和中國等亞洲國家。電影拍攝部分則前往加拿大、紐西蘭、羅馬尼亞與墨西哥發展。近年來，亞洲人力成本高漲，外包製作漸轉往非洲肯亞等國。

隨著製作外包發展，也把相關動畫資源包含人才帶進各個國家，帶動各國動畫產業發展。全球動畫產業發展正如一個商業生態系統，各國在動畫產業的合作模式，從製作外包擴展到共同製作（Co-production）、合資（Joint Venture）到發行（Distribution），已不分區域不分國家。此外，因為網路技術之便，無需花費大筆資金建置硬體設備，可以透過雲端技術把技術設備放在電費比較便宜的國家即可。

近年來，日、韓、歐洲等地一致看好數位內容產業發展，積極投入大量資源。依據全球動畫產業 2019 年趨勢報告（Global Animation, VFX & Games Industry Report 2019）；2019 年全球動畫產業產值為 2,590 億美元，2020 年達到 2,700 億美元。全球動畫產業蓬勃發展主因於：

1. 全球影音串流平臺的帶動與加入。例如：Netflix, Amazon, YouTube。

2. 因雲端儲存與運用服務的成熟。

3. 電競市場普及與快速成長。

二、美國動畫產業

美國動畫發展初期，工商業的發達輔助了動畫電影的成長，美國各地紛紛成立製片廠，以分工的方式來製作動畫。動畫電影除了憑藉以往可愛的動物擬人角色來吸引年輕族群之外，內容豐富的故事性（包含善良必定戰勝邪惡、好心終會有好報）、精緻的空間背景、鼓舞人心的動聽合唱歌謠也將動畫的目標族群大幅擴張。另外，在三零、四零年代所謂的「美國夢」（American Dream）盛行之際，劇情中的圓滿結局也給予當時社會一股正面、充滿希望的力量，更使動畫電影廣為流傳，其中最好的例子便是迪士尼公司的首部劇情動畫長片「白雪公主」。

到了 1950 年，由於製作費高漲，很少短片能憑藉戲院放映回收成本，大公司的動畫部門紛紛面臨倒閉或解散之命運；不過，此時轉機出現 -- 電視機的逐漸普及，

讓片廠能利用賣出手中舊有的片源播映權來補貼支出，也促使卡通成為新的動畫製片型態。

除了流傳久遠的經典作品，如「美女與野獸」、「小美人魚」，隨著影像科技的進步，好萊塢動畫工業和電腦結合，增加許多絢麗的 3D 效果，其中翹楚即為皮克斯（PIXAR）電腦動畫工作室。自處女作「玩具總動員」推出以來，皮克斯憑藉其高超的影像處理技術及引人入勝的說故事技巧，僅推出六部作品就拿下了全球三十二億美元的票房，也開創了動畫產業新的里程碑。

總而言之，美國動畫電影發展的歷史中，政府的角色並不明顯，其能夠成為產業的全球領導者有以下幾個原因：

（一）題材大眾化

動畫電影中較少看到涉及道德批判的情節，多半是以輕鬆、幽默、通俗易懂的敘事方式作為主軸，當時的流行文化也成為重要的電影素材；在美國文化與價值觀逐漸散播四海之際，全球各地對美國動畫的高接受度也是可預期的。

（二）產業結盟

迪士尼與皮克斯合併後，前者負責行銷宣傳與銷售通路，後者則負責產品研發。如此一來，迪士尼品牌優勢更加穩固，皮克斯也可降低經營風險，並擁有更豐富的資源進行技術發展。

（三）國際分工

將製作流程中的一部分外包至其他國家，以享有較低的勞工成本或稅賦上的優勢，同時開拓海外市場。在一部電影的利潤分配中，原創劇本約占 40%，製作流程（繪製人物、背景、上色等）約占 10%，行銷（如通路）約占 50%；如此的國際分工方式可使其掌握較高利潤。

（四）建立品牌

以迪士尼為例，1929 年時一家文具店主管希望以 300 美金取得將米老鼠印在文具上之權力，也開啟了異業結盟之開端。隨著商業的演進，品牌價值的綜效

（synergy）也愈發顯著；到了八零年代，迪士尼從人物肖像所衍生出的權利金便是其電影部門的兩倍之多。

三、日本動畫產業

動畫在日本被稱為「無煙囪工業」，年營業額200億美元以上（AJA, 2019），在日本動畫發展史中，政府扮演相當重要的角色。遠至昭和元年（西元1926年）文部省便在學校的課程中安排了電影課，並規定各校每年放映的電影名單中至少要有一部動畫片，試圖以政府的力量幫助其成長；然而當時強盛的迪士尼動畫仍占有絕對優勢，使日本國產動畫難以發展。

二次大戰後，東映動畫公司成立。社長大川博以遠赴迪士尼實地考察的方式帶回了許多寶貴的經驗與技術，效法迪士尼的大成本製作與極強力的行銷手法，同時集結了日本眾多的動畫人才如手塚治虫、宮崎駿等，配合電視的發展與玩具業者的結盟，充足的資金培育了優質的產品，之後開發出的龐大商機，再進一步加強了如此的正向循環。

依據日本動畫協會（The Association of Japanese Animation,AJA）的調查，日本動畫產業銷售主要來自九大領域：

1. 動畫電影影集版權收入。

2. 動畫電影票房收入。

3. 影像商品銷售收入。

4. 網路播放授權收入。

5. 動畫相關周邊商品收入。

6. 音樂版權授權與銷售收入。

7. 日本以外的海外收入。

8. 成人娛樂（如賭博電玩、柏青哥遊戲機臺）。

9. 演唱會劇場。

而日本動畫成功的關鍵因素有：

（一）動畫、漫畫與電子遊戲（ACG 產業）之相輔相成

日本 ACG 產業的內需市場相當龐大，諸如畫家、玩具廠商、出版業、電玩軟體商等彼此的攜手合作，有助於克服人力、資金、技術的問題，也訂定了清楚的遊戲規則；而在推出產品前對市場、目標族群的詳細研究也提高了產品的成功率。

（二）政府大力扶持

政府早年的積極推廣與後來的嚴格查緝盜版，都有助於建構良好的動畫發展環境。動畫的完成需要大量資金，政府特地在信託業法與稅制上做調整，並提供完整的支援方案，如要求銀行接受以未來的著作權為抵押，提供融資和對於創作者的獎勵等。

（三）充分利用異業結盟獲利

動畫光靠放映的收入往往不足以支付製作成本，所以著作權與衍生商品（電視播映權、光碟發行權，以及商品發行權等）的權利就格外重要。唯有充足的資金來源，才能確保人才的保留與高品質產品的持續開發。

四、韓國（南韓）動畫產業

韓國動畫產業起步較晚，但成果顯著；亞洲金融風暴嚴重衝擊韓國經濟，但文化產業仍維持每年 30% 之成長率，而動漫及遊戲產業就占了其中之 40%；韓國政府 2001 年成立了「韓國內容振興院」（Korea Creative Content Agency, KOCCA）成為韓國數位內容產業政府的領頭機構；有學者分析，韓國動畫發展迅速的原因在於業界與學界的緊密結合，以及政府所扮演的領導角色。目前韓國政府採取的政策有：

（一）健全產業籌資管道

政府考慮動畫產業未來的潛能以及衍生商品的附加價值，每年提供 100 億韓元（約三億臺幣）的補助，並早在 1994 年便提供低利貸款和租稅優惠。

（二）本國保護政策

政府明定「義務播映制」，要求電視公司在播出的動畫節目中至少有 35% 是本國自製，到了 2001 年此比例更提升到 50%。

（三）人才培育

政府積極培育網路內容、廣播、數位出版等之人才，並連結既有的資訊產業人力，以配合「數位內容」政策；在教育方面，韓國自 1990 年以來，已有六十所大學成立動畫相關系所。

五、中國動畫產業

1957 年成立的上海美術電影製片廠，1960 年創造了水墨動畫新工藝，把典雅的中國水墨畫與動畫電影相結合，攝製了享譽世界的中國第一部水墨動畫片《小蝌蚪找媽媽》和獲得國際最高榮譽的水墨動畫片《牧笛》，正式開啟了中國動畫史。然而之後社會、政治的動盪（如文化大革命）對其發展帶來許多不利的衝擊，直到八零年代後，代工業的興起才又使動畫產業復甦。由於意識形態涉入太深，中國動畫往往不受當地兒童的歡迎，也使得通路業者必須不停從國外引進動畫；為了改善此情形，2003 年起進行「十五計畫」，重點有：

1. **保護政策**

   由於大陸電視臺進口動畫片占兒童節目的比例高達 80%~90%，因此政府規定須播放國產動畫的最低時數，並從 2000 年禁止華納公司的 TNT 播出。

2. **人才培養**

   大陸目前已有超過 70 所大學院校設有動畫相關科系，並要求學校每年完成一到兩個專題研究，加強動畫的科學研究和理論基礎；同時提供獎勵，聘請國外具有動畫創作、行銷的人才以強化師資。

在中國動畫產業發展報告中顯示，中國動畫產業趨勢重點整理如下：

1. 產業融合推動動畫與漫畫產業走向混合經營。

2. 大型企業透過收購兼併與整合動畫產業優質資源，將產業鏈延伸。

3. 互聯網全面顛覆和重塑動畫產業。

4. 以 IP 為核心的泛娛樂產業成為主流文化。

5. 動畫產業正加速和相關產業融合。

六、臺灣動畫產業

臺灣動畫產業萌芽於 50 年代，到 70 年代才開始接受歐美與日本的動畫代工洗禮，在動畫描繪技術與品質上有了顯著的進步。至今，臺灣的電影、電視與影帶動畫業者，仍以國外代工為主要業務型態。

一般動畫製作流程中，當前製企劃與人物設定完成之後，接著便進入重要的美術圖稿繪製等製作階段，此時需要大量的動畫師投入。以一集 22.5 分鐘，每秒 24 張圖的動畫影片而言，至少需要 32,400 張美術圖稿，人力耗費不貲，因此，歐美與日本多將此製作階段工作外包給人力成本低廉但美術能力與思考靈活度較強的臺灣，透過國際間長期的合作，臺灣逐漸成為動畫代工基地，而國外技術與設備的引進，教育訓練及人才的培養，使得臺灣在動畫代工時期，繪圖技術與著色技巧都有大幅度的成長。

由於臺灣動畫代工蓬勃發展，業者為了增加產能並降低人力成本，也逐漸開始往外設廠。目前在廣東珠海、蘇州與上海都可見到臺灣業者設廠，而印尼、泰國等東南亞地區也成為轉進目標。

動畫製作代工成功的關鍵因素在於：成本、品質以及效率，從 80 年代至今，國外動畫業者陸續在亞洲各地尋找更低廉的動畫代工來源，目前大陸、韓國、菲律賓及印度等地，都已成為臺灣的競爭對手。

回顧臺灣的動畫產業史，一般主要區分為：草創萌芽、加工高峰年、產業轉型、電腦動畫四個階段。

（一）臺灣動畫產業從無到有 (草創萌芽階段)

70 年代，光啟社率先將卡通製作技術引進臺灣，替日本代工的「影人公司」

則訓練出臺灣第一批動畫人才。技術與資源都欠缺，但憑著熱情，他們不斷地摸索、學習，夢想成為臺灣的華特迪士尼。較為熟悉的《封神榜》、《三國演義》，在當時製成動畫長片。好萊塢著名動畫公司「漢納巴伯拉動畫」（Hanna-Barbera Productions, Inc.）甚至派資深人員來臺，指導宏廣公司成為美國卡通的代工大廠，以美式管理方法加上較高層次的代工，打破了過去為日本加工時工作不穩定、酬勞偏低的情況，迅速整地整合臺灣動畫代工界，在 80 年代成為全球出口量最大的卡通製作公司。在當時，美國的電視卡通畫中，有 70% 在臺灣的宏廣製作。日式與美式代工的經驗深深地影響了臺灣之後 30 年的動畫發展。

（二）自製與加工的十字路口 (加工高峰年階段)

1981 年，《老夫子》漫畫率先被改編為動畫長片，動畫向漫畫取材蔚為風潮。但接下來的《烏龍院》與《牛伯伯與牛小妹大破鑽石城》的商業成就卻不盡理想，自製動畫之路並不樂觀。同時，臺灣已成為全球動畫代工的重鎮，宏廣甚至接下迪士尼的訂單，顯示臺灣技術的高水平。政府相關單位也積極培養出一批非代工體系的動畫人才。80 年代末，動畫大廠紛紛至大陸設廠，臺灣的動畫界再次面臨重大的時代變遷。

（三）產業外移下的自我覺醒 (產業轉型階段)

90 年代初，動畫產業西進大陸，蘇州、無錫等地盡是臺灣動畫先驅的身影。然而，在輔導金、公視等的推波助瀾下，自製動畫的努力從未停歇，類型也更廣泛。本土題材的《魔法阿媽》與韓國合作；改編自臺灣漫畫的《Young Guns》則是臺灣原創，在日本加工製作，「跨國合作」成為新顯學。90 年代中，數位技術與 3D 電腦動畫嶄露頭角。網路興起催生了 Flash 動畫，《阿貴》風潮衍伸了新型態動畫產業。

（四）國際競爭的危機與轉機 (電腦動畫階段)

遊戲產業蓬勃發展，廣告與電影特效也廣泛運用動畫與數位技術，3D 動畫成為主流，國際間競合的態勢也愈加明顯。藉著創意行銷來開拓「自創動畫品牌」的國際市場，商品經營也成為重要課題。

2019 年臺灣電腦動畫產業成長率有 10.8%，總產值為新臺幣 87 億元，主要成長動能來自新媒體動畫營收的增加（臺灣數位內容年鑑,2020）。由於 AR/VR 技術的進步，配合 AR/VR 軟體、內容、遊樂園，以及各種展演的電腦動畫開發比例增加，相較於製作完整的電視動畫或動畫電影，商用電腦動畫逐漸在生活中提高應用的比例與範圍。動畫電影仍為國內廠商積極嘗試開發的領域，與日本完整的動畫產業鏈、穩定的每季電視動畫產出相比，動畫電影對於我國廠商而言，在有好劇本內容的前提之下，較容易達成完整製作上映的目標。在肖像授權與衍生產品方面，在通訊軟體的推波助瀾下，除了動畫本身的肖像授權，由貼圖衍生的產品肖像製成實體商品，也開始產生獲利的成長。

10-2 數位內容產業

一、數位內容產業概論

數位內容（Digital Content）係指將圖片、文字、影像、語音等運用資訊科技加以數位化並整合運用之產品或服務。在數位內容產業範疇中包含主要分為 5 大核心產業：數位遊戲、電腦動畫、數位影音、數位出版與典藏、數位學習，關聯產業指行動應用服務、網路服務及內容軟體。數位內容關聯產業與核心產業如圖 10-2 和圖 10-3 所示。

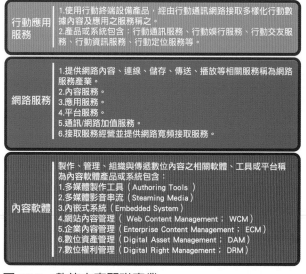

行動應用服務
1. 使用行動終端設備產品，經由行動通訊網路接取多樣化行動數據內容及應用之服務稱之。
2. 產品或系統包含：行動通訊服務、行動娛行服務、行動交友服務、行動資訊服務、行動定位服務等。

網路服務
1. 提供網路內容、連線、儲存、傳送、播放等相關服務稱為網路服務產業。
2. 內容服務。
3. 應用服務。
4. 平台服務。
5. 通訊/網路加值服務。
6. 接取服務經營並提供網路寬頻接取服務。

內容軟體
製作、管理、組織與傳遞數位內容之相關軟體、工具或平台稱為內容軟體產品或系統包含：
1. 多媒體製作工具（Authoring Tools）
2. 多媒體影音串流（Steaming Media）
3. 內嵌式系統（Embedded System）
4. 網站內容管理（Web Content Management；WCM）
5. 企業內容管理（Enterprise Content Management；ECM）
6. 數位資產管理（Digital Asset Management；DAM）
7. 數位權利管理（Digital Right Management；DRM）

圖 10-2 數位內容關聯產業。

數位遊戲	1.將遊戲內容運用資訊科技加以開發或整合之產品或服務稱之。 2.產品或系統包電視遊戲（TV Game）、電腦遊戲（PC Game）、可攜式遊戲（Handheld Game）等，但手機遊戲則列入行動應用領域中。
電腦動畫	1.運用電腦產生或協助製作的連續聲音影像，廣泛應用於娛樂及其他工商業用途者稱之。 2.產品或系統包含：電腦動畫（2D/3D動畫）、網路動畫（Flash動畫）、虛擬肖像IP授權與代理、網路多元化動畫應用內容（電腦、手機、PDA）、行業別動畫模擬應用（醫療、教育、軍事）等。產值發生主要來自動畫影片代工、自製動畫影片等。
數位影音	1.將傳統類比影音資料（如電影、電視、音樂等）加以數位化，或以數位方式拍攝或錄製影音資料，再透過離線或連線方式，傳送整合應用之產品及服務稱之。 2.產品或系統包含：音樂CD、DVD、VCD租售、線上音樂、線上影片播放下載服務、線上（數位）KTV、隨選多媒體服務 MOD、（有線與無線）數位電視、數位廣播等。
數位出版與典藏	1.數位出版是運用網際網路、資訊科技、硬體設備等技術及版權管理機制，讓傳統出版在經營上產生改變，創造新的營運模式及所衍生之新市場，帶動數位知識的生產、流通及服務鏈發展。 2.數位典藏意指將國家重要並具深具人文、歷史意涵的文物以數位形式典藏的過程，此過程不僅將原始的素材經過數位化處理（拍攝、全文輸入及掃描等），亦加入詮釋資料（Metadata）描述，再以數位檔案的形式儲存。
數位學習	1.運用資訊科技，將學習內容數位化後，所進行之網路連線或離線等服務及產品等學習活動稱之 2.產品或系統包含：學習內容製作工具、軟體建置服務、學習課程服務、數位內容教學服務等。

圖 10-2　數位內容核心產業。

　　根據資誠管理公司（PWC）《Global Entertainment and Media Outlook 2019-2023》報告中推估，2019 年全球數位內容產業市場規模約為 21,620 億美元，至 2023 年預計增加至 26,686 億美元，年複合成長率（Compound Annual Growth Rate, CAGR）為 4.3%。

PWC 指出，全球娛樂產業數位化的比例逐年升高，2018 年為 53.1%，2019 年成長至 55.4%，預估 2023 年將來到 61.6%。全球數位化的浪潮帶動使用者的閱覽媒介由傳統媒體移至行動裝置，也連帶促進出版、影視、音樂等產業的另一波成長。

出版數位化一般指稱電子書的出版，然而出版平臺及行動裝置的普及，使得讀者不一定要採用電子書閱覽器才能購買及閱讀電子書類型產品。

影視及音樂的出版亦如是，過去即使是內容數位化的作品，依然有很大一部分仰賴傳統媒體發行（如電視播放、影碟、音樂 CD 的發行），然而 Netflix、Spotify 等串流平臺的興起，使得數位作品由網際網路串流直接發行，去除了中間媒介，隨著消費者使用裝置的改變而完全的數位化。發行與傳播媒體的完全數位化，為出版及影視作品再度帶來成長的空間，顯示消費者對娛樂的需求一直存在，製作與通路的一致數位化，突破傳統固定收視習慣的藩籬。

由於智慧型手機、智慧家庭，以及物聯網等科技漸趨成熟，全球帶動了由智慧音箱做為智慧家庭中控中心的風潮，同時智慧家庭娛樂的串聯，改變消費者收看數位內容的習慣。在使用者模式與個人化方面進行智慧化預測，再加上 5G 通訊時代的來臨，對於娛樂產業的數位化影響愈來愈明顯。

5G 通訊被認為可以帶給使用者更寬的頻寬、更快的傳輸速度，這些皆有益於製作更精緻、時長更長的數位內容作品透過網路傳播，同時提高消費者在網路上獲取娛樂內容的意願。對影視公司而言，也提出許多將過去經典類比作品數位化的計畫，科技的創新明顯的讓數位內容產業隨之產生創新的型態。5G 通訊的來臨被認為將加速虛擬實境內容（Virtual Reality, VR）創作與傳播。

綜觀全球數位內容產業趨勢，使用者模式預測與個人化越來越重要，在人工智慧演算法、雲端運算的協助下，減低了探知消費者喜好的困難度；同時隨著通訊頻寬與速度上升，有利於數位內容產業配合其他產業產生新的商業模式。而 VR 等新技術的產生，能夠帶給消費者更好的體驗，促進數位內容產業的流通與利用。

二、美國數位內容產業

美國為全球最大的數位內容娛樂市場，其網路廣告市場已經遠超過電視廣告市

場，PWC 研究指出，2019 年美國網路廣告市場規模將近 1,000 億美元，而電視廣告市場萎縮至大約 700 億美元，同時加上行動網路的推波助瀾，美國網路廣告市場被認為在 2023 年時將會占廣告市場的 70%，而行動網路廣告又會占整體網路廣告市場的 60% 至 75%。

相關影音串流平臺如 Netflix 的掘起，美國傳統電視收視率持續下降，加速了電視廣告市場的式微。除此之外，隨著行動遊戲與電競運動的崛起，也帶動廣告市場的轉移，相對於一般網站投放廣告，在擁有廣大使用者的遊戲中添加廣告成為廣告商的重要選擇，依據 PWC 預估，遊戲廣告市場至 2023 年將會成長至 18 至 20 億美元。而贊助電競比賽同樣成為廣告商進行宣傳的重要場合，雖然目前預估美國的電競相關廣告市場僅有約 5,800 萬美元，但至 2023 年將會成長近一倍來到 1.11 億美元。由廣告市場的變化可窺見美國數位內容市場的變動。

美國為全球智慧學習市場占比最高的國家，其具備完善的數位基礎建設環境，使得智慧學習的導入與推動進程相對快速而順暢，如：各級學校積極採用雲端平臺、互動式數位教材解決方案。

三、日本數位內容產業

根據日本《數位內容白皮書，2019》中指出，動畫在整體市場中占比 34.5% 為最高，達到 43,714 億元日幣；其次，圖像 / 數位圖；遊戲市場占 17.2%；複合型內容市場為 11.4%；最後是音樂 / 聲音出版市場占 10.9%。

以媒體載體市場來區分，自 2018 年將網際網路內容加入估計後，可明顯觀察到日本數位內容市場對傳統媒體的擠壓。一般套裝內容市場（如 DVD、CD 販售等）為 37,422 億元日幣，占整體市場 29.6%，雖然在所有媒體載體中仍為占比最高，但比 2017 年下滑 5.5%。而網路內容市場則首度超過傳統媒體（如電視、廣播等），網路內容市場規模 2018 年來到 36,086 億元日幣占 28.5%，成長率為 11.2%；傳統媒體播放市場則為 35,926 億元日幣，占比 28.4%，成長率下滑 1.4%。戲院及現場活動方面，則有所成長，市場規模為 17,156 億元日幣，占比 13.6%，成長率為 3.9%，表示在娛樂方面，消費者還是有親臨現場體驗的需求。綜合來看，日本數位內容市場往網際網路移動的趨勢明確，網際網路將成為數位內容主要載體。

數位學習日本為了配合整體社會邁向「超智慧社會」（Society 5.0）的願景，產業人才升級係相當關鍵的一環，政府研擬建立相應的人力資源發展培訓體系，包括：國中小、高中義務教育課綱調整、專業領域高等教育人才培育等，旨在培養能夠適應外在科技快速變遷、迎向未來挑戰之勞動力。

因應全球化與新興科技日新月異，日本文部科學省重新檢視課綱規劃與授課方式，於 2017 年 3 月公布中小學學習指導要領之修正案，旨在增進學童資訊理解程度，並強化適應未來社會挑戰之能力。新指導要領視資訊能力為必修之基礎能力，不僅將透過跨學科課程設計來學習，也將程式設計課程設為必修課程。該新制預計於 2020 年開始階段性實施（2020 年小學實施、2021 年中學實施、2022 年高中實施）

四、韓國數位內容產業

韓國數位內容產業係在創造經濟（Creative Economy）思維脈絡下推動，其關切主題已從「文化產業」及「文化內容產業」，轉換到「內容產業」。此脈絡背景下，也可觀察到韓國數位內容政策工具組合的調整，更關注在內容與平臺的融合，加速促成未來價值的創造。從 2009 年開始，韓國政府提出整合 CPND 架構的相關政策，分別為：Contents（內容）、Platform（平臺）、Network（網路）及 Device（載體）。因此，促進整體內容產業的發展、選擇及培育策略性的內容產業、以及內容產業的融合發展成為推動政策的重要部分（數位內容年鑑,2019）。

2013 年在「創造經濟」發展之概念下，未來創造科學部（Ministry of Science, ICT and Future Planning, MSIP）也出現許多促進資訊與通信科技產業 ICT（Information and Communication Technology）與其他產業的相關措施，以驅動新興應用發展；為能促成產業大規模的轉型，韓國政策也特別強調建立產業良性循環發展的生態系，作為全球市場擴張之動能。2014 年，韓國政府提出 K-ICT 策略，聚焦 9 大戰略產業的培育，包括：內容（如數位內容、大數據）、裝置（智慧裝置，多側重穿戴式裝置與相關零組件）、服務（5G 及高畫質影像）及基礎建設（軟體、物聯網、雲端及資訊安全）。尤其，在推動過程中，韓國政府積極的協助提供示範應用場域和拓展海外市場，加強應用內容服務的能見度及知名度。同年，南韓政府

跨部會共同研擬「數位內容產業發展戰略」，針對金融、法規制度、人才培育、創業支援、著作權、市場拓展整合等不同領域，提出解決方案。

1. **金融**：由韓國體育部門成立「10-10-10 基金」，每年支援 100 家 "10-10-10" 企業（資本額小於 10 億韓元、銷售額小於 10 億韓元、員工人數小於 10 人的數位內容公司）。

2. **法規制度**：制定『大眾文化藝術產業法』保護韓籍藝人之肖像財產權。

3. **人才培育**：2016 年成立「內容師傅高中」畢業後 100% 就業，滿足遊戲產業開發與技術未來人才之培育養成。

4. **創業支援**：南韓文化體育觀光部與未來創造科學部共同設立韓國內容實驗室（Content Korea Lab），提供創業合作空間、創作設備、投資建議、業師指導等一站式服務。

5. **著作權**：隨著韓國內容文化活絡發展至全球，韓國政府機關意識需要伴隨強化海外著作權的保護。在全力推廣市場同時，亦將增強即時著作權相關法規制度移植海外，同時派遣熟悉地區法規、技術之著作權專家小組協助地區拓展。

6. **市場拓展整合**：為了擴大韓國文化內容的全球市場占有率，南韓將主要海外市場經營韓國文化內容實體體驗據點空間，並開設專家研習課程。另外，南韓政府了解「內容為王」的重要性，2010 年制定「內容產業振興法」，設立區域型內容實驗室，打造內容創造聚落並建構內容交易平臺，行程內容素材市場（story market）增加來源的多樣性。

根據韓國情報通信產業振興院的調查結果，2017 年韓國數位內容產業規模約達 401 億美元，其中以數位遊戲占整體產值 23.4% 居冠，數位情報內容（新聞、網誌、部落格、線上直播、自媒體等）占 13.9%、數位內容流通平臺（社群平臺、網路動漫平臺、網路影音平臺、直播平臺等）占 12.6%（數位內容年鑑 ,2019）。

2019 年是韓國文化產業振興院（Korea Creative Content Agency, KOCCA）創立 10 週年，根據 KOCCA 發表的統計指出，韓國自 2009 年至 2019 年的 10 年間，內

容產業的銷售額由 670,000 億韓圜成長 1.7 倍，達到 1,160,000 億韓圜；出口額亦從 26 億美元（約 858 億元新臺幣）成長 2.9 倍，達到 75 億美元（KOCCA, 2020）。

五、中國數位內容產業

在上網人口與普及率不斷提升下，帶動中國大陸數位內容產業的迅速成長。根據中國新聞出版研究院《2018-2019 中國數字出版產業年度報告》，2018 年中國大陸數位內容產業持續往上推升，全年整體市場營收規模達 8,300 億人民幣，比 2017 成長 17.8%。其中：

數位出版和網路遊戲的收入分別為 2,007.4 億元和 791.1 億元，在數位出版總收入中所占比例分別為 24.10% 和 9.5%，兩者合計占比 33.6%，超過全年總收入規模的三分之一，是數位出版產業收入的重要支柱。其中網路廣告、數位出版及網路遊戲在市場規模上占據前三名，尤其是網路廣告之市場規模維持在整體之 50% 左右，在數位內容產業占有重要的一席之地。數位出版與網路遊戲在整體規模中分別占比為 24.1% 與 9.5%，是中國大陸整體數位內容產業的主要營收來源，尤其是數位出版具有雄厚的發展潛力。網路動漫自 2016 年開始有了較高的成長，動漫 IP 營運逐漸受到重視，也是一個受到看好的發展領域。

依據產業報告，大陸數位內容發展趨勢：

（一）數位內容精品化趨勢日益明顯

數位內容產業正在加快向精品化發展。無論是網絡文學、網路遊戲，還是知識付費、短視頻等領域。產品在娛樂屬性之外，融入了更多的文化內涵，更加注重思想和藝術。

（二）人工智慧技術應用場景日益深化

人工智慧技術越來越多地應用於內容的創作、審核、流量預測、運營、推薦、交互等。

（三）5G 將為出版融合創新提供廣闊空間

5G 將為新技術、新媒體、新業態在出版領域的應用提供更加便利、順暢的條件。大數據、雲端計算將成為出版傳媒業的標準技術。而虛擬／增強現實技術也因著 5G 將會真正落實在出版傳媒領域，真正實現沉浸式體驗，「3R」技術（VR、AR、MR）將成為遊戲、新聞媒體、數位教育等領域的研究和投入的重點項目。

（四）媒體融合邁向縱深發展

主流媒體採用短影片、網路直播、H5、VR 全景等新形式，豐富訊息呈現方式，拓展傳播通路，進一步提升媒體傳播力、引導力、公信力。

（五）知識付費將迎來發展

近年大陸知識付費平臺公布的銷售數據仍然在逐年大幅攀升，從內容上，專業化、實用性強的內容將成為市場主流，市場持續加劇細分反映出新的市場需求。

（六）數位內容產業將構建新的發展

內容型態方面，影音業務將成為數位內容產業的發展重心。在大陸 4G 高度普及、5G 開啟商用，短片迎來新一輪爆發式增長，並將與教育、新聞資訊、知識付費等多個領域實現更深度整合。

（七）業態複合化趨勢

網際網路數位內容企業紛紛加深實體場景的深耕，以實現品牌的全面覆蓋和用戶數據的多層次、多維度。知識付費和在線教育等領域，都呈現從線上拓展至線下的趨勢。

數字內容企業的品牌跨界能力不斷增強，為打造多層次立體化受眾體驗，跨品類的融合將成為企業品牌建設的重要途徑，不同領域、不同品類，連接線上、線下的融合將日益普遍

（八）電子競技將成為產業融合新節點

電子競技遊戲已經成為大陸數位遊戲行業新的收入增長點。大型網際網路企業和體育直播平臺紛紛布局電子競技領域。北京、上海等多地都在積極推進電競行業

發展，電競特色小鎮、電競產業園區、電競館在全國各地湧現，各種電競賽事紛紛設立。電競賽事和職業聯盟為核心的衍生內容製作方，以及下游賽事直播由上游遊戲廠商為核心的內容版權方、平臺等環節構建的電競產業鏈條已基本形成。

5G 時代下，VR、AR 以及 MR 等技術在電競的加速應用，將進一步豐富行動電競的內容與體驗。

六、臺灣數位內容產業

臺灣數位內容產業發展有兩大推動負責單位：經濟部工業局以技術研發帶動產業發展、文化部以內容創意帶動產業發展。「109 年數位內容產業年鑑」中提到臺灣數位內容產業範疇涉及三個層次的討論：

第一個層次，維持原有的三大核心產業（數位遊戲、電腦動畫、數位學習）；

第二個層次，伴隨新科技元素，為結合新興科技（體感型）的數位內容產業，包括：AR/VR/MR、AI、區塊鏈等科技應用；

第三個層次，探討的是融合型的數位內容產業，隨著科技內涵持續演進，數位分身（digital twin）、VTuber「虛擬網紅」、全息投影（front-projected holographic

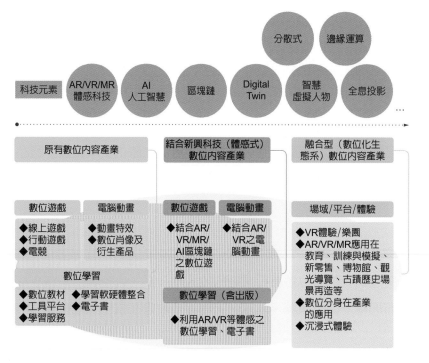

圖 10-4　臺灣 2020 數位內容產業，資料來源：109 數位內容年鑑。

212

display）等技術的成熟與發展，呈現的是數位化的生態系，以場域 / 平臺 / 體驗為展示或應用介面，包括：VR 體驗 / 樂園；AR/VR/MR 應用在教育、訓練、新零售、博物館、觀光導覽、古蹟歷史場景再造等；數位分身在產業的應用與沉浸式體驗。如圖 10-4 所示。

2019 年臺灣數位內容產業總產值為新臺幣 2,542 億元，成長率為 5.3%。在子產業占比上，數位學習項目由於包含硬體產值之估計，在所有數位內容產業中占比為最高。順應 AR/VR 之潮流發展，體感科技持續呈現成長趨勢。數位內容影音部分（如電影、戲劇與動畫）在其他章節已詳細說明，以下將以數位遊戲、數位學習與出版進行介紹。

（一）數位遊戲

2019 年臺灣數位遊戲產業，總產值來到新臺幣 621.8 億元。臺灣數位遊戲產業定義係指「將遊戲內容運用資訊科技加以開發或整合之產品或服務」，依其終端裝置又可區分為 5 個次領域，包括：

1. 個人電腦遊戲（PC Game）。

2. 線上遊戲（On-line Game）。

3. 家用遊戲機軟體（Console Game）。

4. 商用遊戲機軟硬體（Arcade Game）。

5. 行動遊戲軟體（Mobile Game）。

根據《2019 年全球遊戲市場報告》指出，2019 年亞太地區遊戲產業成長率為 7.6%，北美（成長率 11.7%）、拉丁美洲（成長率 11.1%）、歐洲、中東和非洲（成長率 11.5%）等地區的成長率都有 10% 以上。就整體市場而言，亞太地區占全球 47% 的市場占有率，因此，整體市場前景值得期待。

根據 Newzoo 發表的《全球行動市場報告》，顯示 2019 年全球手遊收入將達 685 億美元，此外，全球手遊市場收入也逐年上漲。Newzoo 預測到 2022 年，全球手遊收入將達 954 億美元。2019 年，將有 23.6 億人在行動平臺玩遊戲，8.9 億人願意為手遊付費，顯示除了手機普及使用外，消費者也更願意在手遊產品消費。

（二）數位學習

　　臺灣數位學習產業可區分為數位教材、平臺／工具、服務及硬體。「數位教材」係指數位化的學習內容設計與課程開發，包含數位化教材、導學教材、電子書教材等。若使用者透過桌上型電腦、筆記型電腦連網使用，則屬線上學習教材；若利用行動載具使用，則稱為行動學習教材。

　　數位與行動載具在教育機構使用日漸普及，混成（Blended）或協作（Collaborative）的學習方法也日益成為主流，如允許老師或學生突破時間與空間的限制，在智慧教育系統上教授或學習各式領域專業知識；透過智慧裝置為課堂提供小組討論、團體合作的空間，實行問題導入學習法（Problem-based Learning）、遊戲式學習，或更個性化、自適應的學習方式，提高學習過程互動程度、翻轉課堂學習想像（數位內容年鑑，民國 109 年）。

　　2019 年臺灣智慧學習產業由教學產業、軟體產業與硬體產業組成，年度總產值為 1,335.8 億元，數位學習產品與服務依性質分為內容、軟體與硬體等三個類別內容與軟體是數位教育前兩大重要市場。

　　數位學習產業中，平臺化是一顯著趨勢，一是透過平臺的發展推動數位學習內容，使教師與學生能夠更容易運用；另一是平臺也提供了越來越多的工具讓教師製作教材使用，因此，在數位學習產業中，平臺與服務的發展趨勢將受到重視。

　　臺灣在政策面上多方扶持之下，目前數位學習在國內教育環境中已漸普及，各級學校皆有其不同的應用方式，在相關應用上，多利用校際聯盟及異業結盟，打造示範場域，以多元角色共構數位學習生態圈；較缺乏的師資培育的層面上，則落實教師培育制度，以學生與老師角色雙軌提升數位學習能力，再配合實地教學，落實數位學習內涵。

　　另一方面，數位學習的領域延伸至高齡學習及資料整合，以往數位學習專注於校園環境，現今利用政府資源廣設學習中心，更普惠資源至長者、實際提攜樂齡學習，在後端也利用雲端資料整合，更完善化教學資源，一條龍模式使教學資源更能效率化應用，並以網路平臺減少偏鄉差距。

臺灣數位經濟發展，全力朝向拓展遠距教學、遠距醫療以及其他結合物聯網和 AI 的科技發展，未來更可將之應用至醫療、長照等領域，使數位學習呈現多元化風貌。

（三）數位出版

數位出版產業的定義係指「運用網際網路、資訊科技、硬體設備等技術及版權管理機制，讓傳統出版在經營上產生改變，創造新的營運模式及所衍生之新市場，帶動數位知識的生產、流通及服務鏈發展者稱之。」數位出版產業區分為 3 個次領域，包含：電子書、電子書流通平臺服務、電子書閱讀器（圖 10-5）。

2019 年數位出版產業規模為新臺幣 390.6 億元，臺灣讀者一直受限於沒有完整親切的電子書閱讀器中文介面，在 2018 電子閱讀器 Amazon Kindle 開始支援中文後，對臺灣消費者添購電子書的意願有所提升。國內平臺與電子書閱讀器的研發，加上國外電子書閱讀器增加對繁體中文的支援，都將有助於我國數位出版產業進一步的成長。教育部為升閱讀風氣，圖書館為民眾閱讀的重要管道，擬規劃將在國立圖書館首度試辦公共出借權，民眾每從圖書館借一本書，政府就給付補償金給作家和出版社，藉此尊重著作權並提振出版產業，從基礎面帶動民眾對於數位出版的認知與培養習慣，將是數位出版產業長遠經營下的一大助益。

2019 年臺灣數位內容產業產值為新臺幣 2,542 億元新臺幣，數位學習占比最高，臺灣整體教育環境現有的硬體資源以及設備普及度增加，臺灣數位學習產業收費模式也逐漸成熟，提供給使用者更多選擇性，在軟硬體應用多方成長趨勢下多方成長。在臺灣數位內容產業產值結構數位遊戲僅次於數位學習，主要成長區塊為行動遊戲軟體，除

kobo forma

HYREAD

圖 10-5 知名電子閱讀器，依序為：Amazon Kindle、Readmoo mooInk、Rakuten Kobo、HyRead

了智慧型手機的普及，手機遊戲精緻化也對廠商帶來了成長動能，然而目前遊戲市場仍以代理為主，臺灣原創手遊仍在發展階段，未來仍有期待成長空間。

現階段臺灣數位內容產業經營角色多元，除了固有的內容創作形式外，異業結盟與行銷衍生應用，不僅可彌補資金缺口，更能引起大眾話題。以往內容創作亟需資金投入，透過與異業合作應用，如建築業、航空業等，不僅可解決資金問題，更可將創作的動畫、體驗場域等產品結合行銷營運策略應用，可進一步成為企業經營的一大助力。

10-3 動畫產業與數位內容產業的就業與創業

產業的發展最重要是人才的就業與新事業的發展，綜整數位內容未來發展關鍵趨勢及對人才需求之影響如下：

1. 5G 帶動數位內容之應用及新商機：在需求與技術提升下，臺灣將進入 5G 寬頻網路時代到來，智慧型載具蓬勃發展，提供更高品質的網路應用服務，加速寬頻網路、硬體規格、平臺服務、終端應用的垂直整合，朝向行動化、社群化、匯流化、視頻化、物聯化、NFC（近距離無線通訊）、Cloud（雲計算）、Big Data（大數據）重點產業人才需求發展趨勢，帶動數位內容之新應用及新契機。

2. 智慧型手機透過 APP 多元化應用內容，微應用時代帶來大商機與無限潛力。

3. 東協各國在數位遊戲、電腦動畫、數位出版、數位學習等市場崛起，將產生商機，我國業者將前往投資與佈局。

數位內容產業各次產業的主要需求職類，人才能力需求與工作內容如表 10-1 說明：

1. 遊戲領域：遊戲產業程式人才。

2. 動畫領域：動畫美術設計師，電影及視覺特效產業發展，帶動動畫產業人才需求，角色設計師近年來需求增加。

3. 影音領域：跨平臺應用與異業整合之研發工程師及行銷人員。

4. 出版領域：數位出版回歸產出內容的企劃設計人員及執行編輯。

5. 學習領域：數位匯流發展趨勢及網路技術的突破，帶動國內行動學習之發展，教學設計人員及媒體設計師為主要需求人才。

表 10-1、數位內容產業人才能力需求與工作內容

職稱	能力需求	工作內容
製作人 / 製作總監 / 導演	1. 新產品 / 服務模式。 2. 創新營運模式。 3. 跨平台營收機制。 4. 整合統整能力。 5. 品質管理與溝通協調。	1. 定義製作目的。 2. 明確製作物之概念。 3. 設定達成目標、管理預算與進度。 4. 全盤掌握工作人員之技能、資源分配調控。
產品經理	1. 跨業整合專案管理。 2. 國際專案管理。 3. 國際市場經營。 4. 數位製作流程管理。	1. 協助專案規劃。 2. 行與追蹤檢討。 3. 管控專案進度及品質流程。 4. 規劃人力、資源調控。 5. 國際專案管理。
企劃設計師遊戲企劃師教學設計人員	1. 具備創意。 2. 使用者經驗設計。 3. 社群經營與規劃。 4. 跨平台整合企劃。 5. 了解各種新興數位平台的觀眾使用習慣。	1. 遊戲 / 節目 / 數位教學設計規劃。 2. 創意構想。 3. 創作劇本。 4. 文案撰寫。 5. 平台企劃與設計。 6. 付費機制設計。

第 1 章
第 2 章
第 3 章
第 4 章
第 5 章
第 6 章
第 7 章
第 8 章
第 9 章
第 10 章
第 11 章
第 12 章
第 13 章
第 14 章

表 10-1、數位內容產業人才能力需求與工作內容（續）

職稱	能力需求	工作內容
編劇 編導 數位學習講師	1. 用不完的點子。 2. 故事腳本 / 數位敘事。 3. 敏銳的觀察力。 4. 具備文字及想像力。 5. 數位編輯製作。	1. 編劇。 2. 企劃案撰寫及執行。 3. 文字、影像、音樂之匯整與編輯。
程式設計師 研發工程師 測試評估人員	1. 原生平台程式設計。 2. 跨平台開發。 3. 3D 引擎撰寫。	1. 程式開發。 2. App 開發、程式撰寫、測試、工具程式維護。 3. 開發、研發軟體新技術與新工具。
美術指導 美術設計師 角色設計師	1. 美學 / 創意發想。 2. 手繪能力。 3. 動作與表演。 4. 骨架設定、模型貼圖。 5. 3D 繪圖技能。	1. 原畫設計。 2. 角色設計。 3. 動作設計。 4. 場景設計。 5. 3D 建模美術。 6. 貼圖美術。 7. 色彩校正。
多媒體設計師	1. 溝通能力及團隊合作。 2. 敏銳的觀察能力。 3. 洞察消費者行為與心理。 4. 優異的審美觀及設計能力。	1. 各種風格 UI 設計。 2. 使用者動線流程規劃。 3. 使用者介面視覺設計。
行銷人才	1. 數位行銷工具。 2. 國際業務拓展與談判。 3. 數位版權及國際授權。	1. 行銷資源運用與管理。 2. 訂定產品行銷策略。 3. 行銷推廣之規劃與執行廣告。 4. 文案撰寫。 5. 國際業務拓展與談判。

資料來源：作者研究整理

10-4 練習與討論

日本動畫電影製作翹楚—吉卜力工作室

公司名稱：吉卜力工作室

成立日期：1985 年 6 月 15 日

公司官網：https://www.ghibli.jp/

吉卜力工作室是一家位於日本東京的動畫工作室，它最初由動畫導演宮崎駿、高畑勳以及德間書店編輯鈴木敏夫及德間康快於 1985 年 6 月成立。目的是作為宮崎駿與高畑勳兩位導演能夠方便製作動畫片的場所。

吉卜力所推出的動畫電影作品（圖 10-6~10-8）是以高品質及精緻細膩著稱，在全球最高日本動畫電影票房前十名中，吉卜力包辦了六名。吉卜力作品也常囊括海內外各項電影大獎，其中 2001 年推出的「神隱少女」更榮獲奧斯卡最佳動畫片獎項，是日本首部奪得奧斯卡此獎項的公司。同時，「神隱少女」也締造至今日本電影票房最高紀錄，總票房高達日幣 300 億元。

除了創作動畫電影外，吉卜力業務包含廣告動畫製作、真人影片拍攝、遊戲美術設計、動畫作品的影視作品與其他相關周邊商品設計。1996 年吉卜力進軍海外市場發展與迪士尼日本分公司進行合作，吉卜力家庭用影音出版品銷售通路與委由迪士尼發行。吉卜力工作室在日本人心中亦是日本品牌的重要代名詞。在各項日本消費者市場調查中吉卜力經常囊獲日本人心目中「日本品牌」的首選。

2001 年臨近吉卜力所在地三鷹市打造以吉卜力作品為主題所設計的美術館，期待打造一個可以激發來到此地的客人都有一顆好奇心來闖蕩這個空間。館內每年會安排不同主題展覽，美術館內有座迷你電影院，播放美術館獨有的吉卜力短篇動畫。

圖 10-6　1988 年作品《龍貓》。

圖 10-7　2001 年作品《神隱少女》。

圖 10-8　2008 年作品《崖上的波妞》。

延伸思考

1. 臺灣動畫產業如何突破代工製作,其完整產業鏈該如何配套?

2. 臺灣動畫產業如何創造自有品牌,其品牌價值與品牌策略如何操作?

腦力激盪

1. 數位學習內容廣泛，如何將臺灣特色數位學習商品做出特色化？

2. 特色化的數位學習商品又如何使有行銷工具與策略推廣至海外市場？

第1章
第2章
第3章
第4章
第5章
第6章
第7章
第8章
第9章
第10章
第11章
第12章
第13章
第14章

第 **11** 章

會展產業

欣賞藝術美，需要知識修養；領略自然美，同樣需要知識修養。修養越深，展現在你眼前的美的疆域就越廣闊，你獲得的美感也越豐富。

——佚名

　　會展產業在各國產業中扮演著發展的觸媒角色，也是各國展現科技與經濟等實力的絕佳舞臺。本章將透過會展產業的介紹，讓學員了解「會展產業」，以及該產業的就業與創業議題，最終藉由分組討論與課後練習來驗證學習成效。

11-1 會展產業

一、何謂會展產業？

　　會議展覽服務產業，是當今各國公認的 21 世紀金礦產業，它除了是各產業的發展觸媒，更是各國用來作為國家與城市發展的樞紐機制。因此，會展產業已成為全球各國競相尋求發展的總體經濟火車頭標的。

　　會展本質上就是一種創新的服務模式，它存在的基礎係建立於提供供需雙方集中的、定時定點的面對面之交換機制；而今日的會展產業功能旨在促成跨地區同一產業互動，加速擴散產業資訊及知識，使產業價值鏈更加活絡，進而誘發各種產業新的商機，並經由交互、多層次複式的互動結果，衍生新的價值鏈體系。因此，會展產業儼然成為促進社會及經濟繁榮進步的總樞紐。

　　國際間所稱 Meeting Incentive Convention and Exhibition（MICE）產業，簡稱為會展產業。包括一般會議、獎勵旅遊、大型國際會議與展覽四種業務；一般國際性團體大都僅擇取會議與展覽二項合併為一，如：亞洲展覽及會議協會聯盟，或二者各自分立的服務組織，如：國際會議聯盟、國際會議協會及全球展覽業聯盟。

　　會展產業指的就是「會議展覽服務產業」，以舉辦會議與展覽的活動形式，為第一產業和第二產業服務之第三產業（WTO,2001）。黃振家（2007）定義會展產業為：「以服務為基礎，以資源的整合為手段，以帶動衛星產業為目的，以會議展覽為主體，所形成的產業型態。」

　　產業的參與者，每因產業發展的過程與階段之改變而有增減或更換。就會展產業而言，其參與者可從實際運作面來看，基本上是一個以會議或展覽為目的之核心組織，帶動週邊協力廠商並整合資源，以形成產品或資訊作面對面交換的服務活動（莊雪麗,2005）。依據 ICCA（International Congress and Convention Association）

的歸納，會展產業參與者包括：（1）旅行社業、（2）航空運輸業、（3）會議展覽顧問服務業、（4）觀光局或會議局之政府角色、（6）會議展覽中心之設備與技術角色、（7）旅館飯店業及（8）週邊協力廠商等，由此可知參與者可謂相當廣泛、多元（圖 11-1）。

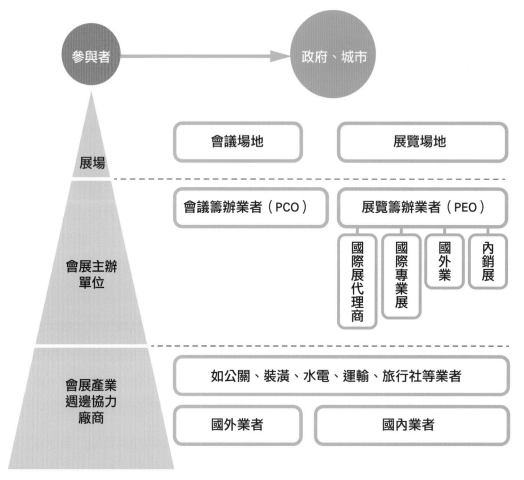

圖 11-1　會展產業價值鏈。

（一）會議產業

　　國際會議市場根據 ICCA 可以劃分為企業型會議（Cooperate Meetings）與協會型會議（Association Meetings）兩種。其中企業型會議又可以概分為內部、外部與混合等三種子類型；協會型會議則可細分為國際政府組織與國際非政府組織兩種，不同類型的會議各有其特性。

（二）展覽產業

　　現代會展產業源自歐美，因經濟發展、效益鉅大與自由而正常發展的環境三大孕育因素，在其他區域經濟文化成長的共伴下，發展成為今日的氣候與機制性。近年來全球展覽產業的發展，不論展覽場館空間、展覽活動數量或展覽產業收入，皆以平穩的弧度成長，並出現活動往亞洲轉移的趨勢。根據國際會議聯盟（Union of International Association, UIA）的統計報告，全球 2004 年國際展覽 4,100 場（歐洲 3,000 場；亞洲 1,100 場）所貢獻的產值約 7,600 億美元，而會議產業貢獻了 1,500 億美元（歐洲占 62%；亞洲有 16%），合計至少 9,100 億美元 1；如依照 Arnold（2002）所謂 1：9 的經濟乘數計算，則當年的全球會展活動，已為世界帶來 8 兆 1 千 900 億美元的直接經濟效益收入。

　　此外，從區域發展的角度以觀，展場空間之增加與實際展覽活動之次數、收入，呈現亞洲相較於最發達之歐美明顯增進，而有彼消我長的趨勢，甚且超越了北美穩坐第二位；其中亞洲在展場空間之增加部分，2019 年時較 2018 年成長 4.6%，達到 2,240 萬平方公尺。而在實際成果上，根據 UFI 於 2019 年發布之「The Trade Fair Industry in Asia-15rd Edition」報告指出，會展表現在全球生產活動大量移轉至亞洲之促動下，2018 年亞洲展覽收入突破 58 億美元，較之 2017 年展覽數量成長 4%，展出使用面積成長 4.8%。

二、國際會展產業概述

（一）德國

　　在會展產業方面則以展覽產業為發展重心，展覽業規模較為龐大，展出品質佳，素有「展覽王國」之美譽，境內擁有 25 個大規模展覽中心，總展覽面積超 300 萬平方公尺，名列全球第一。目前全球所舉辦的領導性國際專業展覽，約有三分之二在德國舉辦。德國展覽產業協會估計，2001 年德國的展覽活動創造出 230 億歐元的經濟效益。外國大型專業展覽公司，主要是德國的主要展覽公司在其歐洲展覽市場已經接近飽和的情況下，大多把拓展海外市場列為企業發展的重點。德國展覽公司的海外市場主要是中國、日本、東南亞、西亞中東、東歐和俄羅斯、北美和拉美地區。 其中，東亞是德國展覽業最重要的海外市場。

德國於協會型國際會議的舉辦場次排名截至 2014 年，已連續 11 年保持全球第 2、歐洲第 1 之地位（GCB，2015）。觀察德國持續領先之排名的緣由，係因德國擁有出色的基礎建設、物超所值及高創新實力的會展業者。德國政府為推動會議產業，於 1973 年成立德國會議局（German Convention Bureau，簡稱 GCB）（圖 11-2），負責推廣與協助國際會議、獎勵旅遊及活動等成功在德國辦理。

依據 ICCA 統計報告，觀察 1963 年至 2018 年期間，德國協會型國際會議市場情況，德國舉辦國際會議場次歐洲排名第 1，2018 舉辦 714 場國際會議，全球排名第 2 僅次於美國全年度 938 場（ICCA,2019）。

圖 11-2　德國會議局。

（二）日本

1965 年成立日本會議局，並設立紐約辦事處；由政府整合產官學的力量，推出國際會議產業發展策略，1990 年起憑藉強大經濟能力，成為亞洲具壓倒性優勢的會議產業先進國，但隨著亞洲各國的經濟成長、會議產業的推動政策、相關硬體設施的日漸完善，使得日本的競爭優勢不斷流失。據國際會議組織之相關人士指出，隨著新加坡、韓國等競爭對手的崛起，亞洲會展市場已不再為日本所獨占，此外，亞洲競爭國家、城市不斷強化對會展產業的投入力道，其中，韓國、新加坡及馬來西亞投資擴大，使日本逐漸失去競爭優勢。

日本為強化會議產業之競爭力於，1994 年制定「促進國際會議等活動招攬及振興國際觀光法」；於 2009 年完成「推動 MICE 之行動計畫」，其中「Japan MICE Year」活動於 2010 年展開，另在 2012 年 3 月制定的「觀光立國推動基本計畫」優先以發展國際會議為主軸，提出「五年內將在日本舉辦的國際會議場次提高五成以上，成為亞洲最大的國際會議舉辦國」之目標，2013 成立「強化 MICE 國際競爭力委員會」提出強化國際競爭力之 4 大策略（圖 11-3）。

日本為加強對外國際連結，固定派遣相同人員參加國際相關會展活動，培育日本會展產業的形象代表。同時透過 UIA、ICCA 等國際團體強化日本在國際會展產業的地位，並建立自治體、會議局（CB）與國際相關團體的合作機制，重振日本會展產業實力（圖 11-4）。

提升重點城市競爭力	強化產官學研組織力	建構爭取國際會議體系	行銷國家和城市
1. 選定MICE重點城市 2. 強化關係人資訊分享 3. 開發獨特會展場地	1. 支援會展產業團體 2. 加強會議局組織 3. 協助學研單位爭取國際會議 4. 強化自治體、會議局的能力	1. 導入MICE大使 2. 建立跨部門體制 3. 對內啟發民間 4. 對外連結國際網絡	1. 鎖定策略產業建立合作框架 2. 建立及強化國家會展的品牌 3. 善用「技術參訪」及體驗之旅

圖 11-3　強化國際競爭力策略與措施。

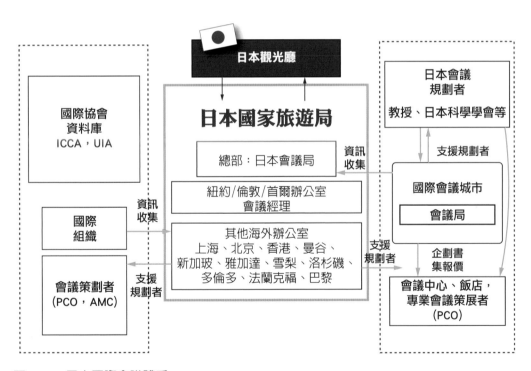

圖 11-4　日本國際會議體系。

（三）新加坡

MICE 產業為新加坡重要產業，長期以來新加坡的 MICE 產業專注於二個重要面向：第一、強大的人才基礎；第二、有效率的基礎設施和系統。新加坡採取一系列作法，旨在使新加坡成為一個以效率安全聞名的會展目的地（MICE Destination），同時能連結到訪者需求，開發創新內涵和豐富體驗。雖然新加坡 MICE 產業居領先地位，但隨周邊競爭國崛起，仍然透過持續發展以保持高度競爭力。

圖 11-5　新加坡連續 18 年「亞洲最佳會議城市」。

新加坡近年在國際會議市場表現亮眼，據 ICCA 統計，新加坡 2019 年共舉辦 148 場協會型國際會議，位居亞洲各城市之冠。此外，新加坡截至 2019 年止，已連續 18 年被 ICCA 評選為「亞洲最佳會議城市」（Asia Top Convention City）（圖 11-5）。

1. 會議產業

新加坡在國際會議市場如此欣欣向榮，可歸因於其擁有完善的會議設施，如：Suntec Singapore International Convention and Exhibition Centre 最大會議室可容納 1 萬人，並提供 34 間多功能會議室；Singapore Expo Convention and Exhibition Centre 提供可容納 8,000 人的大會議室，與 51 間多功能會議室，另外亦有兩個大型複合式度假中心－濱海灣金沙渡假村（Marina Bay Sands）、聖淘沙名勝世界（Resorts World Sentosa）亦可作為辦理國際會議之場地，提供國際人士會議、餐飲、住宿及娛樂等多項所需之服務。

2. 展覽產業

根據國際展覽業協會（The Global Association of the Exhibition Industry，以下簡稱 UFI）2015 年發布的「亞洲展覽產業報告」（The Trade Fair in Asia 11th Edition）中指出，新加坡於 2014 年共舉辦 88 項展覽活動，展覽總銷售面積 33 萬 2,500 平方公尺，較 2013 年（總銷售面積 32 萬 9,250 平方公尺）成長 0.99%，名列亞洲第 8。

新加坡經濟發展素以服務業為主要動力，其製造業規模小，使其展覽產業發展受限，雖然如此，新加坡政府仍持續培育國際專業展覽。新加坡國土面積雖小，但因鄰近廣大的東協市場，吸引多家國際級的展覽公司進駐，例如：勵展博覽集團（Reed Exhibition）、英亞展覽服務有限公司（Euroasia Exhibition Services Co., LTD）、奧偉展覽集團（Allworld Exhibitions）、科隆國際展覽公司（Koelnmesse）、杜塞道夫會展公司（Messe Düsseldorf）、漢諾威展覽公司（Hannover Fairs Ltd）等，視為前進東協市場的灘頭堡。

新加坡訂定 2020 年 MICE 產業藍圖，說明該國立志成為 MICE 產業目的地之趨勢及策略方向。該國的 2020 年願景得到業界強力支持，並持續與許多團體分享見解，凝聚想法，以具體行動加以落實。在訂定 2020 年 MICE 產業藍圖過程中，2020 年 MICE 產業藍圖中訪談約 120 位 MICE 產業相關人士，包括展覽、協會會議、商貿會議和企業型會議，結果顯示，以業務目的而言，新加坡基礎設施已接近完善，包括安全環境、會議場所、交通、便利性等。然而，仍宜從三大趨勢進行提升：

1. **城市連結**

    新加坡致力提供一個智慧型 MICE 城市，讓造訪者能順利到達想要到達目的地，其中商務旅客常運用數位資訊以安排行程；但目前 WIFI 連結具間歇性和不可靠的問題急須改善，故新加坡應持續發展基礎設施，提供方便穩定的 WIFI 連結，讓到訪者以無移動之方式，享受數位化的變革體驗。

    新加坡試圖建置一種無縫移動的數位體驗，讓時間緊迫的到訪者，可毫不費力地整合工作和休閒需求；同時讓商務旅客隨時隨地透過覆蓋的 WIFI，進入資訊世界完成郵件發送、蒐詢場所、購物和辦理登機等多項工作。

    ※ 策略方向：

    新加坡具強大的公、私合作夥伴關係，此種特性可用來連結會展場地、會展業者及電信業者的合作，延展會展中心區域內的 WIFI 覆蓋率。

2. **MICE 體驗**

    效率、安全與方便，係新加坡 MICE 產業著名的特色，新加坡擁有順利完成一系列商務 MICE 活動的能力；然而，新加坡期望訪客在 MICE 活動結束後，不只留下活動效率的體驗，還望參與者留下對活動、對新加坡的情

感和記憶，用體驗活動和新加坡之本土特色，建構新加坡成為理想之會展活動目的地。

新加坡評估，愈來愈多商務旅客尋求體驗式學習，故星國認為須在整個 MICE 活動過程中，傳遞連結 MICE 的內、外部活動之體驗，達到會展活動目的地的層次。新加坡 MICE 體驗係商業和休閒的混合體，讓兩者成為鼓舞人心、有趣及個性化的體驗，並運用各種機會，連結活動、企業及當地社區，營造更好的整體價值。

策略方向：

新加坡也會打造一個 MICE 城市，概念即是安排區域內的活動和競賽都環繞著會展中心舉辦。星國初步指訂定三個「B2B2C」和以生活方式為中心的群集，作為創新體驗的測試平臺：Travel Rave、Singapore Design Week、Singapore Media Festival，歡迎各會展活動之參與。

新加坡應用科技，在活動生命週期的每一個階段進行創新：從規劃、現場討論、互聯網和資訊分享，新加坡要求 MICE 產業超越傳統目的地概念，提供會展活動參與者難忘的體驗，此種體驗活動和星國本土特色連結，促使該國成為鼓舞人心的創新目的地。

3. 打造成為亞洲 MICE 技能人才和知識轉化的基地

新加坡旨在將新加坡建立為眾多產業的區域樞紐，以豐富的 R&D 做為 MICE 資源的基礎，給予 MICE 相關業者所需之訊息，誘導企業和協會於該國設立地區總部，使新加坡發展為 MICE 區域領導者。

新加坡評估要帶動 MICE 產業，應瞭解環境永續性對新加坡 MICE 價值鏈的貢獻，以引導永續的做法至新加坡的會展生態系統上。此外，星國擬訂會展人才整體發展方向，確認會展產業內人才之缺口與所缺乏之人才，並以人才吸引與保留之觀點，設立滿足產業需求的教育和培訓課程，同時，與國際 MICE 領導者建立夥伴關係係重要關鍵策略，上述舉措可提升新加坡在地協會在會展活動上管理和招標的能力。

由新加坡旅遊局引領研究方向，聯合學術界、MICE 企業顧問及 MICE 協

會進行市場研究。研究重點包括：商業機會、產業研究與競爭分析，同時，著重界定與設置 MICE 相關標準，透過多樣化和國際化、會展人才發展框架的發展、開發線上資源分享工具、設置會議形象大使，以及推動大師級研討會、培訓班與產業學習課程，增加新加坡價值，成為會展思想領導力的中心。

（四）中國大陸

中國大陸國家會議中心總經理劉海瑩指出，近年來中國大陸會展市場持續成長，會展產業的核心功能之一是提升商業貿易的流通，刺激民眾消費。中國大陸在持續擴大國內消費市場的背景下，會展產業應主動承擔起應盡的職責。中國大陸在 2015 年企業工作會中，國家會議中心提報過去五年累積接待 4,036 場會議與活動、展覽計 388 場。截止 2014 年底，國家會議中心大小會議室共計 100 間，可同時接納 2 萬人開會，大會堂可接納 6,000 人的會議；接待協會型會議共計 976 個，占會議接待總量的 26.01%，收入占會議市場總額的 38.57%。依據「2014-2018 年中國會議產業全景調研與發展戰略研究諮詢報告（2014）」，大陸會議市場，企業型會議占 54.1%，社團會議占 9.3%，政府會議和事業單位會議占 36.6%。

依據「2016 上海會展論壇—國際會展業 CEO 峰會」資料顯示，中國大陸展會數量已約占全球四分之一，目前 15 個國家占據全球室內展覽面積的 80%，前三位分別是美國、中國大陸和德國（圖 11-6）。

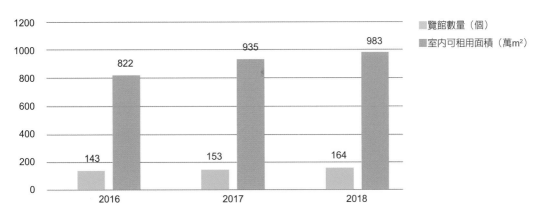

圖 11-6　中國 2016-2018 展覽館數量與使用面積。

中國大陸會展產業地域分布較為集中，以上海、北京、廣州三大一線會展中心城市最為顯著。初步形成三大會展經濟圈，即以北京為中心的環渤海會展經濟圈；以上海為龍頭、沿江沿海為兩翼的長江三角洲會展經濟圈；以廣州為中心的珠江三角洲會展經濟圈。在數量上，上海市擁有 9 個展覽館，是展覽館數量最多的城市；第二名是北京市，擁有 6 個展覽館；第三為廣州市，擁有 5 個展覽館，全國展覽館更集中在一線城市。

三、臺灣會展產業概述

臺灣的會展產業啟蒙於 50 年代，當時臺灣物資與外匯俱缺，政府在優先發展經濟之決策下，貿易商採用國際參展機制到處參展以尋求商機。之後發覺展覽最大的利益其實是在舉辦展覽、發展展覽產業，以獲得觸動經濟與文化層面之全國性發展機會，然而參展卻僅屬於作生意的層面，因此必須以過去建構之產業為基礎在國內辦展，始能盡得展覽之利。

歷經 1974 年借用臺北圓山飯店之展售、1975 年之臺北市陸軍營區（現中正紀念堂所在）與 1977 年之松山機場臨時展覽場階段，至 1986 年之臺北世界貿易（國際展覽）中心落成啟用，以及世貿二、三館分別於 1999、2003 年加入營運，臺灣的展覽產業漸趨蓬勃，接續出國參展時期之基礎，成功帶領臺灣從五十年代每年僅接近三億美元的進出口額，且年年入超（單一年之入超更高達一億二千萬美元）的窘境，推升至 1998 年一年就創下高達 2,623 億美元之總進出口額，成為全世界第十四大貿易國，同時累積外匯存底突破一千億，1991 年更榮登全球外匯存底第一位寶座，因而被譽為創造世界性經濟之「臺灣奇蹟」。可見展覽會是對外貿易直效發展之利器。

臺灣會展產業真正推動，要追溯到行政院經建會在 2004 年底的「全國服務業發展綱領」，將會展產業發展計畫正式列為旗艦推動計畫，而後由經濟部商業司自 2005 年起，主導為期 4 年的「會議展覽服務發展計畫」，臺灣的會展產業也才終於有了起步。

而自 2009 年起，政府更堅定發展會展產業的決心，並基於整合經濟部內部資源、深化會展推動的考量，由經濟部國際貿易局提出「臺灣會展躍升計畫」（計畫

包括4個子計畫：「會展產業整體推動計畫」、「會展推廣與國際行銷 計畫」、「會展人才培育與認證計畫」、「爭取國際會議在臺舉辦計畫」）及「加強提升我國展覽國際競爭力方案」兩大旗艦計畫，由國貿局委由臺灣經濟研究院成立「經濟部推動會議展覽辦公室」，作為國內外會展單一窗口，積極與政府相關主管單位、民間產業與公協會等聯繫，扮演協調、資訊提供及諮詢等角色，並將負責整合國內相關資源、進行產業研究與宣導政策等工作項目，持續推廣會展產業在臺灣的發展。

行政院觀光發展推動委員會擬定的「行政院觀光發展推動委員會推動國際會議及展覽來臺辦理補助原則」，鼓勵業者及民間組織積極爭取國際會議來臺舉辦，凡爭取來臺舉辦或辦理國際會議與展覽的地方政府機關（構）、公立學校，及依法立案之民間機構、公司或團體，皆可向經濟部專案辦公室提出補助申請。政府的政策規劃支持，目前可以看到會展產業在臺灣成功穩健的發展。新一期「推動臺灣會展產業發展計畫」於 2017 年啟動為期 4 年。根據國際會議協會（ＩＣＣＡ）於 2020發布國際會議場次排名，臺灣為亞洲地區第四名，另外國際展覽協會（ＵＦＩ）所公布展覽銷售面積排名，臺灣在 2018 亞太地區排名第六，我國會展產業在國際上可以說占有一席之地。

然而全球環保意識抬頭，追求永續的綠色展會概念也逐漸受到重視，因此，世界各國會展單位皆致力推動「綠色會展」，以落實節能減碳並創造永續環境，包括取得永續管理標準國際認證、低碳化、循環回收再利用等皆為主要追求手段。

經濟部 Meet Taiwan 指出，導入 ISO 20121 永續管理標準（Event Sustainability Management Systems）國際驗證已是綠色展會的重要指標，臺灣政府早在 2014 年就開始輔導國內會展相關業者取得 ISO 20121 認證，從最早取得認證的「亞洲會展產業論壇」（AMF）及「國際綠色產品展」（EPIF），目前我國會展共累積 16 張 ISO 20121 證書，居亞洲之首。

申請認證之外，使用再生能源達減碳目標，也是綠色會展的重要手段，以臺灣為例，自我國政府開放認購綠色電力後，包括臺北國際電子產業科技展、臺灣電路板產業國際展覽會等，皆自 2015 年起開始認購，有效抵換碳排量，並與政府共同支持推廣再生能源，達成能源供給、產業發展與環境保護三贏局面。

而融入「循環經濟」也愈來愈盛行，Meet Taiwan 發布的《綠色會展指南》指出，循環經濟是建立在「物質不斷循環利用」的經濟發展模式，例如從產品設計源頭便考慮其生命週期，針對後續回收重製等妥善規劃，以期形成「資源→產品→再生資源」的循環，減少廢棄物並降低資源浪費，確保地球有限的資源能永續使用。

為降低會展活動對環境造成的影響，在經濟部國際貿易局支持下「推動會展產業發展計畫—會展產業整體計畫」，於 2013 年起開始推動綠色會展，經濟部訂立「綠色會展指南」，參考國內外資料，並融合行政院環境保護署「環保低碳活動指引」、「大型活動環境友善度管理指引」，及經濟部推動綠色貿易專案辦公室執行「會展產業輔導」、「2012 低碳會展指引」並參考由環保署及英國標準協會（British Standards Institution, BSI）合作編撰的「PAS 2060：2014 實施碳中和參考規範」及推廣執行經驗，訂定「108 年綠色會展指南」，以 3Rs（Reduce, Reuse, Recycle）原則，列出各項具體可行的作法。

依工業技術研究院、綠色貿易專案辦公室資料及經濟部協會展活動辦理碳足跡盤查之結果，「人員交通」為會展活動碳排量之最大排放源，以展覽排碳為例，「人員交通」排碳量占比超過 9 成，扣除人員交通後，排碳量主要來自用電（36.59%，其中攤位用電占 18.93%，空調用電占 11.42%），其次為不可回收裝潢材料（20.66%，其中木作占 16.83%），而會議活動扣除人員交通後，排碳量主要來自用電（31.56%，其中空調用電占 18.23%），其次為餐飲（8.19%）。

故臺灣「綠色會展」以運輸、飲食、住宿、裝潢物與宣傳物、其他綠色會展行為等五大面向落實綠色會展精神，內容著重於：

1. 縮短交通距離。

2. 食材減量。

3. 無紙化科技。

4. 重複利用資源。

5. 減少木作裝潢。

6. 減少耗能與傳遞綠色精神等。

　　綠色會展將會展活動類型區分為「展覽」與「會議」，其中「展覽」之構成主體為主辦單位（含其分包廠商）、場地提供者、參展單位及參觀者，而「會議」之構成主體為主辦單位、場地提供者及與會者。共同打造永續會展產業環境。

臺灣會議產業未來趨勢

　　依據經濟部會議產業專案辦公室報告（2020），臺灣會議產業有重要影響的七大趨勢分別為：

1. 大部分的人幾乎可在任何時地存取任何資訊，因此，對會議的組織、內容、籌辦方式都會產生結構性的影響。

2. 科技化技術日漸成熟，加上社群媒體以及智慧型裝置的普及，對實體會議的知識傳播甚至社交功能都將帶來機會與衝擊，會議產業開始思考要如何因應這種變動。

3. 不同時間地點的群體，運用科技產生虛擬的聯結進行溝通與協作，在未來會議產業中會愈來愈重要，同時也使得會議的內容延續更長的時間。

4. 會議場館與設施被要求持續不斷提升品質。

5. 永續發展議題仍然在會議產業中持續成為一個議題，在會議目的地與會議場館的競爭中將成為一個主要的評選指標。

6. 由於資訊傳播的速度與便利性，愈來愈多的第三方資訊蒐集與傳播者，以及顧客傾向於直接接觸服務提供者等因素，造成會議目的地的品牌識別在會議地點的決策上重要性日漸增加。

7. 會議旅客愈來愈重視在地生活體驗，要求更多的個人化資訊、互動和行程掌握，因此目的地環境的整體友善性，對與會者會議體驗造成的影響將不下於會議內容。

臺灣會議產業，以「整合跨領域之資訊與資源，優先爭取符合國家五大產業政策且有勝算有實力的會議，打造出以城市為主體特色之全球會議目的地品牌」為策略總體目標，相關說明如表 11-1：

表 11-1、臺灣國際會議產業發展策略方針與方案

策略方針	策略方案
精選目標市場	爭取配合國家產業政策之國際會議。
	培育會議產業研究能力。
	籌組跨領域專家委員會。
深化辦會基礎能耐	提昇會議場館功能與彈性。
	擴展資訊平臺服務範圍。
	培育具國際接軌能力的專業人才。
發展會議目的地品牌	推廣系統化的目的地品牌運作機制。
	擴大參與全球國際會議組織活動。
	發展有影響力的國際會議人脈網絡。
創新會議體驗	提升知識的交流體驗。
	融入在地文化體驗。
	擴育會議周邊活動效益。
	整合跨產業資源。

資料來源：經濟部會議產業專案辦公室報告

11-2 數位會展產業

全球的會展產業發展迅速，採用之數位科技也日新月異，而為了開創各種會展活動的功能、成效及特色，會展產業加速藉助科技的運用優勢，提供新型態之服務經營策略及作法，創造更佳之收益與成長。

一、虛擬展覽

虛擬展覽（Virtual Exhibition, Online Exhibition）是藉由媒體的網路互動平臺，

為會展參加者提供一個互動性強的 3D 虛擬線上環境，使參展者或參會者足不出戶卻如親自到場參加。虛擬展覽服務完全基於互聯網，參與用戶無需安裝任何外掛程式，點擊網頁連結即可加入，流覽虛擬線上環境，線上即時收看直播，參觀展會現場，了解參展商品的主要介紹，並和主辦方、參展商線上交談。虛擬會展與實體會展的差異比較如表 11-2 所示。

表 11-2、虛擬會展與實體會展的差異比較

比較項目	虛擬會展	實體會展
基礎平臺	網路（只要電腦上裝有合適的網路流覽器，不需要安裝任何用戶端或外掛程式）。	會展場館（對承辦單位、地區、會展場館的軟硬體要求較高）。
展出方式	虛擬展示（基於虛擬實境技術的虛擬展示系統，參展商無需提供實物及親自到場）。	實物展示（參展商必須到場搭建展臺，佈置展位，運送安放展品）。
交流方式	人機互動（支援電腦手機等多種設備接入）。	人人互動（參觀者必須親自到場）。
時空	全天候、無邊界（可以根據需要延長會展週期）。	只存在於會展期間與會展舉辦地。
參觀者	全球網民（網路的多語言支援，讓不同國家的用戶都能夠參與）。	以本國、本地區的參觀者為主。
參展對象	幾乎含括所有產品和服務。	有形產品為主。
參展業務	可擴展至其他業務（包括虛擬招聘、培訓、辦公、各種線上會議等）。	產品展示、貿易交流為主。
成本	成本低廉（參展商無需提供實物及親自到場）。	成本高（需提供實物，租用場地，購買相關設備或材料用以搭建展臺）。
資源	資源優勢（展品３Ｄ模型、２Ｄ圖像等資訊可即時更新、重複使用）。	重複使用率低。
經濟效益	相對高，長期效益。	相對低，短期效益。
社會效益	環保節能優勢（避免交通、宣傳、搭建等活動）	環境汙染較嚴重（大量的資源消耗和環境汙染）。

資料來源：會展前瞻（2020）

廈門華天職業技術學院教授林大飛（2000）指出，虛擬會展具有不受時空限制、效率高、成本較低、低碳環保等優點，相較於傳統實體會展，虛擬會展具有下列優勢：

1. 時間空間重活，運用維度廣泛。

2. 降低成本，提高效率。

3. 促進會展業全球化。

當數位化逐漸在全球商業中加速發展，會展 業無可避免的也會受到衝 中國、德國、印度、印尼、義大利、墨西哥、英國與美國是目前全世界進行會展數位化較為積極的國家（UFI,2019）。如圖 11-7 所示，58％的會展相關公司表示圍繞現有的展覽增加數位服務 / 產品（例如 APP、數位廢告、數位標識）。

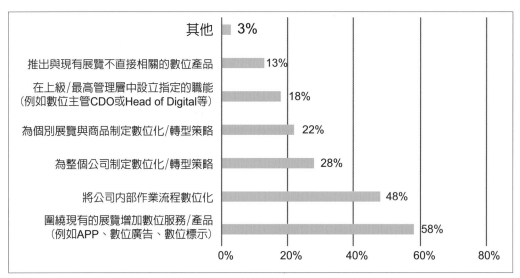

資料來源：UFI Global exhibition barometer,23rd Edition(2019)

圖 11-7　會議產業採取的數位行動。

網路虛擬會展發展趨勢，逐漸朝向更完善的功能，更加人性化的服務，注重平臺品牌化建設。在互聯網路日益成為一種重要的經濟運行形式的今天，作為各行各業的交叉和集合的會展行業，本身必須適應這種新的形勢，利用網路的優勢， 才能更好的為實體經濟服務。

二、數位展覽

用展覽策劃概念串聯社群，能增加產品曝光度與企業形象，具高度整合性，更可開創商機，達到國際行銷，發揮經濟效益。利用策展行銷術，挖掘新消費社群！實體策展可以達到以產品議題再造深度溝通，以生活美學提升品牌聲量，運用異業合作資源擴散。

線上策展的幾個重點。線上策展與實體策展的共通性皆為「核心主軸、主題串聯」，猶如一個行銷事件要發展，必需明確掌握所有主軸為何，才能皆圍繞著同一主軸發展。彼此間的溝通與發展才有一致性與意義。線上策展與品牌行銷一致，需要特別注意下列三個面向：

（一）將資訊轉化為新觀點的洞見

資訊要如何轉換成觀點？需要先做好前端的 Survey（民意調查），先透過搜尋、篩選過濾、分類整理、發佈呈現、推薦、行銷、數據分析、同業與異業的觀察，進而能形成洞見，才能創造與創新，而非只是模仿。把一個訊息賦予關係、提出看法並說出結論，就是策展。

（二）數位平臺策展的策略與設計

1. 策展為原創尋求最佳相關內容以最適方式呈現

在內容為王的數位行銷世代，品牌必須改變思維，把自己定位成媒體，提供目標消費群有價值的內容。然而內容行銷必須透過長時間的經營才能達到顯著效果，如何持續創作出吸引消費者的內容，是內容行銷業者最大的挑戰。2014 年 CMI（ Chartered Management Institute）的內容行銷研究年度報告指出，超過一半以上的 B2B 或 B2C 的內容行銷業者，覺得設計提供足夠的內容是讓他們最頭痛的事。

行銷大師 Beth Kanter 對內容策展的定義最簡單直接，她說：「內容策展是一個在網路上篩選內容，然後以富意義、有組織的方式，針對一個特定的主題呈現出來的過程。」。而在 Inbound Journals 行銷專業網站中提到，內容策展包括可信度的提升，如 FedEx 的訣竅：透過策展呈現中立的第三者

意見，來增加你觀點的可信度；或是利用策展提供額外的資訊來源和評論意見，說明其他的內容發行人與你的觀點一致。

知名的 Intel 透過集團創作，讓策展的責任不一定要全部落在你的內容或行銷團隊的身上。事實上，眾包（群眾外包，crowdsourcing）集體創作可以讓內容行銷更多元、具參與性，以及產生更好、更有趣的效果，如果目標族群對內容有良好的回饋，便可考慮強化這些策展內容。

2. **策展 vs. 匯集（Curation vs. Aggregation）：策展實踐本質在於「人」**

電腦可以匯聚內容、資訊，或任何形式與規模的資料，但缺少策展，最終只是一堆看似相關、實際上卻缺乏定性組織的東西。人類族群及團體與個人有其品味、興趣差異，可從事許多電腦做不到的事，於是，策展成為商業、編輯及社群等領域的核心轉變，需要極優質的人力介入；所謂「人力」，指的就是策展人的通盤理解、消化吸受後轉變為有品質的產出。

3. **策展優化有助於：共有、共創、共享**

分別為：

(1) **策展目標受眾**：策展人需瞭解自己及目標受眾的興趣、需求、專長，以擬定策展主題資源，予以精挑、組織、呈現內容。

(2) **創意創新思考**：發揮創新創意，藉由社群媒體網站推廣，建立目標興趣社群注意、期待與認同。

(3) **推動市場行銷**：理解媒介競合，掌握策展目標受眾，形構策展媒體品牌後，便可逐漸建立黏性。網路傳播的商業模式，該模式已演變為一種循環形式，而非過往的直線性商業模式。

4. **策展創意主要展現在「說故事」**

美國企業家和電影製作人史蒂文・羅森鮑姆（Steven Rosenbaum, 1961~）建構「策展國度」時強調，具創意、聰明、內行的人才愈來愈重要，他們才能聚焦趨勢、找出模式，以及從這個威脅淹沒你我的資料洪流中找出意義。《CG VFX Express 你的眼睛騙了你！特效躲在細節裡》便是由一位「電

腦圖形」（Computer Graphics）專業人士數位策展的頻道，主要針對電腦動畫與特效表達，舉凡有關電影或廣告特效是如何做出來的，蒐集整理幕後特效製作及相關影片，將業界技術與新的創意製作技術或作品，迅速傳播到觀眾眼前，滿足跟隨者的好奇或未來有意往這條路發展的人。

（三）策展的成效轉換

數位策展內容是最重要的，然而回到成效追蹤這件事，一定會讓行銷人或經營者苦惱不已。該如何追蹤成效？做內容策展這件事到底是否有成效？數位成效的追蹤可以其來有自，你可以發現消費者來源，對什麼內容或產品有興趣，什麼樣的說明或闡述最能吸引點擊和目光，進而換來轉換。而在一邊做一邊觀察，更能即時修正和強化，這才是數位策展最有意思之處。

近年來臺灣會展業者將新科技導入會展活動，提供與會者更便利的體驗與服務，主辦單位透過應用軟體分析及掌握與會者需求、增進與會者互動體驗及推薦旅遊行程等，已成為會展產業不可或缺的重要元素。

買家選中意向產品後，可以通過線上虛擬展會頁面所呈現的產品照片、描述、視頻以及工廠 360° 全景圖片等豐富的媒介訊息，快速了解供應商產品的真實情況，仿佛線上體驗產品的感受。「線上展覽」的實現，與 5G、直播、VR 等新技術手段的應用密不可分，從真人「面對面」到「螢幕對螢幕」的過程中，利用新技術手段，不僅能為企業拓寬營銷渠道、增強抵抗風險能力，也使會展產業對未來經營模式有了全新的探索。

11-3 會展產業的就業與創業

會展活動具備媒合產業發展櫥窗和展示商品進行宣傳活動等多重功能，不但能提升國家和產業之國際形象，也能帶動區域經濟的發展，因此會展產業已成為全球許多國家積極發展的策略性產業。然而，產業的成功發展，需要人力的適時投入，

因此，無論是專業人力的供需數量，或是人才應具備的職能條件，對於帶動整體產業的發展均非常重要。了解臺灣會展產業的人才供需數量，以及所需的專業職能，對於政府擬定會展人力培育政策，具有重大的參考價值。

依據國家建設發展委員會產業人力資訊，會展產業每年新增供給人數約 200 人左右，但新增需求則 300 人之多。顯見需求將大於新增供給，恐將面臨人才不足的缺口。經濟部國際貿易局 2019 年「會展產業人才供需調查及推估」結果報告，會展產業所缺人才之質性需求調查結果按展覽、會議管理等兩業別區分，主要職缺如表 11-3 所示：

表 11-3、展覽業與會議產業工作說明

產業	職缺	能力需求	工作說明
展覽業	行銷企劃專員	1. 蒐集市場資訊。 2. 撰寫行銷企劃。 3. 展前進行行銷宣傳活動。 4. 展中執行現場相關活動。 5. 展後撰寫結案報告。	1. 公司或顧客需求進行市場調查。 2. 展覽定位，規劃展覽行銷與媒體活動。 3. 於展覽現場進行活動管控；於展後撰寫結案報告。
	行銷企劃經理	1. 研擬展覽行銷策略。 2. 管理行銷團隊。 3. 執行行銷企劃。 4. 監督行銷策略執行。 5. 分析展覽行銷效益。	1. 規劃與執行市場研究調查。 2. 擬定展覽行銷策略。 3. 執行展覽行銷專案活動。 4. 管理行銷團隊人員。 5. 確保顧客滿意度。
	業務專員	1. 進行市場調查。 2. 招攬參展廠商。 3. 提供展前服務。 4. 提供展場服務。 5. 撰寫結案報告。 6. 維護顧客關係。	1. 展前負責招攬廠商、開發潛在客戶，拓展市場。 2. 展中進行各種服務。 3. 展後主動拜訪客戶，維繫良好客戶關係。
	業務經理	1. 根據市場情勢，進行展覽策略規劃。 2. 接洽展覽業務，開發潛在客戶。 3. 主動拜訪客戶，維繫客戶關係。 4. 管理業務團隊，執行績效控管。	1. 進行市場研究。 2. 管理業務團隊。 3. 擬定徵展策略並執行徵展行銷。 4. 簽訂合作合約。 5. 提供參展廠商現場服務。 6. 進行展後分析。

表 11-3、展覽業與會議產業工作說明（續）

產業	職缺	能力需求	工作說明
會議產業	專案執行人員	1. 協助提案企劃。 2. 完成會議前的分組工作。 3. 完成會議進行中的分組工作。 4. 執行會議現場人員管理。 5. 完成會議結束後的分組工作。 6. 完成結案作業。 7. 維護顧客關係。	1. 在專案執行過程中負責蒐集資料。 2. 進行協力廠商聯繫作業，完成專案經理指派之分工項目。 3. 執行會議及活動的現場管理。 4. 製作結案報告及完成其他主管交辦事項、客戶溝通。
	專案經理	1. 帶領專案團隊完成專案任務。 2. 擔任領導者的角色，指導並監督專案團隊按照正確預定時間與預算，進行會議專案工作。 3. 擔任客戶主要聯繫窗口，提供適切專案，滿足客戶需求。	1. 進行專案投標。 2. 管理專案團隊。 3. 控管專案進度。 4. 管理會議現場。 5. 維護客戶發展。 6. 進行結案分析。

資料來源：作者研究整理

11-4 練習與討論

臺灣會展領導品牌─安益國際

interplan
安 益 國 際 集 團

公司名稱：安益國際集團（Interplan Group）

成立日期：1982 年 10 月 17 日

公司官網：https://www.interplan.group/zh/interplangroup_ch/

安益國際集團（Interplan Group）成立於 1982 年，為臺灣最國際化且轉型最成功的會展領導品牌，集團旗下事業橫跨 MICE 產業全領域，涵蓋國內外展覽、會議、活動之籌辦與規劃執行。為客戶提供策展規劃、創意設計、公關行銷以及會展籌組等多元整合服務。

圖 11-8　2009 世界運動會開幕典禮。

圖 11-9　2017 臺北世界大學運動會開幕典禮。

圖 11-10　高雄展覽館。

聽聽智琦老師談安益國際

安益集團華人區唯一綜合型會展、活動公司，旗下關係企業包括安益國際展覽股份有限公司（Interplan International Corp.）、優識國際公關顧問股份有限公司（Indeed Marketing Communications）、茵康國際會議顧問股份有限公司（Intercon Convention Management）、活動平臺雜誌（Event Platform）及專業會展餐飲品牌 Messe Bistro，集團年營收近 12 億元。

安益深耕臺灣 38 年，代表作包括 2009 年高雄世運開閉幕式（圖 11-8）、2010 年臺北花博未來館、2014 年 NuSkin 杜拜獎勵旅遊晚會，以及 2017 年臺北世大運開閉幕式（圖 11-9），為臺灣歷年大型活動重要推手，逐步建構出臺灣最大規模的跨商業與文化活動協作平臺。

2013 年安益國際取得高雄展覽館營運權，旗下再添高雄展覽館股份有限公司（Kaohsiung Exhibition Center Corporation）（圖 11-10），為臺灣第一家擁有國家會展中心經營實力的民間企業，每年舉辦約 200 檔次的展會活動，為經濟部 OT 案傑出楷模，扮演南臺灣會展經濟的領航角色。此外，安益國際積極投資開發新型態展覽，例如亞洲樂齡智慧生活展、頂級生活展，緊密結合產業脈動，充分發揮集團內部各事業體的橫向整合能力，以自創會展品牌帶動集團永續發展

延伸思考

1. 臺灣會展產業如何更邁向國際化？
2. 臺灣哪些產業可發展成為臺灣重點展覽產業？

第 1 章
第 2 章
第 3 章
第 4 章
第 5 章
第 6 章
第 7 章
第 8 章
第 9 章
第 10 章
第 11 章
第 12 章
第 13 章
第 14 章

腦力激盪

1. 數位化的快速發展，延伸各項數位展覽與會議影響實體會展產業；對此如何因應數位化衝擊與結合？

2. 如欲投身會展產業需具備哪些特質或技能？

第**12**章

智財法律與藝術授權

智慧財產權和香蕉一樣，是有保存期限的。
——比爾・蓋茨（微軟公司創辦人）

　　為健全文化創意產業的發展，臺灣政府明訂《文化創意產業發展法》，並對該項產業有清楚的定義，而文化創意產業與智慧財產權的關係密不可分，亦經常與各界進行跨界整合，則需要進行藝術授權工作，本章將透過文創產業相關法律及藝術授權等議題來探討「智財法律與藝術授權」的法律層面問題，並透過章節末個案討論與練習，來驗證學習成效。

12-1 文創產業相關法律

　　推動文化創意產業發展，首先必須瞭解可能涉及的法律及行政命令，其中最重要的當屬《文化基本法》、《文化創意產業發展法》和《文創資產保存法》，以及涉及衍生智慧財產權保護的《著作權法》、《專利法》、《商標法》和《營業秘密法》等。本節彙整文創產業相關法律如下表 12-1，如對於法條有興趣深入研究者，可至「全國法規資料庫」（https://law.moj.gov.tw/）進行細部條文查詢。

表 12-1、臺灣文創產業相關法律

編號	法律名稱	編號	法律名稱
1	文化基本法	18	文化部文化資產局組織法
2	文化創意產業發展法	19	文化部影視及流行音樂產業局組織法
3	文化資產保存法	20	國立傳統藝術中心組織法
4	水下文化資產保存法	21	國立國父紀念館組織法
5	博物館法	22	國立中正紀念堂管理處組織法
6	國家語言發展法	23	國立歷史博物館組織法
7	文化內容策進院設置條例	24	國立臺灣美術館組織法
8	文化藝術獎助條例	25	國立臺灣博物館組織法
9	國家文化藝術基金會設置條例	26	國家人權博物館組織法
10	電影法	27	國立臺灣工藝研究發展中心組織法
11	國家電影及視聽文化中心設置條例	28	國立臺灣史前文化博物館組織法
12	國家表演藝術中心設置條例	29	著作權法
13	公共電視法	30	專利法
14	無線電視事業公股處理條例	31	商標法
15	中央廣播電臺設置條例	32	營業秘密法
16	中央通訊社設置條例	33	公司法
17	文化部組織法	34	其他相關法律

資料來源：作者研究整理

12-2 智慧財產權

　　隨著科技創新及與人類智慧創作所帶來的驚人商業利益，各國均越來越重視智慧財產內容（IP Content）的管理與權利。例如每年華特迪士尼（The Walt Disney Company）及旗下子公司漫威娛樂（Marvel Entertainment, Inc.）的賣座電影，為兩家公司帶來可觀的周邊商品及衍生版權授權收益。然而著作權帶來獲利，也可能衍生不少法律訴訟案件，如近期藝人青峰與前經紀人林暐哲的官司鬧的沸沸揚揚 ，檢方以違反著作權 92 條起訴青峰，而為什麼青峰自己創作卻沒有著作財產權呢？

　　智慧財產權（Intellectual Property Right, IPR），中國大陸則稱「知識財產權」，係指人類利用腦力所創造之智慧成果，此種精神活動之成果，得產生財產上之價值而形成權利，並藉由法律保護之制度，是一種無形資產。臺灣並沒有一部法律叫「智慧財產權法」，而是由商標法（Trademark）、專利權法（Patent）、著作權法（Copyright）、營業秘密法（Trade Secret）及公平交易法等相關法律所組成，分別就不同的智慧財產權屬性加以保護。而擁有較多的無形資產的企業，相對來說，公司的商業價值也會比較高。每一項法律所設定的保護目的與要件也不同，企業經營者或相關人員對智慧財產需要有一定程度的了解，也可以透過契約方式來達到超出法律的保護範圍。

　　而《文化創意產業發展法》所稱文化創意產業，指源自創意或文化積累，透過「智慧財產」之形成及運用，具有創造財富與就業機會之潛力，並促進全民美學素養，使國民生活環境提升之下列產業。由此可見，文化創意產業與智慧財產權之間密不可分的關係，智慧財產權是保障文化創意產業發展的基礎。

　　在整個智慧財產權體中，著作權法立法在促進「文化」發展，有「非告訴乃論罪」，即俗稱「公訴罪」，著作權在文化創意產業發展中扮演者重要的角色，若侵犯著作權將受到最嚴重刑責處罰；專利法則在促進「技術」發展（配合國際潮流，目前已除罪化（為告訴乃論罪））；商標法和營業秘密法則在維護「交易秩序」，均有所不同，相關法律比較於章末表 12-2 所示。

目前文創法所列的 15+1 項產業類別中，只要具有各式各樣的「原創」價值且已在各種「表達」形式之下，是有被智慧財產權相關法規制度保障的可能性，但是，不代表此被保護的對象擁有文化市場價值，在上市後能受到消費者們的青睞。

一、著作權（Copyright）

著作權是常見的智慧財產權之一，如著名金庸小說、哈利波特小說、已故巨星麥克 ‧ 傑克森唱片、漫威電影、迪士尼電影等創作都具有龐大著作權衍生之商業價值。在臺灣，無須向智慧財產局申請註冊，著作完成時即享有著作權。但有些國家採取登記制，您還是要去登記申請。近期政府將進行 20 年來最大幅度的修法。

（一）立法目的

為保障著作人著作權益，調和社會公共利益，促進國家文化發展，特制定本法。

（二）保護要件

其保護僅及於該著作之表達，而不及於其所表達之思想、程序、製程、系統、操作方法、概念、原理、發現。

（三）權利期間

自然人之著作終身加 50 年，法人攝影、視聽、錄音及表演等著作，為公開發表後 50 年。共同著作則存續至最後死亡之著作人死亡後 50 年。

（四）著作財產權及著作人格權

著作權又分為財產權和人格權，如下說明：

1. **著作財產權：**依著作性質之不同而有重製權、公開口述權、公開上映權、公開演出權、公開展示權、改作權、編輯權及出租權等。

2. **著作人格權：**以保護著作人之名譽、聲望或其他有關人格利益之權利，包括公開發表權、姓名表示權及同一性保護權等。

（五）表達方式

1. 一般的表達

通常一般的各種表達方式，無論哪一種表達的形式，需能對外證明自己已經將原創精神表達的各項證明，為了避免產生爭議性，最好能公開場合進行發表，或者至少需要留意能明確舉證表明自己原有創作發表時，在當時有關的人（著作人及在場參與者）、事（表達的事件）、時（表達的時間）、地（表達的地點）、或是物（表達的對象）等，相關在產生爭議時能提出的具體事實證據。

2. 對產品對象的表達

除了上述為對於原創的表達，以及強調能對外提出各項證據來加以證明之重要性之外，對外表達各項產品對象的方式（對原作相關利用方式），依照《著作權法》相關的條文，分析如下：

(1) 重製：指以印刷、複印、錄音、錄影、攝影、筆錄或其他方法直接、間接、永久或暫時之重複製作。於劇本、音樂著作或其他類似著作演出或播送時予以錄音或錄影；或依建築設計圖或建築模型建造建築物者，亦屬之。

(2) 公開口述：指以言詞或其他方法向公眾傳達著作內容。

(3) 公開播送：指基於公眾直接收聽或收視為目的，以有線電、無線電或其他器材之廣播系統傳送訊息之方法，藉聲音或影像，向公眾傳達著作內容。由原播送人以外之人，以有線電、無線電或其他器材之廣播系統傳送訊息之方法，將原播送之聲音或影像向公眾傳達者，亦屬之。

(4) 公開上映：指以單一或多數視聽機或其他傳送影像之方法於同一時間向現場或現場以外一定場所之公眾傳達著作內容。

(5) 公開演出：指以演技、舞蹈、歌唱、彈奏樂器或其他方法向現場之公眾傳達著作內容。以擴音器或其他器材，將原播送之聲音或影像向公眾傳達者，亦屬之。

(6) 公開傳輸：指以有線電、無線電之網路或其他通訊方法，藉聲音或影像向公眾提供或傳達著作內容，包括使公眾得於其各自選定之時間或地點，以上述方法接收著作內容。

(7) 改作：指以翻譯、編曲、改寫、拍攝影片或其他方法就原著作另為創作。

(8) 散布：指不問有償或無償，將著作之原件或重製物提供公眾交易或流通。

(9) 公開展示：指向公眾展示著作內容。

(10)發行：指權利人散布能滿足公眾合理需要之重製物。

(11)公開發表：指權利人以發行、播送、上映、口述、演出、展示或其他方法向公眾公開提示著作內容。

（六）文化創意產業之智財權的著作類型

在《著作權法》中對於著作人的著作保障之類型，能適用在《文化創意產業發展法》中不同的產業領域，有關創作及著作的類型包括：語文著作、音樂著作、戲劇、舞蹈著作、美術著作、攝影著作、圖形著作、視聽著作、錄音著作、建築著作、電腦程式著作等。文創法所列各個產業領域中，每個領域都涵蓋以下一個或多個不同的著作類型。

1. **語文著作：**包括詩、詞、散文、小說、劇本、學術論述、演講及其他之語文著作。

2. **音樂著作：**包括曲譜、歌詞及其他之音樂著作。

3. **戲劇、舞蹈著作：**包括舞蹈、默劇、歌劇、話劇及其他之戲劇、舞蹈著作。

4. **美術著作：**包括繪畫、版畫、漫畫、連環圖（卡通）、素描、法書（書法）、字型繪畫、雕塑、美術工藝品及其他之美術著作。

5. **攝影著作：**包括照片、幻燈片及其他以攝影之製作方法所創作之著作。

6. **圖形著作：**包括地圖、圖表、科技或工程設計圖及其他之圖形著作。

7. **視聽著作**：包括電影、錄影、碟影、電腦螢幕上顯示之影像及其他藉機械或設備表現系列影像，不論有無附隨聲音而能附著於任何媒介物上之著作。

8. **錄音著作**：包括任何藉機械或設備表現系列聲音而能附著於任何媒介物上之著作。但附隨於視聽著作之聲音不屬之。

9. **建築著作**：包括建築設計圖、建築模型、建築物及其他之建築著作。

10. **電腦程式著作**：包括直接或間接使電腦產生一定結果為目的所組成指令組合之著作。

11. **衍生著作**：以翻譯、編曲、改寫、拍攝影片或其他方法就原著作另為創作。

12 **編輯著作**：就資料之選擇及編排具有創作性者。

13. **共同著作**：二人以上共同完成之著作，其各人之創作，不能分離利用者。

14. **表演著作**：表演人對既有著作或民俗創作之表演，以獨立之著作保護之。

（七）智慧財產權在創作上的權利關係

著作人通常為一人，但是在《著作權法》中規定，二人以上共同完成之著作，其各人之創作，不能分離利用者，為共同著作。而共同著作之著作人，得於著作人中選定代表人行使著作人格權。共同著作之著作人格權，非經著作人全體之同意，不得行使之。以下分別就職務工作方面以及非職務工作方面，討論智慧財產權的權利關係。

二、在職務工作方面

依照《著作權法》，在從事文化創意創作工作時，無論是單一著作或是共同著作等行為，對於所創作的成果，其著作人應該也是著作權人，但是會因為不同的生產關係而將二者分開為不同人，促使二者區分開來的主要原因，就是因為出資人雇用（或是委託聘用）創作人進行創作等因素，而產生不同的權利關係。

(一) 雇用關係

受雇人於職務上完成之著作，以該受雇人為著作人。但契約約定以雇用人為著作人者，從其約定。此外，以受雇人為著作人者，其著作財產權歸雇用人享有。但契約約定其著作財產權歸受雇人享有者，從其約定。

(二) 聘用關係

出資聘請他人完成之著作，除上述雇用情形外，以該受聘人為著作人。但契約約定以出資人為著作人者，從其約定。以受聘人為著作人者，其著作財產權依契約約定歸受聘人或出資人享有。未約定著作財產權之歸屬者，其著作財產權歸受聘人享有。如著作財產權歸受聘人享有者，則出資人得利用該著作。

案例

抄襲金魚圖，橙果判賠

2007 年底，丹比食品推出系列喜餅，包裝由橙果創作，其中「琉金一捻紅」的喜餅，外盒、紙袋均有紅色金魚圖案，象徵吉祥富貴。但女子陳玥呈發現，橙果所設計的紅色金魚，與她在臺南科技大學視覺傳達系畢業作品所繪製的黑色金魚，形體十分相似（圖 12-1），對橙果及其設計師蘇尹曼提告，檢方認定涉抄襲、違反《著作權法》起訴。一審將陳玥呈、蘇尹曼所繪金魚，從頭部、軀幹、尾部、顏色配置逐一比對，認為雖達「實質近似」但細部仍有差異，且檢方無法證明蘇女創作前接觸過陳女作品，判橙果及蘇女無罪。但二審智財法院查出陳女、蘇女同所大學畢業，陳女作品參加過 2 次展覽還曾上網公開，認為蘇女接觸過的可能性不低，且 2 人所繪金魚實質相似度極高，而陳女所設計的圖樣，其金魚尾部的擺動，有特殊性及創造性，不是隨意就可畫得如此相似，判橙果及蘇女敗訴。

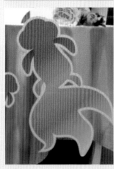

圖 12-1　上圖為原創金魚圖案；下圖為橙果所設計的金魚圖案。

三、專利權（Patent）

專利係專利權之簡稱，以排他使用權來換取發明之完整公開。一個排他使用只會一定法定年限（一般為二十年）。專利權係通過向政府申請而獲得。大部分國家都有專利法來保障專利權屬人之權益。如果自身所研發之產品具獨特性，可以向政府申請專利許可，透過政府的專利法（政府為鼓勵、保護、利用發明、新型及設計之創作，以促進產業發展，特制定之法律規範）進行保護，透過一段時間之排他權利，防止智慧財產權結晶遭人仿冒與盜用，透過保障個人或企業因創作發明所產生的資本風險，鼓勵投入研發。

簡單來說，只要取得專利，其他人未經許可，是不可以使用該專利相關的技術和構想。專利的英文稱之為「Patent」，「取得專利」的動詞則用「File」表示。企業在取得專利之前若與投資人及潛在合作夥伴等進行商談，建議應先簽訂保密條款（Non-Disclosure Agreement, NDA），可盡量避免洩漏相關創意或技術給予第三者而遭受被盜之害。

不同國家對於專利的法律定義或許有些不同，但是大部分的內涵是一樣的。而專利是「屬地主義和先登記主義」，也就是你想在美國主張專利權，申請臺灣專利是沒用的。以下針對中華民國專利法之定義、類型、保護要件、保護期限、不予發明專利保護之客體及專利可帶來的好處進行說明。

（一）定義

國家對於發明及創作給予所有人專用之權利，包括：

1. **發明專利權**：指利用自然法則之技術思想之創作。

2. **新型專利權**：指利用自然法則之技術思想，對物品之形狀、構造或裝置之創作。

3. **設計專利權**：指對物品之形狀、花紋、色彩或其結合，透過視覺訴求之創作。

（二）取得

向經濟部智慧財產局申請並獲准後取得專利權。

（三）保護要件

產業上利用性、新穎性及進步性，採註冊保護主義。

（四）保護期限

自申請日起算，發明專利 20 年、新型專利 10 年、設計專利 15 年。專利權期間屆滿或消滅後，任何一人得使用此技術。

（五）不予發明專利保護之客體

1. 動植物及生產動植物之主要生物學方法。

2. 人體或動物疾病之診斷、治療或外科手術方法。

3. 妨害公共秩序、善良風俗或衛生者。

（六）專利權之好處

1. **授權**：取得權利金、交互授權。

2. **侵權訴訟**：主張他人不可使用。

3. **交易**：買賣、讓與。

4. **繼承**：具財產價值。

5. **融資**：可用來募集資金、融資貸款。

6. **作為證明**：自己才是技術原創者。

7. **公司業績**：研發能量的展現。

8. **廣告效果**：包裝行銷、拓展商機。

9. **保護技術**：防止成果流失。

（七）專利之申請

中華民國發明專利申請流程的手續，主要依照申請、程序審查、早期公開、實體審查、公告之順序進行。發明專利權期限，自申請日起算二十年屆滿。以下為申請時須留意之程序：

1. 申請發明專利，由專利申請權人備具申請書、說明書、申請專利範圍、摘要及必要之圖式，向專利專責機關申請之。

2. 申請發明專利，以申請書、說明書、申請專利範圍及必要之圖式齊備之日為申請日。

3. 說明書及必要之圖式若以外文本提出，在智慧財產局規定的期限內必須提交已翻譯好之中文說明書。

4. 申請中華民國專利參考網址：https://www.tipo.gov.tw/lp.asp?ctNode=7487&CtUnit=3633&BaseDSD=7&mp=1。

四、品牌商標（Trademark）

在公司銷售的商品中，如果公司擁有自有品牌的商品，應該要去申請商標註冊，包括商品的名稱及 LOGO，都可以申請註冊。

（一）定義

國家對於表彰自己商品或服務之圖樣，給予所有人專用於其所指定之商品或服務的權利。

（二）取得

向經濟部智慧財產局申請，並獲准註冊後取得。

（三）權利期間

商標自註冊之日起，由註冊人取得商標專用權，為期十年，期滿得無限制次數延長，可於屆滿前六個月申請延展，每次延長十年。

（四）商標型態

商標得以文字、圖形、記號、顏色、聲音、立體形狀、動態、全像圖或其他聯合式所組成。

（五）商標類型

1. **商品商標**：如 LV 包包、蘋果 iPhone 手機。

2. **服務商標**：如麥當勞 M 圖形。

3. **證明標章**：如 UL 電器安全、ST 玩具安全（圖 12-2、12-3）。

4. **團體標章**：如獅子會、扶輪社、政黨組織（圖 12-4）。

5. **團體商標**：指凡具法人資格之公會、協會或其他團體，欲表彰該團體之成員所提供之商品或服務，並得藉以與他人所提供之商品或服務相區別。如農會、漁會。

圖 12-2　UL 電器安全標章。

圖 12-3　ST 安全兒童用品標章。

圖 12-4　國際獅子會標章。

圖 12-5　瑞士 Toblerone 三角形巧克力。

（六）非傳統商標

1. **顏色商標**：如黃色為臺灣計程車顏色標示。

2. **聲音商標**：如提神飲料「你累了嗎？」；綠油精廣告歌曲。

3. **立體商標**：

   (1) 商品本身之形狀：如瑞士 Toblerone 三角形巧克力（圖 12-5）。

   (2) 商品包裝、容器之形狀：如可口可樂瓶罐、養樂多瓶身。

   (3) 立體形狀標識：如肯德基爺爺。

   (4) 服務場所之裝潢設計：Taipei 101。

   (5) 文字圖形記號或顏色與立體形狀之聯合式。

4. **氣味商標**：如以「混合麝香、香草、玫瑰和薰衣草的味道」使用於「髮膠和護髮產品」等氣味商標。

5. **動畫商標**：如米高梅電影公司商標。

五、營業秘密（Trade Secret）

營業秘密在創業發展過程中尤為重要，一旦沒有做好保護或不經意觸犯都會相關嚴重。從生活實例中，如百年老店靠著獨門配方養三代人，配方多不外傳，在高科技產業，許多製成配方或設計圖等，也常因商業間諜竊知而造成公司損失慘重，以下讓我們來認識什麼是營業秘密：

（一）定義

國家對於方法、技術、製程、配方、程式、設計或其他可用於生產、銷售或經營，且符合下列要件之資訊，給予所有人專用之權利。

（二）基本要件

1. 非一般涉及該類資訊之人所知者（具秘密性）。

2. 因其秘密性而具有實際或潛在之經濟價值。

3. 所有人已採取合理之保密措施者。

（三）取得

不需註冊登記。

（四）權利期間

資訊具秘密性及經濟價值且已採合理保密措施時受到保護，至不具其中任一要件時為止。也就是說，營業秘密的有效時期是永遠，但是要保持秘密，故須採取合理之保密措施。國際著名之美國可口可樂「配方」，屬其所有之營業秘密，為公司帶來龐大商機與豐厚利潤，其為具經濟價值之著名案例。

以下統整上述所提智慧財產相關法律之比較（表 12-2）：

表 12-2、智慧財產相關法律之比較

項目	著作權	專利權	商標權	營業秘密
保護目的	為保障著作人權益，調和社會公共利益，促進國家文化發展	為鼓勵、保護、利用發明與創作，以促進產業發展	為保障商標權及消費者利益，維護市場公平競爭，促進工商企業正常發展	為保障營業秘密，維護產業倫理與競爭秩序，調和社會公共利益
保護客體	科學、文學、藝術或其他學術之創作。分為著作財產權與著作人格權	物品發明、發明方法、新型、設計	以文字、圖形、記號、顏色、聲音、立體形狀或其聯合式所組成	具有競爭優勢之各種資訊、方法
保護要件	具有原創性之著作，保護著作之表達，採創作保護主義	產業上利用性、新穎性及進步性，採註冊保護主義	具有辨識性或第二意義之標誌，採註冊保護主義	秘密性、經濟價值及合理保密措施
保護期間	自然人之著作終身加 50 年，法人、攝影、視聽、錄音及表演等著作，為公開發表後 50 年	自申請日起算，發明專利 20 年；新型專利 10 年；設計專利 15 年	自註冊日起算 10 年，可不斷延展使用年限	自發明或創作日起算至喪失秘密性為止

資料來源：作者研究整理

12-3 文化創意產業發展法

　　文化創意產業發展法於 2010 年 2 月正式公布施行，全文 30 條；2012 年 5 月修法將「行政院文化建設委員會」之權責事項改由「文化部」管轄。近期則於 2018 年 12 月 25 日修正部分條文。完整法條如下表 12-3：

表 12-3、文化創意產業發展法全部條文

章次	條文序	法條內容
第一章、總則	1	為促進文化創意產業之發展，建構具有豐富文化及創意內涵之社會環境，運用科技與創新研發，健全文化創意產業人才培育，並積極開發國內外市場，特制定本法。 文化創意產業之發展，依本法之規定。其他法律規定較本法更有利者，從其規定。
	2	政府為推動文化創意產業，應加強藝術創作及文化保存、文化與科技結合，注重城鄉及區域均衡發展，並重視地方特色，提升國民文化素養及促進文化藝術普及，以符合國際潮流。
	3	本法所稱文化創意產業，指源自創意或文化積累，透過智慧財產之形成及運用，具有創造財富與就業機會之潛力，並促進全民美學素養，使國民生活環境提升之下列產業： 一、視覺藝術產業。 二、音樂及表演藝術產業。 三、文化資產應用及展演設施產業。 四、工藝產業。 五、電影產業。 六、廣播電視產業。 七、出版產業。 八、廣告產業。 九、產品設計產業。 十、視覺傳達設計產業。 十一、設計品牌時尚產業。 十二、建築設計產業。 十三、數位內容產業。 十四、創意生活產業。 十五、流行音樂及文化內容產業。 十六、其他經中央主管機關指定之產業。 前項各款產業內容及範圍，由中央主管機關會商中央目的事業主管機關定之。
	4	本法所稱文化創意事業，指從事文化創意產業之法人、合夥、獨資或個人。
	5	本法所稱主管機關：在中央為文化部；在直轄市為直轄市政府；在縣（市）為縣（市）政府。

表 12-3、文化創意產業發展法全部條文（續）

章次	條文序	法條內容
第一章、總則	6	中央主管機關應擬訂文化創意產業發展政策，並每四年檢討修正，報請行政院核定，作為推動文化創意產業發展之政策依據。 中央主管機關應會同中央目的事業主管機關建立文化創意產業統計，並每年出版文化創意產業年報。
	7	為提升文化內容之應用及產業化，促進文化創意產業發展，政府得以專責法人辦理相關業務。
	8	政府應致力於發展文化創意產業，並保障其發展所需之經費。
	9	國家發展基金應提撥一定比例投資文化創意產業。前項投資之審核、撥款機制與績效指標等相關事項之辦法，由中央主管機關會同相關目的事業主管機關定之。
	10	政府應推廣文化創意有價之觀念，充分開發、運用文化創意資產，並落實於相關政策。政府用於有形或無形之文化創意資產支出，經濟效用年限達二年以上者，應劃編為資本門經費預算。 各中央目的事業主管機關應訂定各項獎勵或輔導措施，以協助公民營企業及文化創意事業，將創意成果及文化創意資產，轉化為實際之生產或運用。
	11	為培育文化創意事業人才，政府應充分開發、運用文化創意人力資源，整合各種教學與研究資源，鼓勵文化創意產業進行產官學合作研究及人才培訓。 政府得協助地方政府、大專校院及文化創意事業充實文化創意人才，並鼓勵其建置文化創意產業相關發展設施，開設相關課程，或進行創意開發、實驗、創作與展演。
第二章、協助及獎補助機制	12	主管機關及中央目的事業主管機關得就下列事項，對文化創意事業給予適當之協助、獎勵或補助： 一、法人化及相關稅籍登記。 二、產品或服務之創作或研究發展。 三、創業育成。 四、健全經紀人制度。 五、無形資產流通運用。 六、提升經營管理能力。 七、運用資訊科技。 八、培訓專業人才及招攬國際人才。

表 12-3、文化創意產業發展法全部條文（續）

章次	條文序	法條內容
第二章、協助及獎補助機制	12	九、促進投資招商。 十、事業互助合作。 十一、市場拓展。 十二、國際合作及交流。 十三、參與國內外競賽。 十四、產業群聚。 十五、運用公有不動產。 十六、蒐集產業及市場資訊。 十七、推廣宣導優良文化創意產品或服務。 十八、智慧財產權保護及運用。 十九、協助活化文化創意事業產品及服務。 二十、其他促進文化創意產業發展之事項。 前項協助、獎勵或補助之對象、條件、適用範圍、申請程序、審查基準、撤銷、廢止補助及其他相關事項之辦法，由中央目的事業主管機關定之。
	13	為提升國民美學素養及培養文化創意活動人口，政府應於高級中等以下學校提供美學及文化創意欣賞課程，並辦理相關教學活動。
	14	為培養藝文消費習慣，並振興文化創意產業，中央主管機關得編列預算補助學生觀賞藝文展演，並得發放藝文體驗券。前項補助、發放對象與實施辦法，由中央主管機關定之。
	15	為發展本國文化創意產業，政府應鼓勵文化創意事業以優惠之價格提供原創產品或服務；其價差由中央主管機關補助之。前項原創產品或服務範圍之認定與補助相關辦法，由中央主管機關定之。
	16	中央目的事業主管機關得獎勵或補助民間提供適當空間，設置各類型創作、育成、展演等設施，以提供文化創意事業使用。前項獎勵或補助辦法，由中央目的事業主管機關定之。
	17	政府機關辦理文化創意產品或服務之採購，其採公開評選方式者，得將文化創意產品或服務之創意、美學列為評選項目。
	18	公有公共運輸系統之場站或相關設施之主管機關，應保留該場站或相關設施一定比率之廣告空間，優先提供予文化創意產品或服務，以優惠價格使用；其比率及使用費率，由主管機關定之。

表 12-3、文化創意產業發展法全部條文（續）

章次	條文序	法條內容
第二章、協助及獎補助機制	19	中央主管機關應協調相關政府機關（構）、金融機構、信用保證機構，建立文化創意事業投資、融資與信用保證機制，並提供優惠措施引導民間資金投入，以協助各經營階段之文化創意事業取得所需資金。政府應鼓勵企業投資文化創意產業，促成跨領域經營策略與管理經驗之交流。
	20	中央目的事業主管機關為鼓勵文化創意事業建立自有品牌，並積極開拓國際市場，得協調各駐外機構，協助文化創意事業塑造國際品牌形象，參加知名國際展演、競賽、博覽會、文化藝術節慶等活動，並提供相關國際市場拓展及推廣銷售之協助。
	21	為促進文化創意產業之發展，政府得以出租、授權或其他方式，提供其管理之圖書、史料、典藏文物或影音資料等公有文化創意資產。但不得違反智慧財產權相關法令規定。 依前項規定提供公有文化創意資產之管理機關，應將對外提供之公有文化創意資產造冊，並以適當之方式對外公開。 管理機關依第一項規定取得之收益，得保留部分作為管理維護、技術研發與人才培育之費用，不受國有財產法第七條及地方政府公有財產管理法令規定之限制。 利用人係為非營利目的而使用公有文化創意資產時，管理機關得採優惠計價方式辦理。 公有文化創意資產之出租、授權、收益保留及其他相關事項之辦法或自治法規，由中央目的事業主管機關、直轄市或縣（市）主管機關定之。
	22	政府機關為協助文化創意事業設置藝文創作者培育、輔助及展演場所所需公有非公用不動產，經目的事業主管機關核定者，不動產管理機關得逕予出租，不受國有財產法第四十二條及地方政府公有財產管理法令相關出租方式之限制。
	23	以文化創意產業產生之著作財產權為標的之質權，其設定、讓與、變更、消滅或處分之限制，得向著作權專責機關登記；未經登記者，不得對抗善意第三人。但因混同、著作財產權或擔保債權之消滅而質權消滅者，不在此限。 前項登記內容，任何人均得申請查閱。第一項登記及前項查閱之辦法，由著作權法主管機關定之。著作權專責機關得將第一項及第二項業務委託民間機構或團體辦理。

表 12-3、文化創意產業發展法全部條文（續）

章次	條文序	法條內容
第二章、協助及獎補助機制	24	利用人為製作文化創意產品，已盡一切努力，就已公開發表之著作，因著作財產權人不明或其所在不明致無法取得授權時，經向著作權專責機關釋明無法取得授權之情形，且經著作權專責機關再查證後，經許可授權並提存使用報酬者，得於許可範圍內利用該著作。
	24	著作權專責機關對於前項授權許可，應以適當之方式公告，並刊登政府公報。 第一項使用報酬之金額應與一般著作經自由磋商所應支付合理之使用報酬相當。 依第一項規定獲得授權許可完成之文化創意產品重製物，應註明著作權專責機關之許可日期、文號及許可利用之條件與範圍。 第一項申請許可、使用報酬之詳細計算方式及其他應遵行事項之辦法，由著作權法主管機關定之。 依第一項規定，取得許可授權後，發現其申請有不實情事者，著作權專責機關應撤銷其許可。 依第一項規定，取得許可授權後，未依著作權專責機關許可之方式利用著作者，著作權專責機關應廢止其許可。
	25	政府應協助設置文化創意聚落，並優先輔導核心創作及獨立工作者進駐，透過群聚效益促進文化創意事業發展。
第三章、租稅優惠	26	營利事業之下列捐贈，其捐贈總額在新臺幣一千萬元或所得額百分之十之額度內，得列為當年度費用或損失，不受所得稅法第三十六條第二款限制： 一、購買由國內文化創意事業原創之產品或服務，並經由學校、機關、團體捐贈學生或弱勢團體。 二、偏遠地區舉辦之文化創意活動。 三、捐贈文化創意事業成立育成中心。 四、其他經中央主管機關認定之事項。 前項實施辦法，由中央主管機關會同中央目的事業主管機關定之。
	27	為促進文化創意產業創新，公司投資於文化創意研究與發展及人才培訓支出金額，得依有關稅法或其他法律規定減免稅捐。
	28	文化創意事業自國外輸入自用之機器、設備，經中央目的事業主管機關證明屬實，並經經濟部專案認定國內尚未製造者，免徵進口稅捐。

表 12-3、文化創意產業發展法全部條文（續）

章次	條文序	法條內容
第四章、附則	29	本法施行細則，由中央主管機關定之。
	30	本法施行日期，由行政院另定之。 法中華民國一百零七年十二月二十五日修正之條文，自公布日施行。

資料來源：文化部

12-4 藝術授權

一、藝術授權定義與國際現況

　　藝術授權係指依照智慧財產權等相關法規或使用契約方式，將原本的創作行為與商品化之間，做相互結合的工作。簡單來說，就是藝術創作的擁有者，將其作品的擁有權，以契約的方式授權給想要使用該作品的人，給予他們將作品複製、重製、衍生產品開發等商業應用的權利。藝術授權其涵蓋範圍已經包含了文創產業中不同的藝術、設計、媒體等三大領域，以及各產業類別的各項授權。藝術授權經營，可說是賦予創作品最直接市場價值的模式之一。

　　從凱蒂貓、小叮噹到熊大、阿朗基，文創經紀授權橫跨動漫、玩具、服飾及生活時尚、藝術、體育等多元產業在近幾年間迅速蓬勃發展，據國際授權業協會（International Licensing Industry Merchandiser's Association ,LIMA）統計，2018 年全球授權商品的零售總額為 2,803 億美元，創造出的權利金交易達 150 億美元，如圖 12-6 所示。

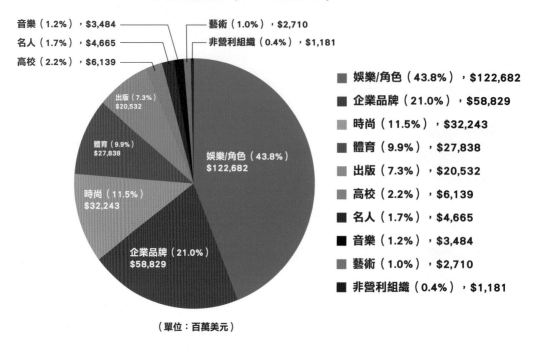

2018年全球商品零售額（按IP類別分）

音樂（1.2%），$3,484
名人（1.7%），$4,665
高校（2.2%），$6,139
藝術（1.0%），$2,710
非營利組織（0.4%），$1,181
出版（7.3%）$20,532
體育（9.9%）$27,838
時尚（11.5%）$32,243
娛樂/角色（43.8%）$122,682
企業品牌（21.0%）$58,829

- 娛樂/角色（43.8%），$122,682
- 企業品牌（21.0%），$58,829
- 時尚（11.5%），$32,243
- 體育（9.9%），$27,838
- 出版（7.3%），$20,532
- 高校（2.2%），$6,139
- 名人（1.7%），$4,665
- 音樂（1.2%），$3,484
- 藝術（1.0%），$2,710
- 非營利組織（0.4%），$1,181

（單位：百萬美元）

圖 12-6　2018 年全球授權商品零售額 (按 IP 類別分)。

　　圖像經紀授權應用模式有數種，如雙品牌結盟、聯展、國內外參展等方式，雙品牌結盟可互相拉抬知名度，並拓展新的消費市場；國內外參展藉由提升圖像識別度，並且可測試圖像的市場接受度，進而多元化內容開發經紀授權。亞洲的授權市場，有每年 1 月舉行的香港國際授權展（HKTDC）、每年 6 月舉行的東京國際授權展（Licensing Japan），以及每年 10 月舉行的上海國際品牌授權展（China Licensing Expo）等三大授權展，近年聚焦在動漫、插畫、玩具等產業。

　　在亞洲經紀授權市場方面，日本授權產值即高達 133 億美元，占比近 65％，是催化經濟脈動的新藍海。日本作為亞洲第一大，全球第三大的授權市場，以其獨特文化性的原創角色、動漫風靡全球。臺灣市場深受日本角色啟發，借鏡日本授權產業的發展基礎，近年臺灣原創作者紛紛開創自己的角色品牌，並藉由國際參展計畫，與當地代理商媒合合作，以快閃店、行銷授權等形式，積極拓展品牌知名度，累積三年逐漸嶄露頭角。

　　《鬼滅之刃劇場版 無限列車篇》無疑是因疫情而陷入危機的電影業求之不得的救世主，而且這股熱潮，看來還會持續延燒好一陣子（圖 12-7）。

圖 12-7　2020 年日本最賣座電影—《鬼滅之刃劇場版 無限列車篇》。

　　文創授權除了圖像授權、品牌授權外，更多博物館為了博物館商店、授權製作衍生性商品，而推動博物館授權，使得博物館延伸了圖像授權、創新應用開發、創意行銷、市場連結等議題，無形中拓展了博物館授權的經濟效益。博物館授權市場的需求度，依據不同國籍的買家、年齡層有很大的不同，買家針對授權需求、設計風格有多方的評估與考量。

　　臺灣的買家以授權圖像為主，為符合大眾市場喜好，偏好選擇經由設計轉化過、高質感的商品；而國外的買家以商品買斷為主，以大陸買家而言，偏好圖像原創的商品，起因為圖像連結性強；歐美買家的需求，則偏好造型創新、手繪感。成功的品牌授權，粉絲的參與度有很大的影響，社交活動、電視節目與廣告、主題展覽等，為品牌文化重要的推動手法；消費移動的方式，也讓電商快速侵蝕實體店的市場需求，改變消費型態，為品牌效應創造新商機。

第 1 章
第 2 章
第 3 章
第 4 章
第 5 章
第 6 章
第 7 章
第 8 章
第 9 章
第 10 章
第 11 章
第 12 章
第 13 章
第 14 章

二、藝術授權合約

藝術授權合約內容的要項，主要包括人、事、時、地、物等各項，以及雙方有關的權利及義務事項，包括：權利關係人及其關係、授權對象、使用時間、使用的地區、授權哪些方面的使用等，以及授權金、權利金等有關約定。

常見的有語文著作出版契約、美術攝影著作公開展示授權契約、音樂著作公司公開播送授權契約、語文、音樂或戲劇的公開演出授權契約、視聽著作發行授權契約、視聽著作公開播送授權契約及各類著作改作授權契約等。

藝術授權在「人」的方面，常見的有採取「合夥」方式或「與文創經紀人簽訂契約」，透過人與人之間合作或透過經紀人來協助行銷個人品牌及產品，並酌收代理佣金等。

在「事」的方面，一般把創作成果分成「專屬授權」及「非專屬授權」，一般在同一個專案授權中也可能同時包括此二類，可採行專案或跨界方式進行合作。

在「時」的方面，依時間可分為「買斷或長期授權」及一次性或臨時性藝文活動需要的「短期授權」。長期授權的合作方式對於雙方而言較為穩定，但彼此也需要分擔較大的風險，不過，長期授權關係也可以培養彼此之間合作的默契，成為策略夥伴可能更為重要。短期授權則可能在合作過程中找到潛力合作對象，未來也可能改簽訂長期授權契約。

在「地」的方面，常見授權方式有「全地區使用」及「特定地區使用」，不過須先留意是否能清楚界定對授權地的使用，避免將來在權利金核算上的糾紛。

在「物」的方面，係指將著作財產權以「買斷」及「抽成」方式處理。

三、著作權集體管理

藝術授權亦可透過「集體管理」的藝術授權方式，經濟部轄下訂有《著作權集體管理團體條例》，透過民間成立專業領域的會員團體（如社團法人中華音樂著作權協會、台灣錄音著作權人協會）來集體管理該領域的著作權，並由此團體對提供著作權的著作權人或使用著作權之使用者，依照所訂的規定進行給付或收取權利金等，以及相關權利及義務等集體管理的工作。

著作權集體管理的授權類型：

1. **公開演出權**：公共場所演奏或播放音樂。

2. **公開播送權**：廣播電台、電視台向大眾傳送著作。

3. **公開傳輸權**：將著作傳輸到網路上的權利。

4. **公開上映權**：放映電影、MV 等，向公眾傳達影像。

　　透過將自己的著作權授權給專業團體來進行管理，賦予該團體以集中管理的方式，一方面協助仲介媒合相關需求者取得使用權，另一方面也監督所管的著作權是否有受到不當的使用行為，對權利受到影響的會員進行權利爭取的行動。對擁有著作權的所有人或創作者，集體方式的藝術授權方式，可協助著作權人管理契約及省去許多煩人瑣碎的授權事務，可專注於創作工作。如想查詢歌曲由哪個集管團體所管理，可使用經濟部智慧財產局「音樂 / 錄音著作查詢系統」https://tipo.ltc.tw/Music/User/SongSearchAdvance 進行查詢。

12-5 練習與討論

最佳華人娛樂文化內容平臺—華研國際音樂

公司名稱：華研國際音樂股份有限公司

成立日期：1999 年 5 月 1 日

公司網址：https://www.him.com.tw

　　華研國際音樂股份有限公司（HIM International Music Inc.），由前上華唱片董事長呂燕清先生創立，2010 年更名為華葳音樂國際股份有限公司，2011 年 4 月更名為數碼音樂國際股份有限公司，2011 年 9 月更名為華研國際音樂股份有限公司

（以下簡稱華研音樂），為一流行音樂製作發行及歌手、演員、主持人、文創圖文作家與運動明星全經紀之影視娛樂公司，公司於 2013 年 12 月 19 日上櫃，為目前全球華人流行音樂產業唯一股票上市櫃公司，年度合併營收約新臺幣 15 億元左右，致力於延續華語音樂與文創之優勢，建構最佳華人娛樂文化內容平臺。

華研音樂致力於開發優質詞曲作者、歌曲，從早期《還珠格格》的主題曲《當》，到近年《我的少女時代》主題曲《小幸運》，近期的大熱電視劇《我們與惡的距離》，主題曲《別讓我走遠》和插曲《路過人間》，均出自華研音樂之手。

華研音樂擅長培養素人成為巨星，包括動力火車、女子天團 S.H.E、林宥嘉、飛輪海等均自華研音樂出道，歷年加盟藝人包括信、周蕙、F.I.R.、郁可唯、莎莎、曾之喬等。除了藝人之外，華研音樂亦經紀爽爽貓、馬來貘、福原愛等文創圖文作家與運動明星，經營範圍涵跨音樂、戲劇、主持、文創、體育等各領域；華研音樂同時擁有膾炙人口歌曲達 2,000 首，經營數位授權市場、詞曲版權、舉辦演唱會與明星經紀，致力於創造公司、明星與合作廠商三贏。

根據華研音樂財報資料，該公司營收可分為三大類：實體產品銷售、授權收入和演藝經紀，商品及服務項目如下表 12-4：

表 12-4、華研音樂主要商品 / 服務項目

一、音樂產品 （實體產品銷售）	實體專輯、影音產品 DVD、明星商品、寫真圖文書等文創商品。
二、音樂產品 （授權收入）	1. 數位音樂錄音視聽著作授權（網絡、手機等各項新媒體資源）。 2. KTV 卡拉 OK 授權。 3. 歌曲授權（遊戲、戲劇主題曲、公播…）。 4. 詞曲授權（唱片、書籍、新媒體、公播…）。 5. 插畫圖文授權。
三、演藝經紀	1. 演唱會與音樂會舉辦。 2. 產品代言、肖像商標授權。 3. 戲劇、電影、主持。 4. 商業演出及公關活動。

資料來源：作者研究整理

　　在「音樂實體產品」項目收入占公司整體營收比例從 2015 年的 2.7%，下滑至 2019 年的 0.54%。「音樂授權」收入項目占整體營收比例從 2015 年的 34%，大幅攀升至 2019 年的 62.5%。成長的關鍵，除了數位化大勢所趨之外，華研音樂在 2018 年與杭州網易雲合作，快速擴展了旗下歌手歌曲在中國市場的授權與傳送。

　　「演藝經紀」收入項目則占整體營收比例從 2015 年的 63%，縮減至 2019 年的 37%。然而，面臨全球 COVID-19 疫情嚴重的 2020 年，公司甚至有超過 9 成營收，都來自授權收入。這全是因為華研擁有的 2,000 首歌曲、700 首視聽著作版權，好比世代相傳的聚寶盆，為公司帶來持久穩定的金流。

　　展望未來，華研音樂除了流行音樂製作、發行銷售，以及藝人演出、培育新人等本業之外，未來將持續強化經營文創圖文作家、詞曲作者、運動員，轉型為一家全方位的演藝娛樂經紀公司（圖 12-8）。

　　隨著市場音樂偏好、娛樂方式愈來愈分眾，整合娛樂、運動、文創，透過多元產品授權，連結不同產業，創造更豐富、靈活的營運內容與效益，將成了未來華研音樂業績成長的最重要動能。

圖 12-8　華研國際音樂文創經紀業務（作者翻拍自華研公司官網）。

1. 華研音樂部分收入來源受到國內外盜版猖獗、未經授權使用著作權及各國對著作權之保護措施等因素的影響,試問如何有效降低著作權侵權和提高保護?

2. 受 COVID-19 疫情等因素影響,商業活動因此多數凍結,娛樂活動受到諸多限制,如何透過培養企業未來成長動能,以度過全球疫情或其他因素帶來的衝擊?

腦力激盪

1. 客戶委託設計或攝影的作品底片，著作權屬誰？

2. 小說改編為劇本並拍攝成電影，如何簽訂著作權授權契約？

第1章
第2章
第3章
第4章
第5章
第6章
第7章
第8章
第9章
第10章
第11章
第12章
第13章
第14章

第 **13** 章

文創產業資源整合運用

創新就是創造一種資源。

——彼得．杜拉克（管理大師）

　　一個好的創新創業成果，更需要結合輔導資源來加速發展，臺灣政府部會推出了許多創業配套措施，提供各項創新創業資源的挹注，企業若能針對各自新創企業發展所處階段與產業屬性不同，尋找合宜的公民營文創輔導資源，可以加速器事業發展，達到真正創業成功之目的。本章節主要討論「文創產業資源整合運用」，包含文創事業很重要的商業模式設計、創業計畫撰寫、政府及民間資源介紹，最終藉由分組討論與課後練習來驗證學習成果。

13-1 商業模式創新與設計

一、何謂商業模式

管理大師彼得 · 杜拉克（Peter Drucker）曾說：「當今企業之間的競爭，不是產品之間的競爭，而是商業模式的競爭。」由此可知，商業模式將決定企業成敗。

近年來，企業的生存競爭變得越來越艱難，不得不隨時因應環境與對手變化，以調整既有的模式或構思全新的商業模式，來拉開與競爭對手的距離。

什麼是商業模式（Business Model）？根據維基百科（Wikipedia）定義：為實現客戶價值最大化，把能使企業運行的內外各要素整合起來，形成一個完整的、高效率的、具有獨特核心競爭力的運行系統，並通過最優實現形式滿足客戶需求、實現客戶價值，同時使系統達成持續贏利目標的整體解決方案。簡言之，商業模式即是一個事業創造營收（Revenue）與利潤（Profit）的手段與方法。

由上述可知，商業模式大概包含了幾個面向，包括：如何為客戶創造價值、整合企業經營內外資源、獨特業務營運流程及獲利模式（Profit Model）。而一個好的商業模式應是讓客戶不斷上門消費，甚至成了死忠顧客，其他競爭者想加入戰局，因有著高門檻，也不得其門而入。從事文化創意產業創業亦是需要思考自身事業的商業模式，才能讓事業朝向永續經營發展。

二、常見商業模式類型

商業競爭中，各種商業模式不斷推陳出新，以下列舉較常見之商業模式類型，創業團隊或經營者可依公司經營規劃進行模式設計，從中找到企業生存之道。

（一）多方平台型

指的是創立以買賣或訊息交換為目的場所或平台，透過服務手續費及銷售佣金提成來賺錢。例如：蝦皮拍賣、雅虎拍賣及淘寶等。

（二）吉列模型（印表機模式）

產品本身以低價或免費形式提供，透過附屬產品或消耗品的持續銷售而獲取利潤。例如：吉列刮鬍刀和刀片、印表機和墨水（碳粉）及雀巢膠囊咖啡。

（三）免費增值型

透過提供免費的服務來增加用戶數，再將其中的一部份用戶導到高附加價值的付費服務來獲取利潤。例如：記事軟體 Evernote，但免費的空間容量有限，若要增加使用容量則需另外付費。

（四）無增值型

保證核心服務品質，盡可能削減不必要的服務，以最低價提供服務的獲利模式。例如：百元理髮，只為需要的服務付費。

（五）O2O 模式

透過網路平台提供優惠券或紅利點數等附加價值，來引導顧客到實體店面進行消費的獲利模式。例如：日本連鎖超商 Lawson 利用 Facebook 及 Line 發送限量優惠券，以吸引顧客前往超商店面消費。

（六）加盟模式

提供想加盟本企業業務的人或是企業，提供從事本企業業務的權利稱之為加盟模式。例如：加盟 85℃咖啡、全家便利超商等各種連鎖體系。

（七）「羊毛出在狗身上，豬來買單」模式

廠商販售商品給客戶時的傳統思維是「羊毛出在羊身上」，商品的價值在於客戶花錢買單。「羊」指的是客戶，「羊毛」指的是金錢，客戶所獲得的益處，都是由自己口袋裡的錢交換來的。

「羊毛出在狗身上，豬來買單」的關鍵是，多了「資訊」交易的價值。商人交易的不只是「商品」與「金錢」，更重要的是商品背後的使用「資訊」。「羊」是客戶、「狗」是商品公司、「豬」則是想獲得數據的公司。有人願意出錢幫客戶買單，客戶使用新產品的意願自然大大地提升。這種新型態的商業模式，將「資料」的價值擴大。例如：在 google 的 Youtbe 影片平台上做短秒數廣告。

（八）自助服務

廠商透過自動販賣機或自動收費機臺進行無人管理且現賣現收，由客戶使用自助服務。如大潤發自助結帳機或 Times24h 自助停車場。

（九）其他模式

如鴻海精密公司的全球電子製造代工模式（Electronics Manufacturing Service, EMS），台灣積體電路公司的全球晶圓代工模式（Foundry），指接受其他無廠半導體公司委託、專門從事半導體晶圓製造，而不自行從事產品設計與後端銷售的公司。其他還有接單生產的 BTO（Bill to Order）和只租不賣模式等。

三、商業模式畫布

思考企業的商業模式除了可以使用亞歷山大・奧斯瓦爾德（Alexander Osterwalder）與伊夫・比紐赫（Yves Pigneur）所研究出的商業模式畫布（Business Model Canvas）的九大要素進行探討（圖 13-1）外，更重要的是需思考下列議題：

1. 先釐清企業必須解決的主要問題是什麼？

2. 描述顧客最重大的三個問題？

3. 為每個問題描述可能解決方案？

4. 領先市場的競爭優勢為何？

5. 進行實驗報告和可行性滿意調查。

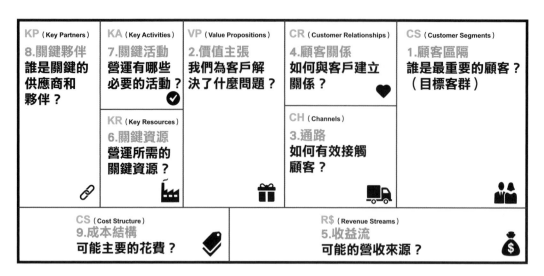

圖 13-1　商業模式圖（Business Model Canvas）。

13-2 新事業計畫書撰寫

　　創業計畫書在整個創業過程中扮演極為重要的角色。不過，確實有為數眾多的創業者沒有撰寫過創業計畫書，就憑著感覺及見招拆招的心態來創業。事實證明，有擬訂完整的創業計畫書的創業團隊相較而言就容易成功。有了創業計畫書便可以清楚告訴事業合夥人或投資者，您是有方向、有目標、有願景、有步驟，值得信賴。

　　如何寫出動人的創業計畫書？依筆者個人淺見，動人的創業計畫書應具備五大要素：展現誠意、具備專業、秀出亮點、創造價值及具體可行。並掌握 SMART 基本原則：S（Specific，明確的）、M（Measurable，可衡量的）、A（Attainable，可達成／可實現）、R（Reasonable，合理的）及 T（Time，時間規劃）。也就是說計畫目標及執行內容應有非常明確的目標，所陳述的項目可以數量化，設定的目標是可以被達成和實現，目標為合理範圍，以及有具體時間表來完成目標。

完整的創業計畫書則應具備以下重要章節內容：1.計畫摘要、2.創業緣起與事業構想、3.產業與目標市場分析、4.商業獲利模式、5.技術研發計畫、6.行銷策略規劃、7.財務計畫與資金運用、8.生產製造計畫、9.公司經營團隊、10.風險評估分析、11.效益與貢獻及12.附件（錄）等。以下針對各章節之重要性列舉撰寫重點事項：

表 13-1、創業計畫書應具備的內容

章節單元	撰寫重點
（一）計畫摘要	在計畫摘要章節中，以下有幾點重要提醒： 1. 摘要集中了你經營企業的全部重點和計畫。 2. 摘要給人的第一印象是「這是一個有錢可賺的投資項目」，一開始不相信就不會相信。 3. 摘要必須寫得充滿信心與熱情、全部正面闡述。 4. 摘要部分一定要放在最後完成。 5. 摘要求短，最多兩頁，最好縮成一頁。 6. 摘要留待計畫完成初稿後再來撰寫。
（二）創業緣起與事業構想	開辦新創事業首要是向人們說明您為何創辦此事業（創業的動機、解決什麼痛點或創造什麼附加價值）。並說明公司名稱與商標設計、創業的產品與服務範圍、經營理念、企業文化與願景目標，以爭取認同。
（三）產業與目標市場分析	在發展事業的過程中，很重要的是您對產業現況與市場規模的了解，您看的新市場機會為何？如何進入這個市場？在此也特別提醒各位，整體市場（Total Available Market）、可服務市場（Service Available Market）與目標市場（Target Market）是有所不同。 1. 整體市場（Total Available Market）：通常為產業分析調查所估算出之最大市場規模。 2. 可服務市場（Service Available Market）：在這整體市場中與潛在客戶訪談後所計畫算出之可服務的市場規模。 3. 目標市場（Target Market）：與潛在客戶訪談、辨識與訪談競爭對手和辨識與訪談通路夥伴等後所設定之目標市場。 此外，在產業與市場分析上，除善用次級資料庫與第一手蒐集調查的市場情報外，可以善用麥可・波特（Michael Porter）的五力分析、魚骨圖分析、競爭者分析、SWOT（Strength 優勢、Weakness 劣勢、Opportunity 機會、Threat 威脅）分析工具，協助釐清產業與市場現況，最終完成未來市場發展潛力評估。

表 13-1、創業計畫書應具備的內容（續）

章節單元	撰寫重點
（四）商業獲利模式	誠如管理大師彼得・杜拉克（Peter F. Drucker）所說：當今企業之間的競爭，不是產品之間的競爭，而是商業模式（Business Model）的競爭。商業模式即是一個事業（a Business）創造營收（Revenue）與利潤（Profit）的手段與方法。 以共享經濟的個案：Airbnb 和 Uber 為例，這兩間公司並沒有建構龐大的旅館和計程車隊資產，其透過商業模式創新與經營共享平台，創造出數百億美金估值的市場價值。 而由亞歷山大・奧斯瓦爾德（Alexander Osterwalder）與伊夫・比紐赫（Yves Pigneur）所研究出的商業模式畫布（Business Model Canvas）工具，簡稱商業模式九宮格，則提供了我們對商業模式建立之思考，逐步完成商業模式的九大要素建構：1. 目標客層（Customer Segments, CS）、2. 價值主張（Value Propositions, VP）、3. 通路（Channels, CH）、4. 顧客關係（Customer Relationships, CR）、5. 收益流（Revenue Streams, R$）、6. 關鍵資源（Key Resources, KR）、7. 關鍵活動（Key Activities, KA）、8. 關鍵合作夥伴（Key Partnership, KP）及 9. 成本結構（Cost Structure, C$）。 該章節主要闡述創業項目透過什麼樣的技術或商業模式等創新手段解決了行業中的某個／某些痛點問題，是否有人願意為解決這種問題而買單，是否具備商業價值；項目是怎麼設計收入模式的，希望哪些人或市場參與方為項目的哪種產品或服務買單。
（五）技術研發計畫	在技術研發計畫單元章節內，建議應多闡述其產品或技術：創新性說明、產品技術評估、技術來源說明、技術規格優劣功能比較、可行性分析、智慧財產權檢索與專利佈局、技術所有權分佈、預計投入研發計畫經費及預期效益評估等內容。不過，與其太過強調技術專屬與獨特，不如多談技術商品化，創新技術可帶來多少新營收。

表 13-1、創業計畫書應具備的內容（續）

章節單元	撰寫重點
（六）業務拓展與行銷策略	俗話說得好：賺錢靠推銷（業務），致富靠行銷。行銷管理是針對目標市場，透過創造、溝通及傳遞優異的顧客價值，來爭取、維繫並增加顧客的藝術與科學。在事業的產品和服務行銷上，應有清楚之行銷市場區隔、目標市場與產品定位：STP（Segmentation、Targeting、Positioning）、行銷 4P（Product 產品、Price 價格、Place 通路、Promotion 促銷）及行銷 4C（Customer Need Value 為客戶創造需求價值、Cost to Customer 為客戶節省成本、Convenience 提供便利性、Communication 互動溝通）等說明。 在事業的行銷規劃方面，應善用數位經濟時代的行銷方式、網路搜尋引擎優化（SEO）、部落格行銷、社群行銷、讓消費者「玩」成忠實顧客的體驗行銷、具感染力的病毒式行銷、飢餓行銷、公益行銷、綠色行銷及議題行銷等方式，擬定行銷策略規劃。此外，如何提高公司與市場能見度？預期成長率為何？銷售預測為何？以及第一個客戶在哪？如何擴大客源？都是審閱計畫書的人相對有興趣瞭解之內容。
（七）財務計畫與資金運用	擬定財務計畫與資金運用對眾多創業者而言都是一項高難度的工作，發生高估營收且低估成本，也是司空見慣的事，因無法透過精準的財務估算，降低公司的財務壓力，企業常面臨歇業或倒閉的命運。在此，建議內容應包含：1. 創業的資金來源（包含出資比例、銀行貸款、資金來源）說明，此規劃將會影響事業股權分配與獲利分紅。2. 應詳述資金具體用途及每個事業階段所需之資金比例。3. 未來 1~3 年預期營收效益。 在財務規劃上也建議運用預估損益表、資產負債表、現金流量表等常見財務報表及分析來呈現公司的財務規劃，並對不同的營運階段導入不同管道的營運資金。目前較常見的資金管道是傳統融資、天使投資人、企業投資、創櫃板、國發天使基金、校園基金投入、工業銀行、投資銀行、私募市場、創投業者、政府獎補助、群眾募資、競賽優勝獎金、傑出校友投資等方式。 若創業項目有融資計畫，應說明融資的目的及資金使用計畫，稀釋多少股權引入多少資金，希望投資人提供資金之外的哪些幫助支持。

表 13-1、創業計畫書應具備的内容（續）

章節單元	撰寫重點
（八）生產製造計畫	生產製造計畫主要說明：生產期程規劃、產品的製作流程、測試、所需技術、機具、設備及原物料、供應商管理、設廠（營運）地點優缺點考量、污染防治處理問題。其他如在尋找廠商協助開發原型樣品上，建議應先解剖樣品／產品之零件或材料組成（BOM），對製造廠商進行背景調查及篩選，了解政府相關法規，如代工廠是否合法，選擇國內生產還是海外生產，品質、成本價格與交期協商，設計產品包裝樣貌等，對於生產製造上都是非常重要。
（九）公司經營團隊	創業團隊的優劣常是企業成敗與爭取投資之重要因素，本章節應清楚說明：主要經營團隊的背景與經歷、領導者風格與人格特質、周延組織架構與功能、是否掌握事業之核心技術與價值、團隊的股權分配設計、經營團隊的聲譽（Reputation）及人力資源規劃，還有最重要的是展現執行團隊的執行力。 此外，在創業團隊的籌組上應留意你有的是團體還是團隊？是否有供應鏈支援系統？有無培養長期發展所需人才？不同行業人才組成，建構外部虛擬團隊、專業經理人與業務行銷人才，團隊成員的穩定度。
（十）風險評估分析	創業路上常會有不同風險，常見有四項風險類型：營運風險（如：新產品開發、零組件供應、模組化設計而引發）、財務風險（如：匯率變動、資產流動性等造成）、業務風險（如：產業環境結構，客戶、成本、利潤之變動等問題）、信用風險（短期投資、應收帳款等問題）。風險固然很多，但請讓聆聽與審查的專家或投資者，知道你處理危機的態度與判斷，提出因應方案，以確保創業可行性，並仔細評估安全退場機制。
（十一）效益與貢獻	請預估產出内容，包含新增員工人數、申請專利數、研發成果、預估產值、對社會大眾產生之影響等。小提醒：別忘了回頭去寫執行摘要！
（十二）附件／附錄	可以提出佐證資料與具參考價值之書面資料，例如：研發團隊已有之專利證書、技術授權或移轉證明、從業人員專業證照、獎牌獎座、公司管理制度、主要合約資料影本、信譽證明、媒體報導資料、市調結果及三年計畫時程表等。

資料來源：張耀文和張榕茜（2020），創新與創業管理（全華圖書出版）。

13-3 官方文創補助及政策貸款資源

一、政府相關文創獎補助及貸款資源

　　臺灣政府在推動文化創意產業發展的同時，也提供了許多獎補助計畫及政策貸款資源來協助企業發展（如中央政府文化部、經濟部、勞動部和客委員轄下所屬各局處所提供之政策資源）。相關政策資源規定詳見附錄說明。此外，各縣市地方政府（如台北市和新北市政府等）也有針對青年創業給予融資貸款協助，讀者若有興趣也可就近與當地縣市政府相關單位聯繫。

二、銀行貸款注意事項

　　對銀行而言，微、中、小型企業本身就是屬於「高風險」的產業，微、中、小型企業因產業類別、企業主個人信用狀況、營收各有不同，因此在貸款申請過程中，銀行需要各方面綜合審核的情況，也較一般「個人消費型貸款」或「房屋貸款」來的困難，因此有良好的債信紀錄、正常的營業狀態及完整的財務報表就非常重要。尤其是申請人的信用狀況，「授信」是先有「信」才有「授」，想跟銀行打交道就要提早與銀行往來並保持良好的債信紀錄。以下為常見金融機構不予核貸的信用樣態：

1. 申請人或其配偶動用信用卡循環額度。

2. 申請人或其配偶有信用卡或貸款延遲繳款紀錄（相關繳款紀錄於聯徵中心揭露 1 年）。

3. 申請人或其配偶有信用卡遭強制停卡情形。

4. 申請人或其配偶為「中華民國銀行公會辦理消費金融案件無擔保債務協商機制」或「金融機構辦理消費者債務清理條例前置協商作業準則」之協商

成立註記戶且尚有相關註記紀錄（相關紀錄於聯徵中心揭露至結清日或全數清償日後加註 1 年）。

5. 申請人或其配偶為「金融機構辦理消費者債務清理條例」前置協商不成立者，經法院裁定更生或清算註記戶且尚有相關註記紀錄（相關紀錄於聯徵中心，清算揭露時間為裁定開始清算日起 10 年，更生揭露時間為最長不逾法院認可更生方案日起 10 年）。

6. 申請人或其配偶為催收呆帳戶。

7. 申請人或其配偶有債務本金逾期未清償或應繳利息延滯情事。

8. 申請人或其配偶有從債務（為他人連帶保證人或一般保證人）本金逾期未清償情事。

9. 申請人或其配偶有貸款未繳款遭法院查封情事。

10. 申請人或其配偶有票信拒往紀錄。

11. 申請人或其配偶票信經公告拒往尚未解除。

12. 申請人或其配偶為財團法人中小企業信用保證基金逾期列管戶。

13. 申請人或其配偶有稅款或勞健保費未繳情事。

14. 申請人所屬事業最近一年資產負債表之淨值為負數。

15. 申請人所屬事業實際所在地未經合法登記使用。

16. 申請人非為實際經營者。

註：財團法人金融聯合徵信中心信用報告，可向各地郵局或至聯徵中心提出申請，聯徵中心申請信用報告服務電話：02-2316-3232。

三、如何與銀行打交道

1. 銀行授信 5P 原則

銀行在授信上著重 5P 原則，即 People、Purpose、Payment、Protection 和 Perspective。若要順利取得貸款，必須著重 5P 原則（圖 13-2）。

People：借款人的財務狀況。

Purpose：借款人的資金用途。

Payment：借款人的還款來源。

Protection：借款人提供的債權保障。

Perspective：借款人的未來發展性與展望。

圖 13-2　銀行授信 5P。

2. 聯合徵信信用報告

一般我們跟銀行打交道，不管是政策性貸款或銀行商務信貸，通常都會要求申請人提供近三個月內的聯合徵信信用報告。

財團法人金融聯合徵信中心（簡稱聯徵中心）是依據銀行法第 47 條之 3 以及銀行間徵信資料處理交換服務事業許可及管理辦法所設立。聯徵中心是臺灣唯一蒐集金融機構間信用資料之信用報告機構，為國內徵信功能及信用制度健全扮演舉足輕重的角色，也是亞洲地區第一家同時收集、建置個人與企業正面與負面信用資料的信用報告機構。

目前聯徵中心提供民眾查詢的信用報告依查詢目的不同，分為兩種信用報告：

(1) **當事人綜合信用報告**：為企業或個人欲瞭解自身目前於揭露期限內之信用報告。

(2) **金融機構債權人清冊**：個人申請前置協商或展延方案專用之信用報告，其資料範圍包括未揭露於一般金融機構因授信審核目的之查詢之未清償債務資料。

聯徵中心信用分數怎麼打的？一般分為五大類：

(1) 行為類：指的是個人過去與金融機構往來時，繳款是否有延遲還款紀錄、延遲還款的嚴重程度、延遲還款發生的次數、延遲還款記錄距今的時間長短等。

(2) 負債類：包括個人的負債程度，包括負債總餘額、信用交易筆數、各類負債的額度使用率等。

(3) 新信用申請類：代表的是個人對新信用的需求程度，例如金融機構對該個人過去一段時間的查詢次數資料。

(4) 信用長度類：指個人使用信用的歷史長短

(5) 信用型態類：指的是個人所使用信用的型態及其組合，例如房貸戶、信用卡循環信用使用者、現金卡戶等。

13-4 其他文創輔導資源

政府及民間創業輔導資源，大致可以分成創業輔導課程、新創基地空間資源、育成中心、加速器和其他政府計畫獎補助計畫，相關說明如下表 13-2：

表 13-2、文創輔導資源

類型	內容說明
一、創業輔導課程專區	1. TAICCA SCHOOL 文策學院（線上課程）。 2. 中小企業網路大學校（線上課程）。 3. 文化創意產業推動服務網（查詢及申請補發文化部主辦過的創業輔導課程）。

表 13-2、文創輔導資源（續）

類型	內容說明
二、扶植新創團隊	（一）中央資源 1. 中研院：國家生技研究園區創服育成中心。 2. 金管會：金融科技創新園區。 3. 科技部：臺灣科技新創基地（TTA）、臺灣創新創業中心（TIEC）。 4. 國發會：臺杉投資、亞洲・矽谷計劃執行中心（ASVDA）、臺灣新創競技場（TSS）。 5. 經濟部：Taiwan Accelerator Plus（TAcc＋）、外貿協會、林口新創園、新創圓夢網、臺灣創新快製媒合中心（TRIPLE）。 （二）地方資源 -- 新創基地 1.創業台北；2.臺北創新實驗室；3.臺北創新中心（CIT）；4.新北創力坊；5.桃園青創指揮部；6.竹科青創基地（竹青庭）；7.宜蘭園區青創基地（蘭青庭）；8.宜蘭市中小企業創新育成中心；9.臺中社會創新實驗基地；10.中科智慧機器人自造基地；11.中區新創基地；12.贏地創新育成基地；13.南科 AI-Robot 自造基地；14.南部科學園區臺南園區創業工坊；15.南區新創基地；16.KO-IN 智高點；17.駁二共創基地；18.臺北市 t.Hub 育成大樓；19.林口新創園區（Startup Terrace） （三）其他政府資源 1. 中小企業經營管理輔導體系。 2. 中小企業資訊創新升級計畫。 3. 中小企業品質管理提升計畫。 4. OTOP 地方特色網。 5. 經濟部中小企業處法律諮詢服務網。 6. 中小企業經營領袖研究班計畫。 7. 女性創業飛雁計畫 / 女性創業課程及諮詢。 8. 小巨人獎。 9. 中小企業創新研究獎。 10.國家磐石獎。 11.新創事業獎。 12.女性創業菁英賽。 13.擴大行動支付普及應用服務補助計畫。 14.創業家實證計畫。 15.中小企業服務創新推動計畫。 16.創育加速卓越服務網。 17.社會創新實驗中心。

表 13-2、文創輔導資源（續）

類型	內容說明

三、民間或學界資源	（一）育成中心：全國各大專院校育成中心
	（二）加速器
	  1. App Works 之初創投。
	  2. AAMA 臺北搖籃計劃。
	  3. AI 新創加乘器。
	  4. Garage＋。
	  5. H.Spectrum。
	  6. HTC VIVE X。
	  7. PwC's scale-up 創業成長加速器。
	  8. StarFab。
	  9. SparkLabs Taipei。
	  10. TA 臺灣創速。
	  11. Ti 臺灣孵化器。
	  12. 中華開發創新加速器。
	  13. 比翼加速器。
	  14. 臺大創創加速器。
	  15. 好食好事基金會。
	  16. 亞太電信 5G 加速器。
	  17. 創夢實驗室。
	  18. 微軟新創加速器 。
	  19. 中華民國工業協進會國際創業品牌加速器。
	（三）天使創投及企業創投
	  1. 交大天使投資俱樂部。
	  2. 識富天使會。
	  3. 臺安傑國際天使投資。
	  4. 益鼎創投。
	  5. 心元資本。
	  6. 和通創投。
	  7. 緯創資通創投。
	  8. 宏誠創投。
	  9. 基石創投。
	  10. 各大金控創投事業。

資料來源：作者研究整理。

13-5 練習與討論

透明冰為小酌增添樂趣，以機能性出發的設計公司 -- 三維力方

公司名稱：三維力方有限公司

成立日期：2008 年 3 月 5 日

公司網址：https://ucubecreative.com/

廣告中的一幕，一位高富帥的時尚新貴坐在酒吧內品飲威士忌，酒保練就一番削冰塊的絕活，將冰塊削成圓形，然後將其放入酒裡，為的就是要保持原汁原味的酒香層次，減緩冰塊溶解的速度，看著晶瑩剔透的冰塊在威士忌杯內浮沉，別有一番風味。一天勞累辛苦回到家，想小酌一下沉澱一下心情，倒上威士忌，拿取家裡冰箱內的冰塊放入酒杯，看著酒杯內的冰塊，中間霧霧白白的，有點煞風景，怎麼跟廣告上的冰塊不一樣？

三維力方有限公司成立於 2008 年 3 月，主要的業務是創意構想整合與商品開發。三維力方創辦人褚玉龍先生擅長從各種不同的角度，用心觀察生活的細節，並以簡單的原理融入產品設計的創意，設計出各種提升生活品質，增進時尚創意生活的產品。

極地冰盒一開始的設計構想是仿造極地的環境，利用冰會從水面上開始往下凍結的特性，開發第一代冰盒—鵝卵石造型（圖 13-3），後來又推出竹節系列（圖13-4）、球型冰塊系列（圖 13-5）。褚玉龍先生說：「我相信好的設計是以機能性為主，而其他所有外加的設計，包含美觀，都是為了要彰顯出設計的機能性。」

一開始回臺灣創業即進駐在學校型育成中心內，透過申請「微型創業鳳凰貸款」及中小企業處「中小企業即時技術輔導計畫」取得一部分開發產品的資金，再從美國的集資網站 Kickstarter 進行募資，出乎意料之外在短短期間內就順利達標，

不只締造 16 倍的超標亮眼成績，更獲選為 Kickstarter Staff Pick 的殊榮。除此之外，也獲得「德國 red dot award 2009 紅點設計獎」、國際發明展銅牌獎及臺灣「優良產品設計」的殊榮。

圖 13-3　極地冰盒—鵝卵石造型。

圖 13-4　極地冰盒—竹節系列。

圖 13-5　極地冰盒—球形系列。

由於威士忌酒商無意之間的一個疑問：為什麼沒有既美觀又能凸顯威士忌酒風味的酒杯呢？因此褚玉龍開始了三足杯的研發工作。褚玉龍發現爵與觶是商代常用的飲酒器具，而酒杯的形狀決定了酒的流向、氣味發散的層次，進而影響酒的口感及餘韻。因此，一個具機能性、外型獨特，且有中國特色的三足杯（圖 13-6）就此誕生。

由於三足杯的外型獨特，製作三足杯困難的地方就在於無法一體成形，純手工做的三足杯要找到合作的廠商又是一大考驗，且三個杯腳如何與圓潤的杯身相結合，也考驗著玻璃杯製作師傅的功力。除了外型的美觀考量，三維力方的所有產品設計，就如同褚玉龍先生所說的，圍繞在設計的實用性上，才能深刻的與人產生連結與共鳴。

圖 13-6　三足杯。

聽聽三維力方怎麼說

延伸思考

1. 文化創意產品設計時，有人說「或法同行、或法自然，皆有所本」，請問當你在設計產品時，你會從哪個角度切入？

腦力激盪

1. 如果你是文化創意產業的創業者，你會尋求什麼樣的管道來籌措所需要的資金？
   為什麼？

第1章
第2章
第3章
第4章
第5章
第6章
第7章
第8章
第9章
第10章
第11章
第12章
第13章
第14章

第**14**章

地方創生與社會設計

臺灣急著舉辦許多藝術祭，是否發展的太快了呢？就像竹子一樣，長得快但中空。
——北川富朗（日本越後妻有和瀨戶內藝術祭主要策劃人）

臺灣各地方社區及偏鄉地區，各具地方特色，在人文風采、地理景觀、產業歷史、工藝傳承上均蘊藏文化價值，透過發掘在地文化底蘊，形塑地方創生的產業策略，並以設計手法加值運用，透過優秀人才的結合，將可帶動產業發展及地方文化提升。另一方面也需要社會創新和設計來解決社會問題。本章將探討「地方創生與社會設計」，以及藝術節慶、農業觀光旅遊、社會設計等議題，最後經由分組討論與練習來驗證學習成效。

14-1

臺灣與國外地方創生

一、臺灣地方創生

　　地方創生或區域振興（Regional Revitalization）源起於 2014 年由日本前總務大臣增田寬也所著《地方消滅》一書，其中心思想是「產、地、人」三位一體，希望地方能結合地理特色及人文風情，讓各地能發展出最適合自身的產業。國內也有不少人士將 Placemaking 譯為地方創生。但場所營造（Placemaking）字義限於公共空間規劃，設計和管理的多方面方法。利用當地社區的資產，靈感和潛力，目的是創建可增進人們健康，幸福和福祉的公共場所（維基百科）。總而言之，地方創生係指某個地區因為創新的商業模式，帶來人流、金流，而讓原本可能人口嚴重外流的地區蓬勃發展。

　　臺灣近年來亦面臨與日本相同的人口減少、高齡與少子化、人口過度集中大都市，以及鄉村發展失衡等問題。2018年國家發展委員會（以下簡稱國發會）提出「地方創生國家戰略計畫構想」，行政院將 2019 年訂為「臺灣地方創生元年」，由國發會負責統籌及協調整合部會地方創生相關資源，以落實推動地方創生工作，依據各鄉鎮之社會經濟人口資料分析，規劃優先選定人口外流嚴重、地方經濟急需振興的 134 個鄉鎮市（占全臺面積 66.5%，但總人口數只占全國的 11.6%）作為主要輔導對象，且區分為農山漁村（62 個）、中介城鎮（居於都市及農山漁村 /24 個）、原民鄉鎮（48 個）等三類。

　　以 2030 年總生育率達 1.4%、未來維持總人口數不低於 2,000 萬人為願景，並以「均衡臺灣」作為目標，希望成功達成發展地方產業、讓人口回流、青年返鄉和解決人口變化問題。

目前全國各地也陸續成立相關協會或基金會來推動地方創生發展（如屏東創生文化藝術基金會）（圖 14-1），相較成功的地方創生案例如南投竹山小鎮文創的推行的「文創、旅創及農創」。而臺東大學創新育成中心長期深耕地方創生輔導，其所輔導的祥銓農創（圖 14-2）致力於拯救瀕臨滅絕的臺灣沉香樹，輔導農民種植沉香樹，協助成立沉香產銷班，共同解決生產銷售和環境保護問題。另一家粨種人食品（圖 14-3）則以「地方創生」作為思考架構，盤點原民部落及阿粨擁有的人物地資源，從下而上發展「粨發粨粽」的品牌故事。兩家企業在東臺灣地區的地方創生發展上獲得高度肯定和獎勵。

圖 14-1　屏東創生文化藝術基金會於屏東縣推動多樣化的青創活動，支持在地青年創業。

圖 14-2　臺東大學育成中心輔導的優質企業 -- 祥銓農創。

圖 14-3　臺東大學育成中心輔導的優質企業 -- 粨種人食品。

二、國外地方創生發展現況

日本被公認是一個超高齡社會的國家。日本除了面臨高齡與少子化外，超過一半人口也過度集中在東京、名古屋和關西地區，由於城鄉人口差距嚴重惡化，造成消費力和勞動力下降，進而影響地方經濟發展和社會出現萎縮問題。為解決地方嚴重問題，日本中央政府在 2014 年提出為期五年的全國性的地方創生總合戰略，確立「城鎮、人和工作」三者的正向循環，針對全國一千多個都或市等地方政府，提出地方版總合戰略和相關實施計畫，也在令和元年（2019 年）進行地方創生總合戰略計畫改版。

在日本地方創生上較為知名的偏遠的山村成為觀光勝地的「川場村道之驛」、帶動觀光人潮的「瀨戶內國際藝術祭」、被稱作地方創業聖地的「西粟倉村」，以及引發周邊效應，由古民屋改建的「丹波市山間餐廳」等，則是日本地方創生的典範案例。此外，日本為積極推動地方創生政策發展，也成立專責的地方創生官網，以提供所需資訊，如圖 14-4 所示。

圖 14-4　日本地方創生官網（https://www.kantei.go.jp/jp/singi/sousei/）。

在歷史悠久的歐洲地區，同樣也面臨相同的人口成長趨緩、城鄉發展差距過大及大都會區因商業群聚和較多就業機會，對周邊地區人口產生磁吸效應。在歐洲國家中，由於各國天然資源不一，種族也相當多元，其透過技術創新或生活文化軌跡，也找出不同地區的發展利基和模式。臺灣經濟研究專家葉俊沂在其探究歐洲創生的研究中，列舉英國普雷斯頓（Preston，為英國 Lancashire 郡首府）的成功經驗，普雷斯頓透過整合在地的社群、合作社及公共資產等，主要推動的發展模式重點包括：在地財富、勞動力、土地、房地產和投資、經濟自主性，並邀集核心機構參與發掘核心商品及服務，從而帶動英國地方創生發展機會。德國法蘭克福（Frankfurt）則以文化創意展示舊地區創新應用；雷根斯堡（Regensburg）以製造業聞名，並立足資通訊產業等；愛爾朗根（Erlangen）為重要醫材聚落；海布隆（Heilbronn）則廣泛與各所工科大學進行建教合作，培養優秀人才。

芬蘭則透過高科技產業發展，在短短 20 幾年的迅速轉型，成為全球最幸福的創新國家之一。臺灣歷史及經濟研究專家吳佩蓁指出，芬蘭不僅創新也要創生，透過由下到上的全民運動，藉由不同類型的場域設計（如 Maria 01、Aiber Networks、Korjaamo Culture Factory、Suomenlinna Sveaborg、Suvilahti、Cable Factory），打造成兼具創新與文化功能的平臺，讓民眾有更美好的生活空間。芬蘭強調打造完善的生態圈，從基礎教育強化創新和創造能力，與國際組織合作串聯豐沛國際資源，以及透過在地創新與創生聚落，推升的文化和創新的體制，讓芬蘭擁有無限的未來。

義大利羅馬近郊的扎加羅洛（Zagarolo）小鎮利用「分散型旅（Dispersed Hotel）」模式，成功改變了小鎮的命運。一對情侶利用空屋打造的住宿設施，櫃檯、客房、餐廳服務分散於整座城鎮，傾一鎮之力招待各地來的觀光客。經營者努力與當地居民產生相互理解和信賴感，使居民認同分散式旅館，使地方創生發展得以成真。

位於法國的北方城鎮魯貝（Roubaix）曾是繁華一時的歐洲紡織工業重鎮，隨著產業結構的轉型逐漸衰敗，成為法國最貧窮城市之一，所幸，法國政府推出了許多地方振興方案，以文化藝術為策略，活化閒置的空間，促進地方經濟發展，成功扭轉魯貝的命運。

　　美國費城也曾在美國歷史上扮演首都機能，但隨後被華盛頓興起取代而逐漸蕭條，後來透過 1984 年成立了壁畫藝術計畫機構（Mural Arts Program），開始了費城壁畫藝術計畫（The Mural Arts Project），將費城形塑成世界上最大的露天畫室，極具特色風情，讓這座城市有了新的活力。

　　綜合上述，無論從日本、英國、德國、芬蘭、義大利、法國或美國經驗，能看出其運用不同的創新策略和發掘自身利基，藉由活化空間運用和創新商業模式，讓當地人能高度參與和認同，才能有機會扭轉一個沒落城鎮的命運。（張榕茜，2020）

14-2 藝術文化、節慶活動與地方創生

　　為因應臺灣人口數總量遞減、高齡少子化，以及城鄉發展逐漸失衡等現象，借鏡日本成功經驗，國發會政策推動上先從「設計力」角度切入地方，鼓勵地方政府推動「設計翻轉 地方創生」計畫，選定以東港與金門兩地作為首次進行地方創生的示範地，希望透過在地文化藝術、打造生活美學環境，推動地方特色產業，以為地方注入新氣象。

　　臺灣各地方社區及偏鄉地區，各具特色，人文風采、地景地貌、產業歷史、工藝傳承均蘊藏豐富文化內涵，國發會為協助地方政府挖掘在地文化底蘊，形塑地方創生的產業策略，藉由盤點各地「地、產、人」的特色資源，以「創意、創新、創業、創生」的策略規劃，開拓各地方極具特色的產業資源，以設計手法加值運用，透過地域、產業與優秀人才的多元結合，帶動產業發展及地方文化提升。

　　藝術文化與節慶活動舉辦也常是活絡地方的重要策略做法，常透過音樂、表演藝術、視覺藝術、工藝產品設計等方式，搭配國家慶典及紀念日、傳統民俗節慶、新興文化藝術節及展覽會等的策劃舉辦。

節慶活動的舉辦目的是為提供當地居民休閒娛樂、提高工作機會與收入、塑造地方高知名度，進而吸引觀光遊客。節慶活動對在地居民和舉辦場地均產生一定的影響，包含藉由地方的慶典的舉辦來增進地方的榮譽感，並視其為振興都市的利器，因此，節慶活動不但是一個地區文化的表徵，亦是人民生活的呈現，更可藉以形塑獨具地方特色的文化品牌。

　　當然藝術文化及節慶活動也會帶來環境汙染及生態破壞，也可能使地方文化逐漸走上商業化及帶來周邊租金、房價及物價上漲等問題，嚴重影響生活品質。此外，也有不少國家利用「打造適合人們生活的公共空間」理念，來推動地方創生。透過地方創生的過程，連結在地社群，打造市民共享的美學空間，形塑社群凝聚力。以下介紹幾個案例說明之。

一、美國費城壁畫藝術計畫（The Mural Arts Project）

　　該計畫起源於對街頭塗鴉的反制，為了轉化塗鴉創作者的藝術能量，藝術家Jane Golden 帶領塗鴉創作者，一同創作費城的大型壁畫，以社會草根故事出發，用壁畫藝術美化市容，經過多年努力，壁畫已經成為費城的標誌，而當地居民也從不同的活動中參與壁畫的創作，如今壁畫已然成為費城生活中不可或缺的一部分（如圖 14-5 所示）。

圖 14-5　費城城市壁畫藝術。

二、美國布魯克林 DUMBO-- 從黑街到打卡熱點

美國紐約布魯克林的丹波區（Down Under the Manhattan Bridge Overpass, DUMBO），現已是一個充滿濃濃藝文味的新興觀光熱點（圖 14-6）。很難想像，這個集藝術、科技新創的聖地，曾是紙箱工廠、菸草工廠、倉庫聚集地。

紐約市政府透過空間環境改造，改變人們對布魯克林「治安差」的刻板印象，藉由發展水岸觀光、將橋下荒地變身為親水公園；前衛的戲劇場所、具有展演功能的書店陸續進駐，賦予廢棄廠房全新的面貌；各個藝文組織也把集體營造藝文特區形象作為努力的目標，例如：秋天舉辦的橋下藝術節，每年吸引全球藝文界同好前來朝聖。

圖 14-6　紐約 DOMBO 區。

14-3
觀光休閒旅遊與地方創生

源自歐洲和日本的「農村綠色旅遊（Green Tourism）」觀念乃是以都市和農村間互補共生，追求國土均衡發展為基本目標，和傳統的觀光政策及論述不同。主要五大內涵為：(1) 尊重地方發展、(2) 活用地方資源、(3) 建立地方社會整體營運管理、(4) 重視環境保護、(5) 重視雙方利益。

依日本過去經驗，這種作法規模不可以太大，根據各農村地區的特色，而且是根據各農村地區特色「量身訂做」，追求小規模高品質的交流，避免過度開發而帶

給環境的負荷。臺灣近年來流行的農村體驗,透過體驗教育增加地方與遊客的互動交流,促進了地方的經濟發展。

在農村旅遊消費議題上,為推動地方特色產品品牌,可參考如法國所制定「原產地控制制度(AOC,法文:Appellation d'origine contrôlée)」的做法,以控管葡萄酒等農產品與食物品質問題。而地方在推動產品地方品牌化達到振興地方的目的,可以讓產品得到類似「護照」的形象與價值如「薄酒萊(Beaujolais)」,有機會將產品賣到很遠的地方。也有「美味名勝地(SRG,法文:Site Remarquable du Goût)」可做為推動地方品牌行銷的手法,美味勝地的主要目標無非是藉由具特色的農產品吸引觀光客,得到振興地方的目的。除了行銷特色的農產品外,也包括關係密切的地理景觀、生態環境和傳統文化。

因此,當地產品被視為「標章」而生產,必須仰賴多方行動者的配合,不只產品本身要有競爭力,應朝塑造高度認同的風土產品來達到地方振興,避免品牌(如古坑鄉原被譽為臺灣咖啡故鄉)快速退去,應將農業與食品生產的相關景觀與傳統文化知識,並和地方公共財乃至於文化遺產等做結合,應該才是長遠的經營做法。

14-4 社會設計

人類雖然已達到史上最富裕的時代,但隨著全球環境的快速變遷與社會進步,各國所面臨的環境與社會問題層出不窮。全球皆企盼著用不同於工業革命的利潤導向思維,而改以同理心運用社會創新(Social Innovation)或社會設計(Social Design)的智慧來重新架構我們的生活。

社會設計(Social Design)一詞,最早出自設計理論家 Victor Papanek 在上世紀 60 年代所出版的著作《為真實世界而設計》(Design for the Real World)中,將「為社會而設計」視為設計的重要內涵之一。回首設計發展的歷史,幾乎沒有一個時代像現在一樣熱血,會如此殷切地期盼設計能夠走入生活,走入社會。

　　1949 年是設計師最風光的年代，美國工業設計之父 Raymond Loewy 成為第一位登上時代雜誌的設計師，說明了設計在那個年代是很工業的。2004 年創新顧問公司 IDEO 登上了 BusinessWeek 雜誌，讓設計變成一種改變商業的設計思考，設計由工業的產品設計，轉向了商業的企業管理。

　　從商業邁向社會設計的指標事件是 2007 年「Design for the Other 90%」的策展，由紐約 Cooper-Hewitt, National Design Museum 策劃，讓設計成為解決人類社會問題的方法。「設計」原應是為消費者服務，滿足其需求並解決問題，但在消費主義的發展下，「品質」和「附加價值」的吸引力是呈現產品身分和地位的關鍵。設計師不斷替換更新各種造型樣式的產品，為企業刺激銷量，逐漸遺忘設計師的社會責任—為第三世界、環境保護、身心障礙者、醫療設備、實驗研究，及突破性的概念而設計。社會設計是解決問題，並思考，如何透過設計，對社會產生最大影響力。

　　社會設計之產出具有其獨特的生命，會因與不同個體的接觸，產生不同之感受與結論。因為這樣的特性，社會設計所造成的影響範圍相對廣泛。即便設定明確之目的性，但由於過程及結果皆具相當大的再創造、變形、演化及反思空間。以人為起始點的社會設計，相較一般大眾對設計一詞的認知，其「過程不斷影響結果」的特色，十分明顯。

　　近年來在臺灣，由於產官學的重視，設計相關產業已然成為熱潮。然而，檢視設計師的角色，多半還停留在過去的觀念：創造吸引人的商品以鼓勵消費，產生更大的經濟效益，為企業增加利潤。然而，在此「拼經濟」的同時，也是我們省思設計與設計師在社會所扮演角色的最佳時機。以下介紹幾個案例說明之。

一、貧血救星 -- 幸運小鐵魚（Lucky Iron Fish）

　　社會設計奇蹟！只要 45 元，改善 92% 柬埔寨居民貧血頭暈之苦！幸運小鐵魚團隊將鐵塊設計成 8 到 10 公分長的魚形外觀，這個尺寸不僅適合放到鍋中烹調，體積也足以提供 75% 的每日鐵營養素需求。設計團隊在當地找到一間鐵工廠製作小鐵魚，每條魚的造價只要 1.5 元美金（圖 14-7）。

圖 14-7　幸運小鐵魚。

二、綠色交通─YouBike

為了解決短程交通的問題，雙北市的悠遊卡不只能搭捷運，還可以拿來租借YouBike，落實綠色交通的目標。最新的 YouBike 2.0 車柱不需接市電，改採太陽能面板供電，更為節能（圖 14-8）。

圖 14-8　YouBike 2.0。

三、洗手設備─HappyTap

HappyTap 是一個具童趣且可重複使用的洗手裝置，主要針對東南亞包括越南、柬埔寨等衛生情狀較差的國家進行推廣。每年都有成千上萬的家庭因糞口汙染造成的腹瀉，因而失去孩子的健康與生命。HappyTap團隊透過鮮綠的色彩及圓潤的造型設計，吸引孩童使用，鼓勵小朋友洗手以解決傳染病問題，進而預防疾病的發生。（圖 14-9）。

圖 14-9　HappyTap。

四、nendo 為貧困孩童設計「組合式足球」─My Football Kit

為了讓窮困地區的孩童都可以享受到足球的樂趣，nendo 設計了一款不需要充氣，可輕鬆在現場組裝，並由 54 個零件所組成的組合式足球─ My Football Kit，產品設計靈感來自竹編球，由柔軟的回收 PP 和彈性佳的合成樹脂組合而成，具有互鎖和交織的元素，可以輕鬆地在飛行中進行維修或更換（圖 14-10）。

圖 14-10 組合式足球。

14-5 練習與討論

雲嘉南地方創生的好幫手 -- 嘉易創

公司名稱：嘉易創有限公司

成立日期：2018 年 6 月 5 日

公司官網：https://plusone-inno.com.tw/

「嘉易創有限公司（以下簡稱嘉易創）」為國立嘉義大學校友所創立之企業，乃為健全雲嘉南地區的創業育成環境與推動地方創生的發展，在嘉義大學校方的全力支持下，由校友整合相關領域人才與資源共同合作成立「嘉易創創育中心（Plus One Innovation）」，成為臺灣第一間以企業型態從校園衍生（Spin-off）的在地創育機構。嘉易創創辦人黃振瑋執行長表示，其團隊成員及顧問為嘉義大學創新育成中心團隊、資深產學合作主管與相關領域專家業師，公司包含三大部門，包括「地方創生與創新育成部門、智慧生活資訊服務部門以及新創事業行銷部門」。

嘉易創有效結合學校型育成中心的研發能量與民間企業的商業靈活度等優點，並鏈結在地其他產官學研資源，協助雲嘉南地區中小企業升級輔導與落實地方創生，同時配合執行經濟部中小企業處及嘉義縣市政府所屬機關的相關計畫推動，擔任政府與企業之間的橋梁。嘉易創也因在推動地方創生輔導工作成效卓著，於 2019 年及 2020 年連續榮獲經濟部中小企業處「績優創育機構獎」肯定。

在推動雲嘉南地區產業與創業合作發展上，黃振瑋執行長特別指出「南良集團（Nam Liong Group）」是嘉易創在新創輔導與在地人才培育的重要策略夥伴，南良集團事業版圖布局全球，為擁有近 60 家實體企業的跨國集團，集團總裁蕭登波先生為嘉義人，為支持地方政府推動在地化政策，並大量培養及運用本土人才，與嘉易創長期以來在推廣青年返鄉，培育當地創新創業人才的理念不謀而合，近期透

第 1 章

第 2 章

第 3 章

第 4 章

第 5 章

第 6 章

第 7 章

第 8 章

第 9 章

第 10 章

第 11 章

第 12 章

第 13 章

第 14 章

過嘉易創的協助安排與嘉義市興嘉國小共同聯合發表旗下新優格產品，將深化該新創品牌「紐登斯」經營，藉由產品品牌與藝術的結合，推廣南良集團大健康產業的理念，善盡南良集團的企業社會責任。

在學校、企業、家長的努力下，讓學藝術的小朋友能有實際發揮的舞臺，體認學藝術也能有實際應用的機會，使小學生搖身一變成為產品包裝設計師，真正落實藝術與人文領域的實踐與應用，也鼓勵臺灣在地人才的培育。另一方面，嘉易創也與南良集團共同合作發展新創事業投資與人才培訓，設立嘉易創創投基金（種子輪到 A 輪）、線上線下的銷售通路（如萬家燈火地方創生好物電商平臺和特活綠小舖）及生產製造代工（HACCP & ISO 雙認證工廠）資源，對於青年返鄉創業或就業都會是很大助益。

此外，嘉易創在近年來也協助許多鄉鎮與區域擬定創生發展與產業輔導策略，其中一個案例是與「嘉義縣梅山鄉太平村」的合作，協助在地創生策略的規劃，為延伸太平雲梯至太平老街一段的國旅體驗，並推廣太平村的老街人文、駐村藝術及整體旅遊品牌，便與老街商家共同發起成立太平老街商圈發展協會，將結合產、官、學資源共同打造別具特色的太平老街商圈，另一案例則是與臺南新化山海屯社會企業合作，協助地方青年返鄉與群聚，透過創業輔導機制與專業課程來創造友善經濟環境，進而活絡新化在地特色產業與文化保留。嘉易創也特別發行以地方創生為主題的電子微刊物「創生刊刊」，讓大眾更了解地方創生的重要性，也藉此推廣地方創生。

展望未來，嘉易創將持續善盡創育機構的責任，鏈結更多有利於產業與創業的資源，協助更多在地產業創新與區域整體發展。期許未來有更多的創生亮點與有感故事在雲嘉南地區發生，也能讓國際看見雲嘉南地區的創生與改變。

圖 14-11 張耀文主任（右一）與黃振瑋執行長（右二）合影。

圖 14-12 嘉易創整合產官學研共同協助嘉義縣梅山鄉太平村創生。

延伸思考

1. 地方創生如何結合文化創意，帶動地方產業、就業與創業的發展？

2. 試盤點及分析梅山鄉太平村的文化創意產業、人文歷史及地理景觀資源有哪些？

聽聽嘉易創
怎麼說

第1章
第2章
第3章
第4章
第5章
第6章
第7章
第8章
第9章
第10章
第11章
第12章
第13章
第14章

腦力激盪

1. 試列舉國內外以藝術文化或節慶活動來推動地方創生發展之成功案例？

2. 試列舉生活中的社會設計的產品案例，與商業設計有何差異？

附錄 1：圖片來源

圖號	來源
圖 1-1	https://www.lonelyplanet.com/articles/hobbiton-flights-auckland
圖 1-2	張耀文攝
圖 1-3	https://zh.wikipedia.org/wiki/%E5%90%B4%E6%89%BF%E6%81%A9%E6%95%85%E5%B1%85
圖 1-4	張耀文攝
圖 1-5	https://zh.wikipedia.org/wiki/%E4%B8%96%E7%95%8C%E9%81%97%E4%BA%A7
圖 1-6	全華圖庫
圖 1-7	參考繪製：文化部文化資產局 https://twh.boch.gov.tw/taiwan/index.aspx?lang=zh＿tw
圖 1-8	https://www.apple.com/ https://www.pixar.com/
圖 1-9	參考繪製：天下雜誌
圖 1-10	https://www.shoppingdesign.com.tw/post/view/1116
圖 1-11	參考繪製：文策院官網 https://taicca.tw/page/vision，2020
圖 1-12	參考繪製：霹靂國際多媒體股份有限公司股票公開說明書
圖 2-1	https://web.tcdc.or.th/th
圖 2-2	文化部「2019 年文化創意產業發展年表」
圖 2-3	作者提供
圖 2-4	作者提供
圖 2-5	作者提供
圖 2-6	作者提供
圖 2-7	https://thewanderingquinn.com/visiting-gamcheon-culture-village-in-busan/
圖 2-8	作者提供
圖 2-9	作者提供
圖 2-10	作者提供

圖號	來源
圖 3-1	編輯部整理繪製
圖 3-2	編輯部整理繪製
圖 3-3	https://24h.pchome.com.tw/prod/DBAI7W-A9005705H
圖 3-4	作者提供
圖 3-5	https://kknews.cc/design/4vxexx.html
圖 3-6	https://creativetainan.culture.tainan.gov.tw/
圖 3-7	作者提供
圖 4-1	https://en.wikipedia.org/wiki/Bass _ Brewery
圖 4-2	https://en.wikipedia.org/wiki/Louis _ Vuitton
圖 4-3	https://technews.tw/2019/04/25/intel-9th-intel-core-h-cpu/ https://zh.wikipedia.org/wiki/%E6%98%9F%E5%B7%B4%E5%85%8B https://www.suiooh.com/
圖 4-4	參考繪製：品牌之前 · 設計之外，黃宇庭著，PCuSER 電腦人文化
圖 4-5	http://www.markethink.guru/en/markethinkers/749-jack-trout
圖 4-6	https://wuu.m.wikipedia.org/wiki/File:Old _ Nike _ logo.jpg
圖 4-7	https://www.coca-colaindia.com/stories/the-logo-story
圖 4-8	https://www.apple.com/
圖 4-9	https://www.taichung.gov.tw/1250329/post
圖 4-10	http://www.republicofchocolate.com.tw/
圖 4-11	https://www.kidsplay.com.tw/rest/content/2802#.YIPJ-pAkvBQ
圖 4-12	http://www.liuli.com.tw/
圖 4-13	https://game.yinfuer.com/?p=112
圖 4-14	https://www.eshop.yuancare.com/ https://zh-yue.wikipedia.org/wiki/UNIQLO https://zh.wikipedia.org/wiki/%E9%BA%A6%E5%BD%93%E5%8A%B3
圖 4-15	編輯部整理繪製
圖 4-16	https://www.logaster.com/blog/apple-logo/

圖號	來源
圖 5-1	參考繪製：經濟部工業局知識服務組
圖 5-2	https://hugosum.com.tw/
圖 5-3	https：//taiwan17go.com/bluecheese453/
圖 5-4	https://www.tourism.taichung.gov.tw/
圖 5-5	http://nanyuan.theonestyle.com/index.asp?aas=566
圖 5-6	https://beitoumuseum.org.tw/
圖 5-7	https://img.udn.com/image/product/S0000178/APPROVED/U000564286/201402141231 07999＿300.jpg?t=20170711145554
圖 5-8	編輯部整理繪製
圖 5-9	https://www.ruten.com.tw/item/show?21940182020469 https://www.starbucks.com.tw/home/index.jspx?r=52
圖 5-10	https://www.universalstudioshollywood.com/web/en/us
圖 5-11	https://wdwnt.com/2020/03/walt-disney-world-releases-updated-information-on-coronavirus-closure/
圖 5-12	https://travo.guide/japan/hokkaido/shiroi-koibito-park/
圖 5-13	http://springpoolglass.com/concept/
圖 5-14	https://www.twfruit.com.tw/
圖 5-15	https://tc.trip.com/travel-guide/ironbridge-gorge-civil-parish/ironbridge-gorge-23513124/
圖 5-16	https://www.lotterygoodcauses.org.uk/projects/view/ironbridge-gorge-museum-trust
圖 6-1	參考繪製：2019 臺灣文化創意產業發展年報
圖 6-2	https://emall.liuli.com.tw/index.php?route=product/product&product＿id=298
圖 6-3	https://www.franzcollection.com.tw/zh-tw/Collection/2020%E3%83%BB%E5%BA%9A%E5%AD%90%E4%B9%8B%E6%98%A5/%E6%83%85%E6%8A%95%E6%84%8F%E5%90%88*%E9%9B%99%E7%BF%A0%E8%8D%B7%E8%8A%B1%E7%93%B7%E7%93%B6
圖 6-4	https://www.daqi-shop.com/products/jg01-pr
圖 6-5	https://www.grday.com/

圖號	來源
圖 6-6	https://www.ishan13.com/
圖 6-7	參考繪製：2019 臺灣文化創意產業發展年報
圖 6-8	參考繪製：臺灣創意設計中心
圖 6-9	https://www.jacreative.com.tw/hdt/ervtour/article1.html
圖 6-10	作者提供
圖 6-11	作者提供
圖 7-1	參考繪製：臺灣流行時尚產業供應鏈及物流發展現況，現代物流•物流技術與戰略 2014 年 8 月第 70 期
圖 7-2	https://www.marieclaire.com.tw/entertainment/news/40847 https://www.e-payless.com.tw/20170717141434576
圖 7-3	https://www.grailed.com/drycleanonly/issey-miyake-master-class
圖 7-4	https://wwd.com/fashion-news/fashion-scoops/valentino-garavani-to-receive-legacy-award-1203293151/
圖 7-5	公司圖庫
圖 7-6	https://www.mings-fashion.com/
圖 8-1	參考繪製：2019 臺灣文化創意產業發展年報
圖 8-2	http://vr.theatre.ntu.edu.tw/fineart/painter-tw/limeishu/limeishu-02.htm
圖 8-3	http://vr.theatre.ntu.edu.tw/fineart/painter-tw/lishinchiao/lishinchiao-06.htm
圖 8-4	https://www.sokaculture.org.tw/exhibition/%E5%8C%96%E5%AE%87%E5%AE%99%E8%87%AA%E7%84%B6%E7%82%BA%E7%B4%94%E8%89%B2-%E6%9D%8E%E4%BB%B2%E7%94%9F%E6%8A%BD%E8%B1%A1%E8%97%9D%E8%A1%93%E5%B1%95
圖 8-5	http://pr.ntnu.edu.tw/news/index.php?mode=data&id=19065
圖 8-6	https://plusbelle.pixnet.net/blog/post/206578906
圖 8-7	http://jiajia996.pixnet.net/album/photo/151591600
圖 8-8	http://vr.theatre.ntu.edu.tw/fineart/chap17/chap17-02.htm
圖 8-9	https://www.youtube.com/watch?v=47jXm7DQGIM
圖 8-10	https://stone.hccc.gov.tw/zh-tw/Archives/CollectionDetail/214

圖號	來源
圖 8-11	https://blog.xuite.net/mbbrgs/twblog1/137799635
圖 8-12	https://www.juming.org.tw/
圖 8-13	編輯部整理繪製
圖 8-14	編輯部整理繪製
圖 8-15	https://plaisirart.eletang.com.tw/?m=Homepage&c=Index&a=index
圖 8-16	https://plaisiratr.kktix.cc/
圖 9-1	參考繪製：PWC資誠會計事務所
圖 9-2	參考繪製：臺灣經濟研究院
圖 9-3	https://kknews.cc/entertainment/aea4lkx.html
圖 9-4	https://www.facebook.com/halarmovie/posts/10157097218186247?comment_id=10157097351541247
圖 9-5	https://www.koreanfilm.or.kr/eng/films/index/company.jsp?companyCd=20100548
圖 9-6	https://zh.wikipedia.org/wiki/%E6%B5%B7%E8%A7%92%E4%B8%83%E8%99%9F
圖 9-7	文化部統計網
圖 9-8	參考繪製：臺蔡念中、劉立行、陳清河,2005
圖 9-9	參考繪製：臺經院 2018 電視產業調查
圖 9-10	參考繪製：文化部 2018 年電視產業調查 (調查時間 2019 年 6 月)
圖 9-11	參考繪製：臺灣經濟研究院
圖 9-12	參考繪製：2019 台灣文化創意產業發展年報
圖 9-13	http://www.rfm.fr/news/La-Casa-de-Papel-la-saison-4-debarquera-le-3-avril-2020-18082
圖 10-1	參考繪製：Global Animation, VFX & Games Industry Report
圖 10-2	參考繪製：經濟部數位內容產業推動辦公室
圖 10-3	參考繪製：經濟部數位內容產業推動辦公室
圖 10-4	參考繪製：109 數位內容年鑑
圖 10-5	公司圖庫
圖 10-6	スタジオジブリ © 2005-2020 STUDIO GHIBLI Inc

圖號	來源
圖 10-7	スタジオジブリ © 2005-2020 STUDIO GHIBLI Inc
圖 10-8	スタジオジブリ © 2005-2020 STUDIO GHIBLI Inc
圖 11-1	參考繪製：經濟部投資業務處，2009
圖 11-2	https://www.gcb.de/
圖 11-3	編輯部整理繪製
圖 11-4	參考繪製：8th UNWTO Asia/Pacific Executive Training Program
圖 11-5	ICCA-Statistics-2019
圖 11-6	參考繪製：前瞻產業研究院
圖 11-7	UFI Global exhibition barometer,23rd Edition(2019)
圖 11-8	安益國際
圖 11-9	安益國際
圖 11-10	http://www.starhaushotel.com/?us _ portfolio=%E9%AB%98%E9%9B%84%E5%B1%9 5%E8%A6%BD%E9%A4%A8
圖 12-1	https://news.ltn.com.tw/news/society/paper/394694
圖 12-2	公司圖庫
圖 12-3	公司圖庫
圖 12-4	公司圖庫
圖 12-5	公司圖庫
圖 12-6	https://licensinginternational.org/
圖 12-7	https://www.4gamers.com.tw/news/detail/44108/kimetsu-no-yaiba-the-movie-mugen-train-new-info-and-title-song-coming-soon
圖 12-8	https://www.him.com.tw/
圖 13-1	參考繪製：https://en.wikipedia.org/wiki/Business _ Model _ Canvas
圖 13-2	編輯部整理繪製
圖 13-3	https://ucubecreative.com/
圖 13-4	https://ucubecreative.com/

圖號	來源
圖 13-5	https://ucubecreative.com/
圖 13-6	https://ucubecreative.com/
圖 14-1	作者提供
圖 14-2	作者提供
圖 14-3	作者提供
圖 14-4	https://www.chisou.go.jp/sousei/index.html
圖 14-5	Mural Arts Philadelphia
圖 14-6	http://dumboartsfestival.com/
圖 14-7	https://www.amazon.ca/Lucky-Iron-Fish-cooking-Standard/dp/B01LX5S5FP
圖 14-8	https://www.xinmedia.com/article/176616
圖 14-9	https://www.linkedin.com/company/happytap/?originalSubdomain=sg
圖 14-10	http://www.nendo.jp/en/works/my-football-kit/
圖 14-11	作者提供
圖 14-12	作者提供

附錄 2: 參考資料

1. Raymond Williams（1976）Keywords: A Vocabulary of Culture and Society. Rev. Ed.（New York: Oxford UP, 1983）, pp. 87-93 and pp.236-8。

2. 維基百科：布袋戲。

3. 鄭自隆著 (2013)，文創行銷，五南，pp.6-8、pp.12-13 和 pp.28-29。

4. 路小成 (2014)，品牌視域下的文化產業發展：基於低碳轉型的思考，東北師範大學，電子書 pp.196-199 和 pp.202-203。

5. 張銳、張燚、周敏 (2010)，論品牌的內涵與外延，管理學報，p148-149。

6. 黃宇庭著 (2019)，品牌之前，設計之外，，PCuSER 電腦人文化，pp.16。

7. 賴玉琳著 (2013)，原來成功的品牌都是這樣製作出來的，財信出版，pp.26-29。

8. 徐斯勤、陳德昇著 (2009)，文化創意產業品牌與行銷策略：跨國比較與大陸市場發展，INK 印刷文學，pp.106-107。

9. MBA 智庫百科：品牌符號學。

   https://wiki.mbalib.com/zh-tw/%E5%93%81%E7%89%8C%E7%AC%A6%E5%8F%B7%E5%AD%A6

10. 王成榮 (2008)，品牌價值論，北京：中國人民大學出版社，pp.1。

11. MBA 智庫百科：品牌符號。https://wiki.mbalib.com/zh-tw/%E5%93%81%E7%89%8C%E7%AC%A6%E5%8F%B7

12. 品牌符號的力量。https://kknews.cc/zh-tw/tech/68563pm.html

13. 樹小書一文創行銷的秘密。

   https://windcatalyst.pixnet.net/blog/post/87489788

   https://windcatalyst.pixnet.net/blog/post/148503616

   https://windcatalyst.pixnet.net/blog/post/148603892

14. 「品牌價值」不是只有產品賣的好，更要能夠感動消費者內心的價值。

   https://www.pmtone.com/brand-value-promotion/

15. MBA 智庫百科：品牌共鳴。https://wiki.mbalib.com/zh-tw/%E5%93%81%E7%89%8C%E5%85%B1%E9%B8%A3

16. 臺灣文化創意產業發展年報（2005），pp.193-194。

17. MBA 智庫百科：體驗經濟。https://wiki.mbalib.com/zh-tw/

18. 什麼是顧客真正想要的 --Joseph Pine 影片來源：Ted.com。

   https://inspiredbystories.wordpress.com/tag/ 體驗 /

19. 從八歲到八十歲都愛這裡！迪士尼如何靠服務體驗「圈粉」？https://www.cw.com.tw/article/5100029

20. 盧希鵬 (2010)，銷售記憶與感覺：體驗經濟學。https://www.managertoday.com.tw/articles/view/2385

21. 張寶誠 (2010)，體驗經濟，塑造對顧客的終身影響力。

    https://mymkc.com/article/content/20813

22. 維基百科：觀光工廠。

    https://zh.wikipedia.org/wiki/%E8%A7%80%E5%85%89%E5%B7%A5%E5%BB
    %A0

23. 維基百科：鐵橋谷博物館。https://zh.wikipedia.org/wiki/%E9%90%B5%E6%A9
    %8B%E8%B0%B7%E5%8D%9A%E7%89%A9%E9%A4%A8

24. 英國鐵橋峽谷旅遊攻略。

    https://zh.meet99.com/jingdian-IronbridgeGorge-27139.html

25. 生活現場就是教育現場 1：引擎動力館 古蹟裡的遊樂園。

    https://losokuma.wordpress.com/2016/09/27/%E7%94%9F%E6%B4%BB%E7%
    8F%BE%E5%A0%B4%E5%B0%B1%E6%98%AF%E6%95%99%E8%82%B2%E7
    %8F%BE%E5%A0%B41%EF%BC%9A%E5%BC%95%E6%93%8E%E5%8B%95
    %E5%8A%9B%E9%A4%A8-%E5%8F%A4%E8%B9%9F%E8%A3%A1%E7%9A%
    84%E9%81%8A%E6%A8%82/

26. 2019 臺 灣 文 化 創 意 產 業 發 展 年 報（pp.83-p85、pp.134、pp.138、pp.147-
    148）。

27. 文化產業訊息及趨勢分析，106 年第四期，pp.24-25。

28. 夏學理主編 (2019)，文化創意產業概論，五南，pp.320。

29. 2019 臺灣設計力報告，臺創中心。

30. 維基百科：紅點設計大獎。https://zh.wikipedia.org/wiki/%E7%B4%85%E9%BB
    %9E%E8%A8%AD%E8%A8%88%E5%A4%A7%E7%8D%8E

31. 徐志宏、賴建榮、鄒伯衡，臺灣流行時尚產業供應鏈及物流發展現況，現代物
    流物流技術與戰略 2014 年 8 月第 70 期。

32. 世界十大服裝設計師，你知道幾個？https://kknews.cc/news/n963zrq.html

33. 鑒往知來，盤點臺灣時尚產業樣貌。https://www.fashionexpress.org.tw/business/paper/5234656904

34. 國內外文化產業訊息及趨勢分析，107 年第四期，pp.12-13。

35. 國內外文化產業訊息及趨勢分析，109 年第四期，pp.14-18。

36. 大學網。

https://university.1111.com.tw/univ_depinfo6.aspx?sno=100113&mno=230104

37. 想到時尚產業工作？除了設計師、公關、編輯還有這些選擇！

https://s-style-cycle.com/%E6%83%B3%E5%88%B0%E6%99%82%E5%B0%9A%E7%94%A2%E6%A5%AD%E5%B7%A5%E4%BD%9C%EF%BC%9F%E9%99%A4%E4%BA%86%E8%A8%AD%E8%A8%88%E5%B8%AB%E3%80%81%E5%85-%AC%E9%97%9C%E3%80%81%E7%B7%A8%E8%BC%AF%E9%82%84%E6%9C%89/

38. 夏學理 (1998)，文化行政，臺北：空大。

39. 線上大英百科全書 https://www.britannica.com/

40. 徐桂峰主編 (1984)，藝術大辭海，華視出版社。

41. 文化部「2018 文化政策白皮書」。

42. 吳靜吉 (1987)，談表演藝術與文化，文化傳播叢書，臺北：行政院文化建設委員會出版。

43. 國家表演藝術中心國家兩廳院（2018），表演藝術年鑑，臺北：國家表演藝術中心國家兩廳院出版。

44. 文化部（2016）。文化產業趨勢、統計調查 -- 文化產業人力供需計畫。

45. 呂錘寬（1986），臺灣的南管，臺北：樂韻出版。

46. 林崇宏 (2013)，" 傳統視覺藝術創作與數位視覺藝術創作之差異性比較研究 "，南華大學應用藝術與設計學報，第七期，pp. 49-63。

47. Albarran, A.B.（1997）: Management of Electronic Media. California: Wadsworth.

48. Kowalski, Shelley, Grigsby, Jill, Newman, David M.（1999）: Sociology of families. Thousand Oaks, Calif.

49. Global entertainment and media outlook 2018-2023，PwC（2019）。

50. 製片人之殤：出錢的不懂電影，懂電影的沒錢。

https://kknews.cc/entertainment/aea4lkx.html

51. Kofic（Korean Film Council ）https://www.koreanfilm.or.kr/eng/kofic/intro. jsp。

52. 劉幼俐、劉美琪（1997），多頻道環境下的電視經營─問題與對策，行政院研究發展考核委員會專題研究。

53. 劉幼俐、陳清河，2000 年臺灣有線電視訂戶滿意度之調查分析，廣播與電視，國立政治大學。

54. 蕭富峰、張佩娟、卓峰志（2020），廣告學，臺北市：元照。

55. 經濟部工業局，「109 年臺灣數位內容產業年鑑」；Global Animation, VFX & Games Industry Report 2019: Strategies, Trends & Opportunities 2018-2020。

56. Anime Industry Report 2019, The Association of Japan Animation。

57. 2020 年中國動漫產業研究報告，艾瑞諮詢。

58. 蔡慶同（2005），「創意」如何成為「商品」：論臺灣動畫及遊戲產業的文化、工業與創新。國立臺灣大學社會學研究所博士論文。

59. 行政院經濟部、資策會「109 臺灣數位內容年鑑」，2020。

60. 日本數位內容白皮書，2019。

61. ICCA（International Congress and Convention Association ）。http://www. iccaworld.com

62. UFI（Union Des Foires Internationales）。 http://www.ufinet.org

63. 黃振家（2007），會展產業概論，臺北：經濟部商業司。

64. WTO 網站。 http//www.world-tourism.org/

65. 莊雪麗（2005），臺灣會展產業及發展策略之研究，國立高雄應用科技大學觀光與餐旅管理研究所碩士論文。

66. 劉海瑩 (2015)，開啟發展新里程—2015 年企業工作會側記，國家會議中心通訊，pp.3-5。

67. 李國鼎、蕭萬長、武冠雄（1999），臺灣貿易發展經驗，臺北：智庫文化。

68. 林鐘雄（1985），開放經濟下的經濟問題，臺灣地區社會變遷與文化發展，臺北，聯經出版公司。

69. 經濟部會議展覽專案辦公室（2020），2020 年國際會議趨勢及我國策略研究。

70. ISO 20121。 http://www.iso20121.org/

71. 林大飛 （2000），虛擬展覽與傳統展覽，今日會展，第 1 期。

72. 吳霖影、楊國梁（2020），國內外虛擬會展發展現狀即可行性分析。會展前瞻，pp.38-55。

73. The Global Association of the Exhibition Industry （2019）. UPI Global Exhibition。

74. CMI Annual Report 2014（2015）。

75. 經濟部國際貿易局（2019），108-110 年會展產業人才供需調查及推估結果摘要。

76. 經濟部國際貿易局（2019），108 年會展產業人才供需調查及推估結果報告。

77. 國家發展建設委員會產業人力供需資訊網站。https://theme.ndc.gov.tw/manpower/Default.aspx

78. 常見金融機構不予核貸的信用狀態 https://www.moeasmea.gov.tw/files/4238/BE1E8857-C543-4B52-B8D5-47582962F935

79. 中華民國對外貿易發展協會產業拓展處、新創暨智慧系統組（民國 109 年 10 月）。

80. 葉俊沂（2019），「歐洲創生的探討：新舊交織的創新生機」，臺灣經濟研究月刊，42（8）:63-71。

81. 吳佩蓁（2019），芬蘭不但創新也要創生，「臺灣經濟研究月刊」，42（8）:53-62。

82. 張榕茜（2020），影響地方創生發展的關鍵因素：以雲林縣古坑鄉為例。中華大學旅遊與休閒學系碩士班碩士論文，新竹市。

83. Watt, D. C.（1998）. Event Management in Leisure and Tourism. New York, NY: Addison Wesley Longman.

84. Esu, B. B., Mbaze-Arrey, V.（2009）. Branding cultural festival as a destination attraction: A case study of Calabar Carnival Festival. International Business Research, 3（2）, 182-192.

85. 從費城壁畫到英國 Story House：地方創生如何打造永續城市。https://today.line.me/tw/v2/article/1kwrwv

86. 究極！地方創生（歐美版）。https://news.pchome.com.tw/magazine/report/sa/cpc/13063/155171520092554043003.htm

87. 青木辰司（2004）。《グリーン ツーリズム実 の社会学》。日本：丸善株式会社会行。

國家圖書館出版品預行編目 (CIP) 資料

文化創意：產業、就業與創業 / 張耀文, 張榕茜, 李
秉儒, 張智琦編著 . -- 初版 . -- 新北市：全華圖書股
份有限公司, 2021.05
面；　公分
ISBN 978-986-503-746-8(平裝)
　1. 文化產業 2. 創意 3. 創業
　541.29　　110006853

文化創意：產業、就業與創業

主　　　　編／張耀文

編　　　著／張榕茜、李秉儒、張智琦

發　行　人／陳本源

執 行 編 輯／王博昶、林昆明

封 面 設 計／張珮嘉

出　版　者／全華圖書股份有限公司

郵 政 帳 號／0100836-1 號

印　刷　者／宏懋打字印刷股份有限公司

圖 書 編 號／09138

初　　　版／2021 年 5 月

定　　　價／新台幣 500 元

I　S　B　N／978-986-503-746-8

全 華 圖 書／www.chwa.com.tw

全華網路書店 Open Tech／www.opentech.com.tw

若您對書籍內容、排版印刷有任何問題，歡迎來信指導 book@chwa.com.tw

臺北總公司（北區營業處）
地址：23671 新北市土城區忠義路 21 號
電話：(02)2262-5666
傳真：(02)6637-3695、6637-3696

南區營業處
地址：80769 高雄市三民區應安街 12 號
電話：(07)381-1377
傳真：(07)862-5562

中區營業處
地址：40256 臺中市南區樹義一巷 26 號
電話：(04)2261-8485
傳真：(04)3600-9806(高職)
　　　(04)3601-8600(大專)

得　分

文化創意－產業、就業與創業

學後評量

第 1 章　文化創意產業概論

班級：＿＿＿＿＿＿＿

學號：＿＿＿＿＿＿＿

姓名：＿＿＿＿＿＿＿

一、選擇題

（　　）1. 下列何者不是文化產業的性質？　(A) 強調文化的政治功能　(B) 重視客製化的消費　(C) 重視人際關係交流　(D) 塑造可被消費的故事性內容。

（　　）2. 請問下列哪一項不是世界遺產分類？　(A) 文化資產　(B) 自然資產　(C) 複合資產　(D) 科技資產。

（　　）3. 下列哪一項是我國文化資產中的無形資產？　(A) 傳統表演藝術　(B) 傳統工藝　(C) 口述傳統　(D) 以上皆是。

（　　）4. 目前世上最多世界遺產的國家為何？　(A) 中國　(B) 美國　(C) 法國　(D) 英國。

（　　）5. 定義臺灣文化創意產業範疇，最重要的法律為？　(A) 文化資產保護法　(B) 著作權法　(C) 文化創意產業發展法　(D) 公司法。

二、問答題

1. 試說明臺灣施行《文化資產保護法》，對臺灣文化創業產業發展有何助益？

答：

得　分

文化創意－產業、就業與創業

學後評量

第 2 章　文化創意產業鏈與趨勢

班級：＿＿＿＿＿＿＿

學號：＿＿＿＿＿＿＿

姓名：＿＿＿＿＿＿＿

一、選擇題

（　　）1. 每個國家對於文化創業產業的定義各有不同，在我國稱作「文化創意產業」，在英國稱作為何？　(A) 創意產業　(B) 版權產業　(C) 內容產業　(D) 文化產業。

（　　）2. 美國所謂的文化創業產業與下列哪一項產業定義較為相近？　(A) 創意產業　(B) 版權產業　(C) 內容產業　(D) 文化產業。

（　　）3. 臺灣文化創意產業中的哪一種次產業營業額占比最高？　(A) 電影產業　(B) 廣播電視產業　(C) 數位內容產業　(D) 創意生活產業。

（　　）4. 目前世界最大的動漫製作和輸出國為何？　(A) 美國　(B) 韓國　(C) 日本　(D) 英國。

（　　）5. 目前臺灣數位內容產業的主管機關是？　(A) 文化部　(B) 科技部　(C) 經濟部　(D) 教育部。

二、問答題

1. 試比較日本與韓國在文化創意產業發展政策之差異？

答：

（背面尚有題目）

班級：＿＿＿＿＿＿＿

學號：＿＿＿＿＿＿＿

姓名：＿＿＿＿＿＿＿

一、選擇題

（　　　）1. 在整體購買決策程序中，「消費者參與」是屬於哪一階段程序？　(A) 購買前　(B) 購買中　(C) 購買後　(D) 以上皆非。

（　　　）2. 同樣的產品種類要針對不同的價格提出多少的類型稱之為？　(A) 產品線長度　(B) 產品線寬度　(C) 產品線深度　(D) 產品線一致性。

（　　　）3. 同樣一個產品，但多少有一點差異的類型稱之為？　(A) 產品線長度　(B) 產品線寬度　(C) 產品線深度　(D) 產品線一致性。

（　　　）4. 故事題材不被認同是屬於文創產品開發上的哪一層面風險？　(A) 文化面風險　(B) 市場面風險　(C) 材料面風險　(D) 技術面風險。

（　　　）5. 下列哪一個群眾募資平台是臺灣業者主導的？　(A)Kickstarter　(B) Indiegogo　(C)ZecZec　(D)CAMPFIRE。

二、問答題

1. 試探討文化創意商品在群眾募資平台募資成功或失敗的關鍵因素為何？

答：

2. 文創產品與純藝術品（如水彩和油畫創作）有何不同？

答：

得　分

學後評量
第 4 章　文化創意品牌經營

班級：＿＿＿＿＿＿＿＿

學號：＿＿＿＿＿＿＿＿

姓名：＿＿＿＿＿＿＿＿

一、選擇題

（　　）1. 品牌價值可以創造的效果有哪些？　(A) 更高價格　(B) 更大規模　(C) 品牌延伸　(D) 以上皆是。

（　　）2. 品牌系統的組成包括以下哪些？　(A) 經營團隊　(B) 產品　(C) 市場　(D) 以上皆是。

（　　）3. 品牌策略的選擇中能有效降低品牌設計及品牌推廣等費用是哪種策略？　(A) 統一品牌策略　(B) 組合品牌策略　(C) 複合品牌策略　(D) 以上皆是。

（　　）4. 組合品牌策略又稱為多品牌策略，指企業對同一品類的產品使用二個或二個以上的品牌策略。以下哪個不是它的優點？　(A) 降低企業的經營風險　(B) 適應市場細分的需要　(C) 維護周期長、耗費資金多　(D) 有利突顯不同品牌產品的特徵。

（　　）5. 以下哪個不是判斷黏著度的項目？　(A) 回流度　(B) 順暢度　(C) 活躍度　(D) 增生度。

二、問答題

1. 請簡述統一品牌策略具有哪些優缺點？

答：

2. 老企業轉型或跨入文創產業，其新進品牌可以考慮哪些策略？

答：

（背面尚有題目）

得　分

全華圖書（版權所有，翻印必究）

文化創意－產業、就業與創業

學後評量

第 5 章　創意生活產業

班級：＿＿＿＿＿＿＿

學號：＿＿＿＿＿＿＿

姓名：＿＿＿＿＿＿＿

一、選擇題

（　　）1. 文化可以分為哪三個層次？　(A) 核心層　(B) 中間層　(C) 外圍層　(D) 以上皆是。

（　　）2. 以下哪些是創意生活產業的範疇？　(A) 飲食文化體驗　(B) 生活教育體驗　(C) 工藝文化體驗　(D) 以上皆是。

（　　）3. 根據約瑟夫・派恩（B. Joseph Pine）與詹姆斯・吉爾摩（James H. Gilmore）將人類經濟的發展分成四個階段來進行解釋，其中第四階段為何？ (A) 農業經濟　(B) 工業經濟　(C) 服務經濟　(D) 體驗經濟。

（　　）4. 觀光工廠也可稱為什麼？　(A) 工業旅遊　(B) 企業旅遊　(C) 商業旅遊　(D) 吃喝旅遊。

（　　）5. 轉型觀光工廠一般有下列幾個好處？　(A) 藉由開放工廠及產業觀光拉近與消費者之距離　(B) 有助於企業在品牌的推廣　(C) 增加營收　(D) 以上皆是。

二、問答題

1. 觀光工廠的設置可以從哪幾個面向進行規劃？

答：

2. 臺灣目前的觀光工廠有哪些類型？

答：

（請沿虛線撕下）

得　分

文化創意－產業、就業與創業

學後評量

第 6 章　工藝產業與產品設計產業

班級：＿＿＿＿＿＿＿＿

學號：＿＿＿＿＿＿＿＿

姓名：＿＿＿＿＿＿＿＿

一、選擇題

(　　) 1. 下列何者不是國際設計大賽獎項？　(A) 德國紅點設計獎　(B) 德國 iF 設計獎　(C) 金點設計獎　(D)IDEA 工業傑出設計獎。

(　　) 2. 臺灣傳統工藝產業面臨以下那些問題？　(A) 缺乏新技術研發能力且難以單獨開拓市場　(B) 生產能量與效率不容易發揮　(C) 缺乏相關資訊與品牌推廣上稍嫌薄弱　(D) 缺乏足夠的資金進行量產　(E) 以上皆是。

(　　) 3. 紅點設計獎獎項，下列何者為非？　(A)Luminary　(B)Winner　(C)Best of the Best　(D)honesty。

(　　) 4. 從經濟部「設計服務業發展綱領及行動方案」所揭櫫，設計產業特性以下何者為非？　(A) 具高附加價值　(B) 可以降低成本　(C) 以創意創新為導向　(D) 具有品牌導向之市場性。

(　　) 5. 設計業者可以申請國內哪些補助計畫？　(A) 文化部「文化創意產業發展補助計畫」　(B) 工業局「傳統產業技術開發計畫」（簡稱 CITD）　(C) 國貿局「補助業界開發國際市場」　(D) 以上皆是。

二、問答題

1. IDEA award Criteria 評審標準為何？

答：

得　分

全華圖書（版權所有，翻印必究）

文化創意－產業、就業與創業

學後評量

第 7 章　流行時尚產業

班級：＿＿＿＿＿＿＿＿

學號：＿＿＿＿＿＿＿＿

姓名：★＿＿＿＿＿＿＿

一、選擇題

（　　）1. 下列哪一個不是流行時尚產業的範疇？ (A) 服飾 (B) 手工藝 (C) 珠寶 (D) 眼鏡。

（　　）2. 時尚是與時俱進的概念，應該結合以下那些多元因素？ (A) 當下潮流及趨勢 (B) 品味及價值 (C) 個性及特色 (D) 以上皆是。

（　　）3. 快時尚又稱為快速時尚，起源於二十世紀歐洲，歐洲稱其為何？ (A)fast fashion (B)speed to market (C) 以上皆是 (D) 以上皆非。

（　　）4. 貼牌生產或原始設備製造商又稱下列何者？ (A)OBM (B)ODM (C)OEM (D) 以上皆非。

（　　）5. 下列哪個是時尚產業的基本特性？ (A) 屬創造性活動且有知識密集的特點 (B) 投入要素以研發為主，創意及創新為導向 (C) 具有品牌導向之市場性 (D) 具有永續性之高附加價值 (E) 以上皆是。

二、問答題

1. 臺灣流行時尚產業具有下列哪些特性？

答：

得　分

文化創意－產業、就業與創業

學後評量

第 8 章　表演藝術與視覺藝術產業

班級：＿＿＿＿＿＿＿

學號：＿＿＿＿＿＿＿

姓名：＿＿＿＿＿＿＿

一、選擇題

（　　）1. 表演藝術分類中何項非主要類別？　(A) 音樂　(B) 舞蹈　(C) 電影　(D) 戲劇。

（　　）2. 臺灣歷史最久的交響樂團是哪一個？　(A) 長榮交響樂團　(B) 國立臺灣交響樂團　(C) 國家交響樂團　(D) 台北市立交響樂團。

（　　）3. 下列何者為非傳統戲劇？　(A) 北管戲　(B) 南管戲　(C) 布袋戲　(D) 兒童劇。

（　　）4. 視覺藝術中哪項為中端產業？　(A) 繪畫創作　(B) 藝術修復　(C) 藝術經紀　(D) 博物館。

（　　）5. 何項工作為視覺藝術末端（展收）產業？　(A) 策展人　(B) 藝術經紀人　(C) 繪畫家　(D) 雕塑家。

二、簡答題

1. 請舉例表演藝術產業與視覺藝術產業之產業鏈上游、中游、末端各一個工作職稱並其說明工作內容。

答：

（請沿虛線撕下）

（背面尚有題目）

得　分

文化創意－產業、就業與創業

學後評量

第 9 章　文化傳播產業

班級：＿＿＿＿＿＿＿

學號：＿＿＿＿＿＿＿

姓名：＿＿＿＿＿＿＿

一、選擇題

（　　）1. 何者為韓國電影產業政府最高管理單位？　(A) 韓國電影振興委員會　(B) 韓國電影振興部　(C) 韓國電影協會　(D) 韓國戲劇文化部。

（　　）2. 中華電信 MOD 為何種電視傳播類型？　(A) 無線數位電視台　(B) 網路電視台　(C) 寬頻電視台　(D) 衛星電視台。

（　　）3. 下列哪家公司非好萊塢 5 大製片公司？　(A) 派拉蒙（Paramount）　(B) 索尼（SONY）　(C) 米高梅（MGM）　(D) 華納兄弟（Warner Bros）。

（　　）4. 何項非數位媒體廣告通路？　(A) 臉書　(B)Youtube　(C) 公車　(D) 廣播。

（　　）5. 何者為隨選內容為主的網路串流平台？　(A)Apple+　(B) 三立電視台　(C) BBC　(D) 聯合報。

二、簡答題

1. 請就廣播產業的現況與未來可能發展趨勢進行說明，並說明發展趨勢之策略與執行方法？

答：

得　分

文化創意－產業、就業與創業
學後評量
第 10 章　動畫產業與數位內容產業

班級：＿＿＿＿＿＿＿
學號：＿＿＿＿＿＿＿
姓名：＿＿＿＿＿＿＿

一、選擇題

（　　）1. 何項為數位動畫運用領域？　(A) 油畫彩繪　(B) 建築　(C) 金融　(D) 歌劇。

（　　）2. 數位學習產業中平台化是一項顯著趨勢，何者為目前全臺最大的線上學習平台？　(A) 學習雲　(B) 好學校　(C) 均一教育　(D) 易學網。

（　　）3. 數位行銷人才需具備下列專長？　(A) 設計　(B) 電腦程式　(C) 軟體開發　(D) 社群媒體運用。

（　　）4. 動畫產業鏈中，除哪項目外其餘都是在產業中？　(A) 生技產業　(B) 玩具商品　(C) 數位出版品　(D) 遊戲產業。

（　　）5. 將遊戲內容運用資訊科技加以開發或整合稱為何種產業？　(A) 手遊產業　(B) 數位遊戲　(C) 科技遊戲　(D) 遊戲動畫。

二、簡答題

1. 2019 年臺灣數位遊戲產業，總產值來到新臺幣 621.8 億元。根據《2019 年全球遊戲市場報告》指出，2019 年亞太地區遊戲產業成長率為 7.6%，未來仍有 5~10% 的成長，臺灣廠商該運用何種模式，方能在此發展趨勢中搶得商機？

答：

（請沿虛線撕下）

（背面尚有題目）

文化創意－產業、就業與創業

學後評量

第 11 章　會展產業

班級：＿＿＿＿＿＿＿＿

學號：＿＿＿＿＿＿＿＿

姓名：★＿＿＿＿＿＿＿

一、選擇題

（　　）1. 何項非數位會展的優點？　(A) 不受時空限制　(B) 效率高　(C) 花費高　(D) 低碳環保。

（　　）2. 「綠色會展」已成為國際會展趨勢其中哪像屬於飲食類減少耗能？　(A) 吃綠色蔬菜　(B) 食材減量　(C) 多用竹筷　(D) 善用外賣。

（　　）3. 哪一個國家有「展覽之國」的稱號？　(A) 德國　(B) 中國　(C) 新加坡　(D) 臺灣。

（　　）4. 新加坡在會展產業的那項領域中連續獲得亞太區第一名？　(A) 國際展覽　(B) 國際會議　(C) 獎勵旅遊　(D) 節慶活動。

（　　）5. 臺灣會展產業主管機關為何？　(A) 文化部　(B) 行政院　(C) 經濟部　(D) 總統府。

二、簡答題

1. 依據 2020 年經濟部會議產業專案辦公室報告中「臺灣國際會議產業發展策略方針與方案」，請就「創新會議體驗」策略方針，列舉三項其策略方案？

答：

得　分

文化創意－產業、就業與創業
學後評量
第 12 章　智財法律與藝術授權

班級：＿＿＿＿＿＿＿
學號：＿＿＿＿＿＿＿
姓名：＿＿＿＿＿＿＿

一、選擇題

（　　　）1. 下列哪一項不包括在智慧財產權（Intellectual Property Right）內？　(A) 品牌商標　(B) 專利權　(C) 著作權　(D) 公平交易法　(E) 消費者保護法。

（　　　）2. 著名的金庸小說、哈利波特小說在完成時，即取得何種智慧財產權？　(A) 專利權　(B) 著作權　(C) 商標權　(D) 營業祕密。

（　　　）3. 以翻譯、編曲、改寫、拍攝影片或其他方法就原著作另為創作，視為何種著作？　(A) 編輯著作　(B) 衍生著作　(C) 共同著作　(D) 攝影著作。

（　　　）4. 藝術創作的擁有者，將其作品的擁有權，以契約的方式授權給想要使用該作品的人，給予他們將作品複製、重製、衍生產品開發等商業應用的權利，稱之為？　(A) 版本授權　(B) 藝術授權　(C) 技術授權　(D) 開發授權。

（　　　）5. 下列哪一項權利是著作權集體管理的授權類型之一？　(A) 公開演出權　(B) 公開播送權　(C) 公開上映權　(D) 以上皆是。

二、問答題

1. 試從著作權侵權新聞事件中挑選任一案例，並進行分析討論。

全華圖書（版權所有，翻印必究）

文化創意－產業、就業與創業

學後評量

第 13 章　文創產業資源整合運用

班級：＿＿＿＿＿＿＿

學號：＿＿＿＿＿＿＿

姓名：＿＿＿＿＿＿＿

一、選擇題

（　　　）1. 下列哪一項不是與銀行打交道的必備條件？　(A) 良好的債信紀錄　(B) 完整的財報資料　(C) 正常的營收狀態　(D) 以上皆是。

（　　　）2. 下列哪一項不屬於中央補助資源？　(A)SBIR　(B)SIIR　(C)SBTR　(D) 台北市創業補助。

（　　　）3. 下列哪一項不屬於授信 5P？　(A)Price　(B)Purpose　(C)Payment　(D) People。

（　　　）4. 下列何者為常見金融機構不予核貸的信用樣態？　(A) 申請人或其配偶為催收呆帳戶　(B) 申請人或其配偶有債務本金逾期未清償或應繳利息延滯情事 (C) 申請人所屬事業最近一年資產負債表之淨值為負數　(D) 申請人所屬事業實際所在地未經合法登記使用　(E) 以上皆非。

（　　　）5. 下列哪一個非屬於政府頒發的獎項？　(A) 小巨人獎　(B) 品質金牌獎　(C) 新創事業獎　(D) 國家磐石獎。

二、問答題

1. 銀行授信 5P 的原則為何？

答：

（請沿虛線撕下）

得　分

文化創意－產業、就業與創業

學後評量

第 14 章　地方創生與社會設計

班級：＿＿＿＿＿＿＿

學號：＿＿＿＿＿＿＿

姓名：＿＿＿＿＿＿＿

一、選擇題

（　　）1. 目前行政院轄下部會中統籌資源推動地方創生政策的單位是那個部會？　(A) 農委會　(B) 經濟部　(C) 國發會　(D) 內政部。

（　　）2. 藝術文化或節慶活動對地方的正面作用何者為是？　(A) 凝聚居民的社區意識與向心力　(B) 提升地方文化形象　(C) 吸引外部資源投入地方發展　(D) 以上皆是。

（　　）3. 法國的葡萄酒「薄酒萊（Beaujolais）」是運用何種機制做法來進行地方品牌行銷推廣？　(A) 原產地控制制度（AOC）　(B) 美味名勝地（SRG）　(C) 一鄉一產品（OTOP）　(D) 以上皆非。

（　　）4. 臺灣優先選出的134 個地方創生城鎮包括那些？　(A)農山漁村（62個）　(B) 中介城鎮（居於都市及農山漁村 /24 個）　(C) 原民鄉鎮（48 個）　(D) 以上皆是。

（　　）5. 地方創生緣起於日本前總務大臣增田寬也所著的哪一本書？　(A) 地方消滅　(B) 區域振興　(C) 地方創生　(D) 社會創新。

二、問答題

1. 試探討藝術文化及節慶活動對地方發展的正面與負面衝擊有哪些？

（背面尚有題目）